JOHANNES BECHERT · WOLFGANG WILDGEN

EINFÜHRUNG
IN DIE SPRACHKONTAKTFORSCHUNG

W0189297

DIE SPRACHWISSENSCHAFT

Einführungen in Gegenstand, Methoden und Ergebnisse
ihrer Teildisziplinen und Hilfswissenschaften

WISSENSCHAFTLICHE BUCHGESELLSCHAFT
DARMSTADT

JOHANNES BECHERT · WOLFGANG WILDGEN

EINFÜHRUNG IN DIE SPRACHKONTAKTFORSCHUNG

Unter Mitarbeit von Christoph Schroeder

WISSENSCHAFTLICHE BUCHGESELLSCHAFT
DARMSTADT

Einbandgestaltung: Studio Franz & McBeath, Stuttgart.

Die Deutsche Bibliothek – CIP-Einheitsaufnahme

Bechert, Johannes:
Einführung in die Sprachkontaktforschung /
Johannes Bechert; Wolfgang Wildgen. Unter Mitarb.
von Christoph Schröder. –
Darmstadt: Wiss. Buchges., 1991
   (Die Sprachwissenschaft)
   ISBN 3-534-03266-7
NE: Wildgen, Wolfgang:

Bestellnummer 03266-7

© 1991 by Wissenschaftliche Buchgesellschaft, Darmstadt
Gedruckt auf säurefreiem und alterungsbeständigem Offsetpapier
Satz: Setzerei Gutowski, Weiterstadt
Druck und Einband: Wissenschaftliche Buchgesellschaft, Darmstadt
Printed in Germany
Schrift: Linotype Garamond, 9.5/11

ISSN 0724-5009
ISBN 3-534-03266-7

INHALT

VORWORT

Seit Uriel Weinreichs *Languages in Contact* (1953), der umfassenden Bestandsaufnahme, mit der die neuere Sprachkontaktforschung beginnt, hat diese linguistische Teildisziplin weltweit in vielen Bereichen große Fortschritte gemacht. Eine enzyklopädische Darstellung des gesamten Gebietes, wie Weinreich sie unternommen hat, ist jedoch seither nicht wieder versucht worden, trotz Michael Clynes *Forschungsbericht Sprachkontakt* (1975), William F. Mackeys *Bilinguisme et contact des langues* (1976), André de Vincenz' Nachwort zur deutschen Ausgabe von Weinreichs Buch (1977) und der Einführung *Language Contact and Bilingualism* (1987) von René Appel und Pieter Muysken. Auch das vorliegende Buch füllt diese Lücke nicht aus; die Verfasser haben sich aber insofern an Weinreichs Vorbild gehalten, als sie sich nicht auf die Darstellung von Ergebnissen beschränken, sondern zugleich versuchen, anhand der Diskussion von Methoden und Modellen der Forschung die Elemente eines Programms zu skizzieren, von dem sie annehmen, daß es die weitere Entwicklung des Faches fördern könnte. Sie hoffen, in der Darstellung das Gleichgewicht eingehalten zu haben zwischen einer Einführung in das Standardwissen der Disziplin und der Ermittlung möglicher Wachstumszonen und deren Problematik.

Die Arbeit der Verfasser erstreckte sich über mehrere Jahre. Die Kapitel 1 und 3 stammen im wesentlichen von Johannes Bechert, die Kapitel 2 und 4 von Wolfgang Wildgen, der zugleich die Gesamtkonzeption entworfen und die Arbeit koordiniert hat. Christoph Schroeder hat eine Vorlage für den Abschnitt 4.1.2 (Differenzen zwischen Dialekten im Kontakt) verfaßt und eine umfangreiche Bibliographie angelegt, von der jedoch aus Platzgründen nur ein Bruchteil in die Druckfassung aufgenommen werden konnte. Die Verfasser danken an dieser Stelle der Forschungskommission der Universität Bremen für finanzielle Unterstützung und Herrn Dr. Jürgen Babendreier von der Staats- und Universitätsbibliothek Bremen für vielfältige organisatorische Hilfe.

Bremen, im Juni 1990

1. DER GEGENSTAND
DER SPRACHKONTAKTFORSCHUNG

1.1 Was ist Sprachkontakt?

Zwei oder mehr Sprachen stehen in Kontakt miteinander, wenn sie von denselben Menschen abwechselnd gebraucht werden; der Ort des Sprachkontakts sind also die sprechenden Individuen. Diese Definition gibt Uriel Weinreich auf der ersten Seite seiner klassischen Abhandlung *Languages in Contact* (1953). Es ist eine psycholinguistische Begriffsbestimmung des Sprachkontaktes, denn sie ist ganz auf die einzelnen sprechenden Menschen bezogen und ruft unmittelbar die Frage hervor, was denn in den sprechenden Individuen vorgeht, wenn sie abwechselnd zwei oder mehr Sprachen gebrauchen.

Der Ausdruck *Sprachkontakt* wird jedoch auch auf Gesellschaften und ihre Untergliederungen angewandt. Neben die psycholinguistische tritt damit eine mögliche soziolinguistische Begriffsbestimmung, die sich folgendermaßen formulieren läßt: Zwei oder mehr Sprachen stehen in Kontakt miteinander, wenn sie in derselben Gruppe gebraucht werden. Dazu ist es nicht notwendig, daß jedes einzelne sprechende Individuum, das zu dieser Gruppe gehört, alle diese Sprachen spricht oder versteht. Der Ort des Sprachkontaktes ist damit die Gruppe im ganzen.

Ein genaues Gegenstück zu dem Terminus *Sprachkontakt* ist der Ausdruck *Zwei-* bzw. *Mehrsprachigkeit*. Dazu stellt Weinreich an der zitierten Stelle fest, daß Zwei- bzw. Mehrsprachigkeit die Praxis heißt, abwechselnd zwei bzw. mehrere Sprachen zu gebrauchen, und daß die an dieser Praxis beteiligten Personen zwei- bzw. mehrsprachig genannt werden. Dieser psycholinguistischen Definition läßt sich wieder eine soziolinguistische an die Seite stellen. Man spricht von *gesellschaftlicher Zwei-* bzw. *Mehrsprachigkeit*, wenn in einer Gruppe die Praxis besteht, abwechselnd zwei bzw. mehrere Sprachen zu gebrauchen. Dazu muß nicht jedes Mitglied der Gruppe an jeder Form dieser Praxis teilhaben. Die soziale Einheit ist es, die in diesem Fall zwei- oder mehrsprachig genannt wird.

Der Terminus *Sprachkontakt* rückt die beteiligten Sprachen ins Zentrum der Aufmerksamkeit, dagegen bezeichnen die Ausdrücke *Zweisprachigkeit/Mehrsprachigkeit* Eigenschaften der sprechenden Menschen oder der Gruppen, in denen die Sprachen Geltung haben. Der Wechsel der Perspektive hat Folgen für die Wahrnehmungen und Gedanken, die durch die Begriffe jeweils nahegelegt werden. Hinzu kommt, daß es eher üblich ist, als Ort des *Sprachkontaktes* Gesellschaften bzw. Gruppen zu sehen, weniger häufig einzelne Individuen, und daß umgekehrt *Zwei-/Mehrsprachigkeit* vorwiegend von einzelnen Personen ausgesagt wird; wenn sie als Eigenschaft von Gruppen gemeint sein soll, so wird dies eben oft ausdrücklich hinzugesetzt: *gesellschaftliche Zwei-/Mehrsprachigkeit.*

Dieses komplizierte Gewohnheitsrecht im Gebrauch der Termini trägt in der wissenschaftlichen Literatur nicht gerade zur Klarheit darüber bei, wovon jeweils die Rede sein soll. Es empfiehlt sich, die Sache, um die es geht, durch Beispiele zu veranschaulichen und den Begriffen, die ja nur Hilfsmittel sind, nicht zu sehr zu vertrauen. Ihre Kenntnis ist freilich unumgänglich, und bevor hier Beispiele gegeben werden, sind noch einige Termini einzuführen, die geprägt worden sind, um Wirkungen des Sprachkontaktes zu beschreiben.

1.2 Wirkungen des Sprachkontaktes

Die Ausdrücke *Sprachkontakt* und *Zwei-/Mehrsprachigkeit* bezeichnen zunächst nichts weiter als das Nebeneinanderbestehen zweier oder mehrerer Sprachen im Gebrauch eines und desselben Individuums bzw. einer und derselben Gruppe von Individuen. Über mögliche Wirkungen dieses Nebeneinanderbestehens ist damit noch nichts gesagt. – Es soll hier übrigens nicht unterschieden werden zwischen *Sprachen, Dialekten* (d.h. regionalen Varianten einer Sprache), *Soziolekten* (d.h. gruppenspezifischen Varianten einer Sprache) und anderen *Lekten* bzw. *Varietäten* (d.h. anderen Sprachvarianten – beispielsweise können Sprachvarianten auch durch den besonderen Typ der Sprechsituation bedingt sein). Die Verschiedenheit von zwei oder mehreren solcher *Sprachen* oder Sprachvarianten *(Varietäten)* soll genügen, um die Anwendbarkeit der Ausdrücke *Sprachkontakt* bzw. *Zwei-/Mehrsprachigkeit* zu rechtfertigen, sofern nur die zwei Sprachen/Varietäten von demselben Individuum bzw. in derselben Gruppe gebraucht werden.

Die *Wirkungen des Sprachkontaktes* auf die beteiligten Sprachen/ Varietäten können verschiedenartig sein:
– die beiden oder mehreren Sprachen/Varietäten ändern sich nicht, treten aber in den sprachlichen Äußerungen gemischt auf: diese Erscheinung nennt man *Codewechsel/Codeswitching* (Umschalten

des Codes, d. h. des verwendeten Verständigungssystems, mitten in der Äußerung);

- die ganze Äußerung oder ein Teil davon wird in der zweiten (dritten etc.) Sprache/Varietät wiederholt: bei Teilwiederholung nennt man diese Erscheinung ebenfalls *Codewechsel*, bei vollständiger Wiederholung kann eine *Neutralitätsstrategie* vorliegen, d. h. das Bestreben, die Entscheidung für die eine oder die andere (dritte etc.) Sprache/Varietät überhaupt zu vermeiden. Zur Benennung ist zu beachten, daß *Codewechsel* eine Erscheinung benennt und über die Motive nichts aussagt, dagegen *Neutralitätsstrategie* gerade nur das Motiv benennt und keine Erscheinung als solche besonders kennzeichnet;

- die eine Sprache/Varietät wird in der Äußerung nach dem Muster der anderen Sprache/Varietät verändert – natürlich nie ganz und gar, sondern immer nur in Hinsicht auf bestimmte Elemente oder Eigenschaften der beeinflußten Sprache/Varietät, sonst würde es sich eben um die Ersetzung der einen durch die andere handeln: diese Erscheinung nennt man *Interferenz* (wörtlich übersetzt „Einmischung", „Störung" – ein Ausdruck, den wir hier nicht verwenden, da ihm etwas Normatives anhaftet: die Begriffe *Interferenz* und *Fehler* sind einander zu ähnlich) – oder man nennt sie *Transferenz* (d. h. „Übertragung" aus der einen in die andere Sprache/Varietät: Die einzelnen Transferenz-Fälle heißen auch *Transfer*). Beide Ausdrücke, *Interferenz* wie *Transferenz*, lassen ein recht simples Modell für die Beschreibung der gegenseitigen Beeinflussung von Sprachen/Varietäten erkennen, nämlich das der mechanischen Mischung: das Mischprodukt läßt sich – so ist die Vorstellung – ohne Rest in Bestandteile der einen und der anderen Sprache/Varietät zerlegen, und es wird erwartet, daß diese Bestandteile klar erkennbar und den Herkunftssprachen/-varietäten ohne weiteres zuzuordnen sind. Es ist durchaus unerwiesen, daß Sprachmischung immer in einer so mechanischen Art und Weise vor sich geht; eine „chemische" Verbindung, in der aus den Bestandteilen etwas Neues entsteht, was weder der einen noch der anderen Sprache/Varietät zugerechnet werden kann, ist ebenfalls denkbar. Um hier nichts von vornherein auszuschließen, scheint der Ausdruck *Sprachmischung* immer noch besser geeignet zu sein als *Interferenz* oder *Transferenz*. – Alles, was hier festgestellt wurde, gilt entsprechend bei mehr als zwei beteiligten Sprachen;

- eine der beiden/mehreren Sprachen/Varietäten wird mit der Zeit ganz aufgegeben, und die andere bzw. eine der anderen setzt sich

durch: Dies nennt man *Sprachwechsel* bzw. *Sprachverlust* (je nach
Perspektive);
- eine Verteilung der *Domänen* findet statt, d. h. der charakteristi-
  schen Situationstypen, in denen die eine bzw. die andere(n) Spra-
  che(n)/Varietät(en) verwendet wird/werden, und damit kommt eine
  stabile Form der Zwei-/Mehrsprachigkeit zustande, innerhalb
  deren jede Sprache/Varietät ihre spezifischen Anwendungsgebiete
  hat: Diese besondere Form heißt im Fall der Zweisprachigkeit *Diglossie*, im Fall der Dreisprachigkeit *Triglossie* usw. („Polyglossie"
  für den Fall der Mehrsprachigkeit ist als Terminus nicht üblich).

Die beiden zuerst genannten Wirkungen des Sprachkontaktes, Codewechsel und Neutralitätsstrategien, sind *kurzfristig*, nämlich in der
sprachlichen Äußerung direkt feststellbar. Die dritte Wirkung, die hier
Sprachmischung genannt wird, kann *kurz-* oder *langfristig* wirksam
sein, d. h., sie kann sich sowohl in der einzelnen sprachlichen Äußerung
als auch im weiteren Verlauf der Sprachgeschichte zeigen. Die vierte
und fünfte Wirkung, Sprachwechsel/Sprachverlust und Diglossie, sind
mögliche *langfristige* Ergebnisse von Sprachkontaktsituationen.

Diglossie, Sprachwechsel und sein Gegenteil, das Festhalten an einer
Sprache/Varietät, setzen Entscheidungen der *Sprachwahl* durch die
sprechenden Individuen voraus, die vom Situationstyp, von den Ge-
sprächspartnern und anderen Variablen abhängig sein können. Neutralitätsstrategien dienen dem Versuch, die Sprachwahl durch die Berücksichtigung aller in Frage kommenden Sprachen zu umgehen;
Codewechsel verändert die Sprachwahl mitten in der Äußerung.

Das Festhalten an einer Sprache/Varietät wird oft aus einem Motiv erklärt, das *Sprachloyalität* genannt wird; Sprachloyalität ist dann eine angenommene Eigenschaft der Menschen, die an dieser Sprache/Varietät
festhalten. Sprache ist ein Mittel der sprechenden Menschen, ihre *Identität* auszudrücken, z. B. ihre Zugehörigkeit zu einem Volk oder allgemeiner gesagt zu einer ethnischen Gruppe *(Ethnizität)*. Es gibt noch
andere mögliche Ausdrucksmittel für die Ethnizität: Festhalten an bestimmten überkommenen Sitten und Gebräuchen, an einer bestimmten
Religion u. a. Der Verlust einer Sprache kann Folgen für die ethnische
Identität haben; das ist aber nicht notwendigerweise der Fall, da die
Sprache nicht der einzige mögliche Ausdruck der Ethnizität ist (vgl.
dazu Kap. 4.5).

Mit dem Gebrauch einer Sprache/Varietät sind bestimmte Wertungen
verbunden, sowohl von seiten der Gruppe, die diese Sprache/Varietät
verwendet, als auch von seiten anderer Gruppen, die sie nicht verwenden, aber in deren Wahrnehmungsbereich die Verwendung dieser

Sprache/Varietät fällt. Solche Wertungen drücken sich in *Spracheinstellungen* aus. Die Einstellung einer Gruppe zu einer eigenen Sprache/Varietät ist nicht immer positiv; Minderheiten können negative Einstellungen zu bestimmten Aspekten ihrer eigenen ethnischen Identität entwickeln bzw. von der ethnischen Mehrheit übernehmen.

1.3 Beispiele für Wirkungen des Sprachkontaktes

Einige Wirkungen des Sprachkontaktes werden im folgenden durch Beispiele veranschaulicht. Dabei gibt jeweils die erste Zeile den Wortlaut wieder, die zweite Zeile enthält – soweit erforderlich – eine Wort-für-Wort-Übersetzung, die dritte Zeile gibt eine sinngemäße Übersetzung des ganzen Ausdrucks.

(a) Von einer Sprache in die andere fallen (Codewechsel):

Aus dem deutschen Sprachgebiet in Lothringen (Cadiot, 1980: 328):

(1) *das ist von le village d'à côté*
      – – – das Dorf von nebenan
      „das ist vom Nachbardorf"

(2) *va chercher die Mistkavel*
      geh suchen – –
      „hol die Mistgabel"
      (mit französischer Wortstellung)

(3) *je veux le deuxième holen*
      ich will den zweiten –
      „ich will den zweiten holen"
      (mit deutscher Wortstellung)

(4) *ferme ta klappe*
      schließ deine –
      „halt die Klappe"
      (Standardfranzösisch: *ferme ta gueule* „halt die Schnauze")

(5) *der Mann-là*
      – – dort
      „der Mann da"
      (Standardfranzösisch: *cet homme-là / ce type-là* „der Mann da")

(6) *die quatre Millionen*
      – vier –
      „die vier Millionen"
      (Standardfranzösisch: *les quatre millions*)

(b) In zwei Sprachen nacheinander dasselbe sagen (Teilwiederholung oder vollständige Wiederholung):

Weitere lothringische Beispiele (Cadiot, 1980: 328):

(7) *ich geh heim à la maison*
– – – nach Hause
„ich geh heim" / „ich geh nach Hause"

(8) *je suis tout trempé naß*
ich bin ganz naß –
„ich bin ganz naß"

(9) *en montant les Champs-Elysées hoch*
beim Hinaufgehen die Ch.-E. –
„wenn man die Champs-Elysées hochgeht"

(10) *immer toujours*
– immer
„immer"

(c) Eine Sprache nach dem Muster einer anderen gebrauchen (Sprachmischung):

Aus dem Elsaß:

(11) *ça donne de la soupe*   (Wolf, 1983: 80)
das gibt von der Suppe
„es gibt Suppe"
(Standardfranzösisch: *il y a de la soupe; il y a* „es gibt", Wort für Wort: „es da hat")

(12) *à Michel son chien*   (Wolf, 1983: 27)
zu Michael sein Hund
„dem Michael sein Hund" (Substandard im Deutschen)
(Standardfranzösisch: *le chien à Michel* „der Hund, der dem Michael gehört", Wort für Wort: „der Hund zu Michael"; oder *le chien de Michel* „Michaels Hund", Wort für Wort: „der Hund von Michael")

Aus Quebec, Französisch nach englischem Muster:

(13) *avoir le plancher*   (Scheer, 1980: 214)
haben den Fußboden
„das Wort haben"
vgl. englisch *to have the floor* „das Wort haben"
(*floor* „Fußboden; Sitzungssaal");
Standardfranzösisch: *avoir la parole* „das Wort haben" (*parole* „Wort")

– und umgekehrt:

(14) *to close the light*   (Scheer, 1980: 211)

zu schließen das Licht
„das Licht ausschalten"

vgl. französisch *fermer la lumière* „das Licht ausschalten" (*fermer* „schließen");

Standardenglisch: *to turn off the light* „das Licht ausschalten" (*turn off* „abdrehen")

Aus Ostfriesland, Hochdeutsch nach niederdeutschem Muster:

(15) *Ich brachte heute morgen unser Schaf hin, da roch er mich alle in die Tasche. Da hatte ich mein Butterbrot in. Das wollte er haben.*

(Wiesenhann, 1977: 22)

In dieser Erzählung eines elfjährigen Jungen wird *unser Schaf* durch *er* wiederaufgenommen: Im ostfriesischen Niederdeutsch werden Benennungen von Tieren ohne Rücksicht auf das grammatische Geschlecht des Wortes oder das natürliche Geschlecht des bezeichneten Tieres durch *hä* „er" oder *dej* „der" (Demonstrativpronomen) im Text aufgenommen; nur bei der Bezeichnung von Menschen wird das natürliche Geschlecht durch Pronomina unterschieden. – *Mich* statt *mir*: Im Niederdeutschen heißt beides *mi*; *alle* für *schon*, niederdeutsch *all* „schon"; *da ... in* mit dieser Wortstellung im Niederdeutschen, aber auch in der norddeutschen Umgangssprache außerhalb des Niederdeutschen für hochdeutsch *darin ...* (niederdeutsche Lautung: *dor ... in*).

(d) Diglossie:

Tab. 1 (nach Ferguson, 1959: 325–340)

Beispiele:	„hohe" Varietät	„niedere" Varietät
in den arabischen Ländern	mehr oder weniger einheitliche arabische Schriftsprache (sprachlich konservativ)	verschiedene gesprochene Sprachen in den verschiedenen Ländern, z. B. Syrisch-Arabisch, Ägyptisch-Arabisch, Maghrebinisch (= Arabisch der nordwestafrikanischen Länder Marokko, Algerien, Tunesien) usw. (sprachlich moderner als die Schriftsprache)
in Paraguay	Spanisch	Guaraní (Indianersprache)

[Forts. Tab. 1]

Beispiele:	„hohe" Varietät	„niedere" Varietät
in der deutschsprachigen Schweiz	Hochdeutsch (wie in den anderen deutschsprachigen Ländern)	Schwyzerdütsch, lokal verschieden: Baseldütsch, Berndütsch, Züridütsch, Churdütsch usw.

Verteilung auf Domänen:		
	Predigt in Kirche bzw. Moschee	Anweisung an Dienstpersonal, Arbeiter, Angestellte, Kellner
	persönlicher Brief	Unterhaltung in der Familie, mit Freunden und Kollegen
	politische Rede, Rede im Parlament	
	Nachrichten im Radio und im Fernsehen	Seifenoper im Radio und im Fernsehen
	Nachrichten, Leitartikel, Bildunterschriften in der Zeitung	Unterschriften unter politischen Karikaturen in der Zeitung
	Dichtung	Volksdichtung, Volksmärchen usw.
	Vorlesung an der Universität	

1.4 Kontaktforschung und Sprachbegriff

Die Beispiele im Abschnitt 1.3 sollen nur eine erste Veranschaulichung dessen sein, was beim Kontakt von Sprachen/Varietäten vor sich gehen kann; sie geben keinen vollständigen Begriff von den Möglichkeiten, die es gibt. Was kann überhaupt mit Sprachen beim Kontakt geschehen? Sieht man sich eine Literaturübersicht wie Michael Clynes *Forschungsbericht Sprachkontakt* (1975) oder *Language Contact and Bilingualism* von René Appel und Pieter Muysken (1987) an, so stellt man fest, daß über die Wirkungen des Sprachkontakts auf die beteiligten Idiome, insbesondere über die langfristigen Wirkungen recht wenig zu erfahren ist, dagegen viel Detailliertes, wenn auch oft Auseinanderlaufendes und Widersprüchliches, über den soziologischen, sozialpsychologischen und individualpsychologischen Kontext, in dem Sprachkontakte stattfinden. Das mag mit der Schwierigkeit des Gegenstandes zu tun haben, hängt aber sicherlich auch mit unserem Begriff von Sprache zusammen.

Als Sprecher einer standardisierten europäischen Schriftsprache bzw. deren etwas gelockerter umgangssprachlichen Variante, allenfalls noch eines Regional- oder Lokaldialektes, sind wir es gewohnt, Sprachen als etwas relativ *Festes, Dauerhaftes, wenig Veränderliches* anzusehen. Zugleich sind die Sprachen für uns etwas *Einheitliches, Geschlossenes:* Für die europäischen Schriftsprachen, soweit sie zugleich Landessprachen sind, d.h. in irgendeinem Staat Europas das maßgebliche – oder ein maßgebliches – Verständigungsmittel, gibt es autoritative Wörterbücher und Grammatiken, die den Sprachgebrauch beschreiben und zum Teil auch gegen Varianten absetzen, die zwar ebenfalls im Gebrauch sind, aber als „unkorrekt" gelten (wie z. B. die deutsche Fassung des Beispiels 12: „dem Michael sein Hund"). Sprache hat für uns also auch etwas *Normatives.* Hierin unterscheiden sich allerdings die Sprachwissenschaftler von den Laien unter den Sprechern: Sie wollen den Sprachen nichts vorschreiben, sondern sie nur so beschreiben, wie sie tatsächlich gesprochen werden. Aber in den anderen Punkten unterscheidet sich die Einstellung der meisten Sprachwissenschaftler sehr wenig von derjenigen der übrigen Sprecher europäischer Sprachen. Sie wissen sehr wohl, daß sich Sprachen ständig verändern; aber sie sehen bei der Beschreibung häufig davon ab und trennen analytisch in *Synchronie* (Gleichzeitigkeit: ein Sprachzustand zu einem bestimmten Zeitpunkt) und *Diachronie* (Verlauf durch die Zeit hindurch: Veränderung eines Sprachzustandes in einem bestimmten Zeitabschnitt). So ist auch für die Linguisten Sprache praktisch etwas Festes, Dauerhaftes und wenig Veränderliches; und da sie Sprachen als Systeme, d.h. als geordnete Zusammenhänge beschreiben, zugleich etwas Einheitliches, Geschlossenes. Auch von der *sauberen Trennbarkeit der Sprachen voneinander,* von ihrer *Unterscheidbarkeit* sind wir überzeugt, Sprecher wie Sprachwissenschaftler.

Obwohl die *Verschiedenheit* der Sprachen offenkundig ist, bestätigt uns die leichte Übersetzbarkeit von Texten aus einer europäischen Sprache in die andere den Eindruck der *Austauschbarkeit* von Sprachen gegeneinander. Die Bedeutungen sind „im Grunde" dieselben, auch wenn die einzelnen Wörter einer Sprache oft in die andere je nach Kontext verschieden übersetzt werden müssen, da sie in dieser nur Teiläquivalente haben: Die durch Übersetzung miteinander gleichgesetzten Wörter haben verschiedene Bedeutungsmannigfaltigkeiten. Der trotzdem vorherrschende Eindruck der Austauschbarkeit der Sprachen kann sich übrigens radikal ins Gegenteil verkehren, sowie wir aus unserer mehr oder weniger einheitlichen und gemeinsamen europäischen Kultur heraustreten. Dann wird die Invarianz der Bedeutungen von Sprache zu Sprache äußerst fraglich – ohne daß die Sprachwissenschaft bisher ernsthafte Konsequenzen aus diesem Umstand gezogen oder ihn auch nur genau beschrieben hätte. Unsere Linguistik ist eben in Europa entwickelt worden und hat ihre Grundlagen in der griechisch-römischen Antike, auch wenn sie daneben Anregungen aus dem Vorderen Orient und Indien aufgenommen hat.

Da wir nicht mehr – wie noch im 19. Jahrhundert – an die Überlegenheit der europäischen Sprachen über andere glauben, gehört heute die Ansicht, alle Sprachen seien *gleichwertig*, d. h. im wesentlichen *von gleichem Differenziertheitsgrad*, zu unserem Credo; die Beobachtung von Pidginsprachen ist freilich mit diesem Glauben nicht vereinbar.

Daß Sprachkontakt linguistisch so schwierig zu untersuchen ist, hängt mit diesen Vorannahmen über die Sprache zusammen. Wir versuchen, sie der Reihe nach in Frage zu stellen.

1.5   Zum Sprachbegriff: Gegenbeispiele

1.5.1   Unveränderlichkeit und Einheitlichkeit

Die von William Labov begründete moderne Soziolinguistik hat umfassend und überzeugend nachgewiesen, daß Sprachen sich nicht nur in der Zeitdimension verändern, sondern zu jedem Zeitpunkt in sich variabel und heterogen sind, einmal insofern, als bestimmte Eigenschaften des Sprachgebrauchs bei *verschiedenen* Sprechern in Abhängigkeit von räumlichen oder sozialen Parametern variabel sind – z. B. die Aussprache bestimmter Laute oder die Anwendung einer syntaktischen Regel in Abhängigkeit von Alter, Geschlecht, Zugehörigkeit zu einer bestimmten sozialen Schicht, Lage des Wohnorts innerhalb des Sprachgebiets und dgl. – und dann insofern, als *ein und derselbe* Sprecher mehrere „Register" zur Verfügung hat und je nach Gesprächspartner, Sprechsituation, Stil, Sprechtempo u. a. einsetzen bzw. verstehen kann. Was hier in der Sprache jeweils variiert wird, ist die *statistische Häufigkeit* des Vorkommens von zwei oder mehr Alternativen für einen Laut, eine syntaktische Regel usw. oder von den Mischungen dieser Alternativen. Damit wird nicht nur die Vorstellung von der Unveränderlichkeit und Einheitlichkeit der Sprache widerlegt, sondern auch die Konzeption von der Sprachverwendung als regelgeleitetem Handeln gerät in Schwierigkeiten. Wie soll eine sprachliche Regel funktionieren, die einem Sprecher vorschreibt, den betonten Vokal in englischen Wörtern wie *brother, brush, bump, bunch, butter, clump, come, cousins, cud, cutter, cutting, does, done, dove, dozen, drunk* etc. zu genau 64% ihres Vorkommens in Äußerungen als [ʊ] und zu 36% als [ʌ] auszusprechen? Das kann aber genau das sein, was er tatsächlich tut (vgl. Chambers/Trudgill, 1980: 125 ff.).

Man sollte erwarten, daß solche Entdeckungen den Sprachbegriff in der Linguistik grundlegend verändert hätten – Entdeckungen, die durch die Beobachtungen bei der Materialsammlung für die großen Sprachatlanten seit hundert Jahren bereits vorbereitet waren. Das ist jedoch nicht der Fall gewesen. Warum? Gibt es eine Berechtigung für das hartnäckige Festhalten an der Vorstellung von der Einheitlichkeit und Stabilität der Sprache? Wir werden darauf zurückkommen.

1.5.2 Unterscheidbarkeit

Sowie man von den „überdachenden" europäischen Schriftsprachen zu den Dialekten übergeht, verliert sich die klare Unterscheidbarkeit der Idiome in einem Kontinuum kleinster Unterschiede von Ort zu Ort, ja von einem Ortsteil zum anderen. So gibt es ein *westgermanisches Dialektkontinuum* im Gebiet der Schriftsprachen Deutsch und Niederländisch/Flämisch, ein *westromanisches* im Bereich aller romanischen Schriftsprachen Europas mit Ausnahme des Rumänischen/Moldauischen, ein *skandinavisches* auf dem Areal der Schriftsprachen Norwegens, Schwedens und Dänemarks, ein *nordslawisches* im Bereich der ost- und westslawischen Schriftsprachen, zu denen Russisch, Ukrainisch, Weißrussisch, Polnisch, Tschechisch und Slowakisch gehören, ein *südslawisches* mit den Schriftsprachen Slowenisch, Serbokroatisch, Makedonisch und Bulgarisch, das von dem nordslawischen Kontinuum durch die Sprachgebiete des Ungarischen und des Rumänischen/Moldauischen geographisch getrennt ist, usw. In diesen Dialektkontinua besteht jeweils gegenseitige Verständlichkeit der lokalen Mundarten benachbarter Orte (von einigen „Sprachinseln" abgesehen, wie Baskisch, oder Sorbisch in der ehemaligen DDR – die aber ihrerseits wieder kleine Dialektkontinua bilden). Je größer die Entfernung zweier Orte voneinander in einem solchen Kontinuum ist, desto geringer die gegenseitige

Verständlichkeit der Ortsdialekte; von einem bestimmten Punkt an ist sie praktisch Null, und die Mundarten an den geographischen Extremen, z. B. im westgermanischen Kontinuum die Lokaldialekte an der deutsch-dänischen Grenze einerseits und in Südtirol andererseits, sind natürlich nicht gegenseitig verständlich. Die klare Unterscheidbarkeit von Sprachen kommt somit in Europa teilweise erst durch die Ausbreitung und Durchsetzung überregionaler Schriftsprachen seit Beginn der Neuzeit zustande. Heute setzt sich dieser Prozeß vielfach fort, indem die Ortsdialekte von Regionaldialekten mit großräumigerer Geltung zurückgedrängt werden. Allerdings gibt es auch auf der Ebene der Ortsdialekte klare Grenzen da, wo zwei Kontinua aneinanderstoßen, z. B. zwischen Westgermanisch und Westromanisch in Belgien, in Lothringen und im Elsaß, in der Schweiz, in Südtirol usw.

Auch aus der klaren Unterscheidbarkeit zweier Sprachen/Varietäten im ganzen folgt noch nicht, daß jeder Teil einer beliebigen Äußerung eindeutig der einen oder der anderen zugeordnet werden kann. Das läßt sich an Beispiel 6 aus Abschnitt 1.3 zeigen: *die quatre Millionen*. Hier ist beim Hören der ersten Silbe des Wortes *Millionen* noch offen, ob deutsch *Millionen* oder französisch *millions* herauskommen wird; erst die zweite und dritte Silbe entscheiden für das deutsche Wort. Diese Unsicherheit scheint nur auf der Seite des Hörers zu existieren; aber wer weiß, in welchem Moment sich der Sprecher zwischen Französisch und Deutsch entscheidet? Vielleicht auch erst mitten im Wort *Millionen*?

Solche Fälle sind nicht so selten, daß sie nicht bei Sprachmischung zu „mehrfachen Etymologien" führen könnten, d. h. dazu, daß ein Wort der neuen Mischung mit gleichem Recht auf die erste wie auf die zweite (die dritte usw.) Herkunftssprache zurückgeführt werden kann. Mühlhäusler (1979) bringt Beispiele dafür aus dem Tok Pisin (Neuguinea-Pidginenglisch). Der Wortschatz dieser Sprache stammt zum großen Teil aus dem Englischen; die Grammatik hat ein durchaus unenglisches Aussehen, und neben Wörtern englischer Herkunft gibt es solche aus Sprachen, die in der Region zu Hause sind, wie dem Tolai, und auch aus anderen ehemaligen Kolonialsprachen, vor allem dem Deutschen. Bei manchen Wörtern ist es unentscheidbar, ob sie aus dem Englischen oder dem Deutschen kommen.

Tab. 2 (nach Mühlhäusler, 1979: 219)

Tok Pisin	Deutsch	Englisch	Übersetzung des Wortes im Tok Pisin
ais	*Eis*	*ice*	„Eis"
anka	*Anker*	*anchor*	„Anker"
bet	*Bett*	*bed*	„Bett", „Regal"
mas	*Mast*	*mast*	„Mast", „Fahnenstange"
rip	*Riff*	*reef*	„Riff"
sadel	*Sattel*	*saddle*	„Sattel"

Es gibt solche mehrfachen Etymologien aber auch für die Alternative Tolai/Englisch:

Tab. 3 (nach Mühlhäusler, 1979: 220f. und 1986: 2)

Tolai	Englisch	Tok Pisin
atip „(stroh-, binsen-) gedecktes Dach"	*on top* „obenauf"	*antap* „obenauf", „Dach"
bulit „Saft (in Pflanzen)"	*blood* „Blut"	*blut, bulut, bulit* „Blut", „Pflanzensaft", „Leim"
dur „schmutzig"	*dirty* „schmutzig"	*doti* „schmutzig"
ikilik „klein"	*a little bit* „ein bißchen"	*liklik* „klein; ein bißchen"

1.5.3 Semantische Austauschbarkeit

Sowenig wir mit dem Ineinanderfließen verschiedener Sprachen oder auch nur einzelner Wörter aus ihrem Lexikon rechnen, so sicher sind wir, daß die Sprachen im Grunde alle dasselbe sagen: Unterscheiden wir sie auf der einen, der Ausdrucksseite oft zu sehr, so achten wir auf der anderen, der Inhaltsseite fast immer zu wenig auf die tatsächlichen Unterschiede. Daß die verschiedenen Sprachen mit ihren unterschiedlichen Ausdrucksmitteln nicht immer ein und dasselbe ausdrücken, kann man um so deutlicher bemerken, je weiter man sich vom Ausgangspunkt Europa entfernt.

Ein gutes Beispiel hierfür ist die Erörterung der Frage, ob es im Alttürkischen einen Plural gegeben hat, bei Grønbech (1936). Das Alttürkische ist auf Inschriften aus Zentralasien bezeugt, die aus dem 7./8. Jahrhundert n. Chr. stammen und mit dem Sammelnamen „Orchon-Inschriften" bezeichnet werden (der Orchon ist ein Fluß in der Mongolei). Grønbech beginnt seine Darstellung mit den Worten (1936: 57):

Jedem Leser der Orchoninschriften wird es aufgefallen sein, wie relativ selten das in allen späteren Dialekten mit alleiniger Ausnahme des Tschuwassischen so häufig verwendete Pluralsuffix *-lar* vorkommt. Immer wieder begegnen Nomina, die man nicht umhin kann, sich als Bezeichnungen einer Mehrheit vorzustellen, aber meistens fehlt das erwartete Suffix.

Mit den „späteren Dialekten" sind hier die übrigen Türksprachen gemeint, deren schriftliche Tradition später einsetzt. – Grønbech zeigt dann anhand der Interpretation einzelner Textstellen, daß *-lar* in dieser Sprache vielmehr ein Suffix ist, das Kollektivnomina bildet, d. h. Substantive, die eine zusammengehörige Menge von Individuen als Einheit darstellen, wie unser Wort *Gebirge*, das von *Berg* abgeleitet ist und eine Vielheit von Bergen als Einheit zusammenfaßt. Aber er bleibt bei dieser Feststellung nicht stehen; sein Text muß hier etwas ausführlicher zitiert werden, um deutlich zu machen, worum es geht (1936: 59f.):

Die Sonderung zwischen Einzahl und Mehrzahl war dem Alttürkischen fremd. Was die modernen Dialekte als Mehrzahl, das heißt als eine zählbare Anhäufung von Einzelgegenständen, ausdrücken, wurde in alter Zeit einfach als Genus gedacht. Wir müssen uns also die türkische Sprache als ursprünglich weit allgemeiner in ihrer Denkweise vorstellen als unsere Sprachen (oder als die Türksprachen von heute).

Die Grundlage der Ideenwelt der alten Türken war das Genus, nicht das Individuum. Wenn man ein Lebewesen oder irgend einen Gegenstand vor Augen hatte, war einem dies nicht an erster Stelle ein Einzelindividuum; im Gegenteil, die Anschauung eines Einzelwesens oder einer größeren Anzahl von Einern vergegenwärtigte sofort das ganze Genus. Das Gegebene war die Gesamtheit, der Einer hatte nur kraft der Gesamtheit eine Existenz und stand nur als Verkörperung seiner Familie, seines Genus da.

Was ein jedes türkische Nomen, mit Ausnahme der Eigennamen, bezeichnete, war also das Genus. *at* bezeichnete nicht an erster Stelle ein Pferd oder viele Pferde, sondern das Pferd als Begriff, die Gattung Pferd, alle denkbaren Pferde. Wir Europäer reden in Wörtern, die entweder den Einer oder eine Mehrheit von Einern ausdrücken, und in einigen Fällen denken wir dabei an die Gattung; der Türke sprach von der Gattung, und ob dieselbe in dem gegebenen Fall mehr oder weniger zahlreich vertreten war, kommt meist gar nicht zum Ausdruck.

So weit sind also alle Nomina Kollektiva. *oɣul* bedeutet alle Söhne auf der Welt, der Sohn als Begriff; ob dieser Begriff im gegebenen Fall durch mehr Individuen oder nur durch eines vertreten ist, muß die Situation, beziehungsweise der Kontext lehren, wenn das überhaupt interessiert. Uns interessiert es instinktiv, denn diese Sonderung bildet die Grundlage unserer sprachlichen Ausdrucksmittel, wie sie unsere Ideenwelt geformt hat. Wir sind gewöhnt, innerhalb der Rahmen dieser Sonderung zwischen Individuum und einer Mehrheit von Individuen zu denken. Den alten Türken interessierte das nicht in gleichem Maße; es blieb dies nur Nebensache; im Vordergrund des Interesses stand das

Genus, hinter das das Individuum zurücktrat, weil es nur kraft des Genus existierte, während nach unserer Denkweise das Genus erst als eine Abstraktion des Individuellen entsteht.

Was ich bisher als Kollektiva bezeichnete, waren demnach nicht Kollektiva im eigentlichen Sinne des Wortes, also Zusammenfassungen mehrerer Einer zu einem Ganzen. Ein türkisches Kollektiv bezeichnete dem Stammwort gegenüber keine Erweiterung der Bedeutungssphäre; im Gegenteil, durch Anfügung eines Kollektivsuffixes wird die Geltung des Stammwortes nunmehr auf einen engeren Kreis von Einern beschränkt. In einer Sprache, die sich auf einem derartigen Dingbegriff aufbaut, sind Pluralbezeichnungen undenkbar.

Mit „Genus" ist in diesem Text „Gattung" gemeint, es handelt sich also um den logischen, nicht um den grammatischen Begriff, der „Genus" genannt wird. (Ein grammatisches Geschlecht gibt es in den Türksprachen nicht.)

Im weiteren Kontext geht der Verfasser zu dem Nachweis über, daß die uns vertraute Perspektive vom Individuum her, statt von der Gattung aus, später in die Türksprachen eingeführt worden ist und daß mit der daraus folgenden Umdeutung der alten Kollektiva zu dem, was wir Kollektiva nennen, also zu Zusammenfassungen mehrerer Einheiten zu einem Ganzen, die Verwendung der Kollektivsuffixe als Pluralzeichen nahelag und dann auch realisiert wurde. Dieser Umschwung wird zuerst bei den Uiguren sichtbar, einem Türkvolk, das im 9. Jahrhundert erobernd nach Ostturkestan vorgedrungen war, „in kultureller Hinsicht einer Provinz der mächtigsten asiatischen und europäischen Weltkulturen. Ein Volk, welches das Leben der Nomaden gegen das kosmopolitische Städteleben austauschte, war großen Veränderungen der geistigen Kultur ausgesetzt, deren Niederschlag in der Sprache wir hier nachweisen können" (1936: 61). – Hier werden nicht nur die Grenzen der semantischen Vergleichbarkeit von Sprachen, sondern auch die engen Beziehungen zwischen Kulturkontakt und Sprachkontakt anschaulich.

1.5.4 Gleicher Differenziertheitsgrad

In Situationen des Sprachkontaktes können nicht nur Elemente aus einer Sprache/Varietät in eine andere übernommen oder in einer anderen nachgebildet werden, sondern es kann eine ganz neue Sprache entstehen, insbesondere wenn es mehr als zwei Sprachen/Varietäten sind, die miteinander in Kontakt treten. Wie es zur Entstehung einer neuen Sprache kommt und wie sie sich entwickelt, wird in der Pidgin- und Kreolforschung untersucht. Die typische Voraussetzung für die

Entstehung einer solchen Sprache ist die, daß die Partner in der Kontaktsituation auf keine nennenswerte Kenntnis der jeweils anderen Sprache(n) zurückgreifen können, sondern *ad hoc* für die Situation (Handel, Plantagenarbeit u. a.) ein neues Verständigungsmittel schaffen müssen. Ein paar Brocken der Sprache(n) der anderen Beteiligten haben sie aufgeschnappt und verwenden sie, so gut es geht; oft sind es ganze Sätze bzw. Ausdrücke, die als feste Versatzstücke in Gebrauch sind (holophrastische Verwendung), z. B. im pazifischen Gebiet englische Sätze wie *aidono* (aus *I don't know*) „ich weiß nicht", *orait* (aus *all right*) „in Ordnung", *gutwan* (aus *(a) good one*) „das ist gut" und dgl. (Mühlhäusler, 1986: 136). Das erste Stadium eines solchen aus der Not geborenen neuen Produkts heißt *Jargon*. Da gibt es noch keine festen Sprachnormen, alles wird aus dem Stegreif zurechtgebastelt – und meist auch nicht tradiert, sondern jedesmal wieder neu erfunden. Grammatik gibt es so gut wie keine, und die Dürftigkeit des Wortschatzes macht umständliche Umschreibungen notwendig (Recycling immer derselben wenigen Wörter zur Bezeichnung eines weiteren Umkreises von Sachverhalten). Aus einem pazifischen Jargon-Englisch des 19. Jahrhunderts, Beach-la-Mar, ist bezeugt:

Tab. 4 (nach Mühlhäusler, 1986: 146 und Churchill, 1911)

Umschreibung	Kommentar	Bedeutung
suppose me kitch him grass he die	„nimm-an, ich nehme-es Gras: es stirbt"; „wenn ich das Gras nehme, stirbt es" (*kitch* aus engl. *catch*)	„Blumen pflücken"
coconut belong him grass not stop	„Kokosnuß gehören-ihm Gras nicht bleibt"; „auf der Kokosnuß von ihm ist kein Gras"	„er ist kahlköpfig"
big fellow master too much	„großer-Kerl Chef zu-sehr"; „sehr großer Europäer"	„Gouverneur"
pickaninny stop along him fellow	„Kleines-bleibt-bei-ihm-Kerl"; „ein Dings mit einem Kleinen drin" (*pickaninny* aus portug. *pequenino* „sehr klein")	„Ei"

Wird ein solches Idiom für bestimmte wiederkehrende Situationen mit einer gewissen Beständigkeit angewandt, so stellen sich sprachliche Normen ein, also Regelmäßigkeiten des Gebrauchs; ein *Pidgin* stabilisiert sich. Eine Pidginsprache ist niemandes Muttersprache; alle Pidginsprecher haben noch andere Ausdrucksmittel in ihren anderen Sprachen zur Verfügung. Pidgins können Sachverhalte beschreiben – konkrete besser als abstrakte –, aber sie haben kaum Mittel, um Sprechereinstellungen wie Ironie, Skepsis, Bedauern usw., ferner Hervorhebung, gehobene Sprechweise oder dgl. auszudrücken: Es sind Sprachen ohne Stilistik. Falls die sozialen Verhältnisse dazu führen, daß die Pidginsprache von einer nachfolgenden Generation als Muttersprache erworben wird, so setzt ein Differenzierungsprozeß ein, der dazu führt, daß die neue Sprache alle die Ausdrucksmittel entwickelt, die ihr bisher gefehlt haben, denn nun muß sie für alle Lebenslagen ihrer muttersprachlichen Sprecher brauchbar sein: Das Pidgin wird zu einer *Kreolsprache*. Eine Kreolsprache entsteht aus einem Pidgin dadurch, daß das Pidgin zur Erstsprache einer Gruppe wird. Die Differenzierung der sprachlichen Mittel kann bereits vor der Kreolisierung einsetzen; dann spricht man von einem *entfalteten (erweiterten) Pidgin*. Tok Pisin ist ein solches entfaltetes Pidgin und für einen Teil der Sprecher bereits eine Kreolsprache. Im übrigen existieren von dieser Sprache die verschiedensten Entwicklungsstadien nebeneinander; der zeitliche Ablauf vom Jargon über das stabilisierte zum entfalteten Pidgin und schließlich zur Kreolsprache bildet sich räumlich ab, d.h., in entlegeneren Gegenden von Papua-Neuguinea finden sich ältere Stadien der Sprache noch im Gebrauch.

Es ist also im ganzen festzustellen, daß Jargons und Pidgins weniger leistungsfähig sind als andere Sprachen, daß aber Kreolsprachen anderen Sprachen in dieser Hinsicht nicht nachstehen. Daraus ergibt sich, daß nicht alle sprachlichen Verständigungsmittel gleichwertig sind – und zugleich, daß sie alle entwicklungsfähig sind: Aus jedem Pidgin kann eine voll entfaltete Kreolsprache werden. (Eine ausführliche Darstellung der Entwicklungsstadien findet man bei Mühlhäusler, 1986: 134–250.)

1.6 Kontinua und Prototypen

Aus dem Bisherigen ergibt sich, daß die Annahme der Unveränderlichkeit und Einheitlichkeit von Sprachen/Varietäten nicht den Tatsachen entspricht und daß die übrigen in Abschnitt 1.5 diskutierten An-

nahmen zumindest nicht immer zutreffen: Die Unterscheidbarkeit von
Sprachen ist oft nur bis zu einem gewissen Grad gegeben, semantische
Austauschbarkeit im ganzen nur innerhalb einer und derselben Kultur,
gleicher Differenziertheitsgrad nicht bei Jargons und Pidgins im Verhältnis zu anderen Sprachen.

Die Annahme von der Unveränderlichkeit und Einheitlichkeit einer
Sprache zu einem bestimmten Zeitpunkt (Synchronie) ist jedoch *methodisch* oft zweckmäßig, um die Voraussetzungen für bestimmte
Untersuchungen zu erleichtern, d.h., sie ist eine Vereinfachung des
tatsächlichen Sachverhalts, die legitim sein kann, z.B. um bestimmte
Aspekte der inneren Struktur des sprachlichen Systems darzustellen.
Darin liegt ein Grund dafür, daß sich diese Vorstellung hält, obwohl sie
nicht zutrifft; man sollte sie freilich nicht für ein Abbild der Realität
nehmen.

Ein wichtigerer Grund für die Beständigkeit solcher Vorstellungen
ganz allgemein ist jedoch der, daß die Begriffe, die wir uns von ganzen
Sprachen machen, ähnlich gebaut sind wie unsere Begriffe von den Ordnungen *in* der Sprache (und von den Ordnungen in der Welt): Man geht
von den klaren Fällen aus und vertraut darauf, von diesem Ausgangspunkt her auch die Grenzfälle entscheiden zu können. Mit anderen
Worten: Die Grenzen der Anwendbarkeit der Begriffe, die wir uns von
den Sprachen im ganzen wie von den Kategorien in den Sprachen
bilden, liegen nicht von vornherein fest, sondern ergeben sich aus dem
Gebrauch dieser Begriffe. Die klaren Fälle sind die *Prototypen*; zu
diesem Terminus, der aus der Psychologie stammt, vgl. Eleanor Rosch
(1978: 35f., Übersetzung J.B.):

Die meisten, wenn nicht alle, Kategorien haben keine klar umrissenen Grenzen.
... Die kognitive Ökonomie schreibt vor, Kategorien der Tendenz nach so zu erfassen, daß sie so scharf getrennt voneinander und so klar umrissen wie möglich
sind. Eine Methode, dies zu erreichen, besteht darin, notwendige und hinrei-
chende formale Kriterien für die Zugehörigkeit zu Kategorien aufzustellen. Der
Versuch, den Kategorien solche Kriterien aufzuerlegen, kennzeichnet praktisch
alle Definitionen in der Tradition westlichen Vernunftgebrauchs ... Eine andere
Methode, um Getrenntheit und Klarheit solcher Kategorien zu erreichen, die in
Wirklichkeit Kontinua bilden, besteht darin, jede Kategorie von ihren klaren
Fällen aus, statt von ihren Grenzen her, zu konzipieren. Wie Wittgenstein (1953)
gezeigt hat, werden Kategorialurteile nur dann zum Problem, wenn man sich
mit Grenzen befaßt – im gewöhnlichen Leben wissen zwei Nachbarn, auf
wessen Grund und Boden sie stehen, auch ohne genaue Festlegung der Grenz-
linie. Kategorien können von ihren klaren Fällen aus erfaßt werden, wenn der
Betrachter den Nachdruck auf die korrelative Struktur wahrgenommener Merkmale legt, so daß die Kategorien durch ihre am meisten strukturierten Teile

repräsentiert werden. – Unter Prototypen von Kategorien haben wir generell die klarsten Fälle von Kategorienzugehörigkeit verstanden, die operational definiert werden durch die Urteile von Personen über die „Güte" der Zugehörigkeit zur Kategorie.

Wir verwenden Begriffe wie *Deutsch, Französisch* usw. aufgrund der klaren Fälle, und für die tatsächlichen Sachverhalte gibt es verschiedene Grade der Zugehörigkeit zu diesen Kategorien (vgl. die Beispiele in Abschnitt 1.3). In der Erfahrung primär gegeben sind die sprachlichen Kontinua, während die einzelnen „Sprachen", aus denen sie bestehen sollen, zum Teil erst durch unsere begriffliche Arbeit – und durch die Selbstreflexion der Sprecher auf das, was sie tun – zustande kommen. Im Grunde ist also in dem Ausdruck *Sprachkontakt* selbst schon die verkehrte Setzung der Prioritäten enthalten, die uns die Untersuchung des Phänomens erschwert: *Sprache* erscheint als das primär Gegebene, der *Kontakt* dieser Sprachen als das Sekundäre. Es verhält sich aber umgekehrt: Verständigungsmittel werden in der Interaktion ausgehandelt, Sprachen entstehen aus dem Miteinander-Sprechen der Menschen, also aus dem „Sprachkontakt".

2. METHODEN DER SPRACHKONTAKTFORSCHUNG

Nachdem die Sprachkontaktforschung in ihren Grundbegriffen vorgestellt wurde, geht es im folgenden darum, die Methoden und empirischen Techniken zu beschreiben, welche für die Untersuchung der Phänomene des Sprachkontaktes zur Verfügung stehen. Wir werden dabei ziemlich weit ausholen und jene Methoden erfassen, welche für die Erforschung des Sprachkontaktes in seinen unterschiedlichsten Ausprägungen in Frage kommen. Zu jeder Methode skizzieren wir eine oder mehrere Anwendungen, um die Wirkung und den Ertrag der Methode zu verdeutlichen. Die Anwendungen sind hauptsächlich klassischen Arbeiten entnommen.

Bevor aber der Reigen interdisziplinärer Vorgehensweisen und Forschungsansätze eröffnet wird, wollen wir versuchen, die von ihrer Entstehung her sehr unterschiedlich motivierten Methoden zu verorten, indem wir sie auf die zentrale Fragestellung der Sprachkontaktforschung beziehen und ihnen in einem Ordnungssystem (das angesichts der raschen Entwicklung nur provisorisch sein kann) einen Platz zuweisen.

2.1 Methodische Kontinua der Sprachkontaktforschung

Eines der Grundprobleme jeder Kontaktlinguistik (so die andere Bezeichnung für unseren Gegenstand) ist die Konfrontation, der Vergleich, die differentielle Analyse von zwei oder mehreren Sprachen, die im Kontakt benützt werden, diesen ermöglichen oder durch ihre Differenzen erschweren. Die grundlegende Frage dabei ist, ob angesichts sehr unterschiedlicher Verständigungsmittel überhaupt Verständigung möglich ist und, wenn dies, wie die Erfahrung zeigt, der Fall ist, in welchem Bereich die Verständigung erfolgreich sein kann.

Die Frage nach der Möglichkeit zumindest einer partiellen Verständigung ist nicht identisch mit der Frage nach der Übersetzbarkeit von Sprache (vgl. Abschnitt 1.5.3), da es jenseits einer expliziten Übersetzung Möglichkeiten des situationsbezogenen, anschauungs- und gefühlsbezogenen Verstehens gibt. Insofern setzt die Übersetzbarkeit zwar eine Verständigung in der Sprachkontaktsituation voraus, aber die

Verständigung setzt nicht die Übersetzbarkeit voraus. Die Möglichkeiten einer Verständigung in der Kontaktsituation lassen sich auf einer
Skala von Situationen abbilden, deren Extreme wir Pol A und Pol B
nennen:

Pol A: Beide Sprecher (Sprechergruppen) im Kontakt besitzen keine
gemeinsame (konventionelle) Sprache, d. h., der Verständigungspro-
zeß muß präkonventionell unter Bezug auf natürliche Zeichen funktionieren und kann zu einer aus natürlichen Zeichen erschließbaren
Interim-Sprache führen. Diese Situation kann man als eine (partielle)
Regression bezeichnen. Sie ist der Ausgangspunkt für ein rasches gegen-
seitiges Lernen und die Einführung konventioneller Zeichen nach dem
Vorbild der beteiligten Sprachen. Die *Regressionsstufe* kann in Analogie
zur Progression im Erstsprachenerwerb bestimmt werden und verweist
auf die Sprachfähigkeit der Gattung 'Mensch'. In jedem Fall ist die Regression eine provisorische Brücke der Verständigung, vermittels deren
bereits im ersten Kontakt Sprachlernen einsetzt, das dann sofort die
Verständigung stützt und weiterentwickelt.

Pol B: Beide Sprecher (Sprechergruppen) sind bilingual (multilingual), und *eine* der beherrschten Sprachen dient als gemeinsames Verständigungsmittel. Diese Situation des bilingualen Sprachkontaktes
führt kontinuierlich hinüber zu jenen Situationen, in denen wir nicht
mehr eigentlich von „Sprachkontakt" sprechen können, wenn nämlich
für beide Parteien die gemeinsame Sprache in der „Kontaktsituation"
die Muttersprache ist.

Zwischen diesen Polen gibt es ein Kontinuum vom Fehlen eines gemeinsamen Verständigungsmittels mit einer Regression auf primitivere
Zeichengebungen bis zur Identität des zentralen Verständigungsmittels
bei beiden Parteien. Da diese Identität nie erreicht wird und da die Regression nur eine versuchte Approximation an rudimentäre, nicht kon-
ventionalisierte Verständigungsprozesse ist, ist die Skala nach beiden
Seiten hin offen und kann nur im mittleren Bereich empirisch exakt
bestimmt werden. Abb. 1 illustriert diese Konzeption.

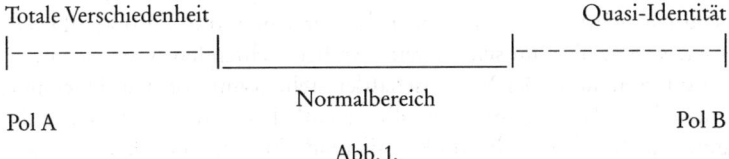

Totale Verschiedenheit   Quasi-Identität

Normalbereich

Pol A   Pol B

Abb. 1.

Wenn wir die Sprache als kollektives Gut, etwa wie eine Währung behandeln, sind am Pol A die Währungen nicht konvertibel, also im Kon-

takt nutzlos, am Pol B ist der Wert genau fixiert, alle Austauschprozesse sind über die Konstanz und Neutralität der Währung vermittelt. Die Sprache ist natürlich mehr als ein Gut, an dem der Sprecher Anteil hat, sie ist auch eine Disposition zum sprachlichen Handeln und eine kognitive Fähigkeit. Damit ist sie selbst vom Körper des Sprechers (dessen Zustand) und vom Willen (den Intentionen des Sprechers) abhängig. Dieser prozessuale Charakter der Sprache beeinflußt die Konzeption des Sprachkontaktes, die in Abb. 1 zugrunde gelegt wurde, insofern, als am Pol B (Quasi-Identität) neben der grundlegenden Gleichheit des Sprachsystems (langue) die Vielfalt intentionaler, sprecherspezifischer Eigenschaften hervortritt, wodurch jenseits des konventionalisierten Kerns ein weites Feld individueller und situativer Differenzen ins Bild kommt. Die normale monolinguale Verständigung ist keineswegs homogen, da die *Individuen* in ihren jeweiligen Zuständen die Verständigung bestimmen und die sozialen Konventionen dabei nur die Funktion eines Hintergrundsystems haben, das die häufig auseinanderstrebenden oder gar konfliktären Verständigungshandlungen stabilisiert und den Eindruck eines Grundkonsenses vermittelt. Pol B läßt somit unter der Bedingung eines unproblematischen Hintergrundes (der Quasi-Identität des Verständigungsmittels) die intentionale, subjektbezogene Diversität hervortreten. Innerhalb dieser Diversität lassen sich wiederum gröbere sozialpsychologische und soziolinguistische Muster erkennen, etwa typische Sprachverwendungen von sozialen Gruppen (Soziolekte), Berufsgruppen (Fachsprachen, Fachjargons), geschlechtsspezifisches Sprachverhalten u. a. Die Regressionsformen von Verständigung am Pol A fallen je nach Sprecher und Situation unter Beimischung von Bestandteilen der jeweiligen Muttersprachen sehr unterschiedlich aus, so daß am Pol A ebenfalls eine große Variabilität und somit ein geringer Grad an Systematizität und Stabilität vorliegt.

Es kommt somit zu einer interessanten methodologischen Konstellation. An den Extrempositionen der Skala werden fundamentale Aspekte, die präkonventionelle Verständigung einerseits (Pol A) und die individuell-intentionale Verständigung andererseits (Pol B), besonders deutlich sichtbar. Dies sind aber die Bereiche mit der größten Diversität, welche also am schwersten vom beobachtenden Wissenschaftler zu erfassen sind. Der Wissenschaftler steht somit vor dem Dilemma, entweder *erklärungsorientiert* die eigentlichen Kräfte der Verständigung (in Bereichen, die stark variierend sind) aufzudecken oder *deskriptiv orientiert* in Bereichen einer konventionalisierten „Beruhigung" der Dynamik einfache Ordnungsmuster zu konstatieren, ohne aber deren Genese und Konstitution erfassen zu können.

Die Kontaktlinguistik hat sich überwiegend für die zweite Option entschieden; dies bedeutet, sie konzentriert sich wesentlich darauf, die relativ einfachen, stabilen Regularitäten im mittleren Skalenbereich zu erfassen. Wir werden uns im folgenden dementsprechend mit einer Vielfalt von Situationen beschäftigen, die im mittleren Skalenbereich liegen; die neu zu definierenden Pole A* und B* sind nun:

Pol A*: Es gibt ein minimales konventionalisiertes Intersystem, wobei dieses für beide Parteien de facto sehr unterschiedlich aussehen kann, sie orientieren sich aber zumindest fiktiv an einem gemeinsamen System.

Pol B*: Die Kontaktpartner verfügen in unterschiedlichem Ausmaß über eine Lernervarietät der Sprache des anderen; d. h., sie sind symmetrisch bilingual. Diese Lernervarietät erreicht aber nicht den Status einer Muttersprache und ist von dieser eindeutig unterscheidbar.

Die Frage nach den Gemeinsamkeiten und Differenzen von Kontaktpartnern stellt sich in verschiedener Weise: Am Pol A* stellt sich die Frage nach der Gemeinsamkeit der Muttersprachen M_1 und M_2 (die nicht zur Verständigung in der Kontaktsituation dienlich sind) und nach der Festlegung des entstandenen Intersystems $I_{1/2}$, eventuell mit zwei unterschiedlichen Ausprägungen für die Sprecher von M_1 und die Sprecher von M_2. Am Pol B* stellt sich die Frage nach den jeweiligen Lernervarietäten der multilingualen Sprecher. Vereinfachend ist die Ausgangssituation des Kontaktes wie folgt darstellbar:

- Sprecher 1 verfügt über M_1: seine Muttersprache
- Sprecher 1 verfügt über L_2, L_3, L_4 (Lernervarietäten, die zu den Sprachen M_2, M_3, M_4 gehören)
- Sprecher 2 verfügt über M_2
- Sprecher 2 verfügt über L_1, L_3, L_4 usw.

Die unterschiedlichen Kontaktkonfigurationen sind dann:
(a) Sprecher 1 und Sprecher 2 benützen M_1 und L_1 (d. h., M_1 dominiert)
(b) Sprecher 1 und Sprecher 2 benützen L_2 und M_2 (d. h., M_2 dominiert)
(c) Sprecher 1 und Sprecher 2 benützen beide L_k (eine gemeinsame Lernersprache).

Das in der Lernersprache erreichte Niveau kann verschieden sein, außerdem kann die Kompetenz für verschiedene Sprachebenen unterschiedlich sein. So wird z. B. eine Zweitsprache, die ungesteuert erworben wurde, generell ein anderes Kompetenzprofil zeigen als eine in der Schule erworbene Zweitsprache. Je nach Sprachdidaktik können sich auch die schulisch erworbenen Kompetenzen erheblich in ihrem Profil unterscheiden; sie können z. B. stärker mündlich-situativ oder schriftlich-literarisch sein. In all diesen Konfigurationen sind unterschiedliche Gemeinsamkeiten und Differenzen anzutreffen. Diese lassen sich nur sehr grob aufgrund der Standardgrammatiken der jeweiligen Sprachen vorhersagen, d. h., eine kontrastive Analyse der Sprachsysteme gibt nur sehr grobe Erwartungswerte für Schwierigkeiten und Erfolgschancen im Sprachkontakt. Nur eine auf die Kontaktsituation funktional ausgerichtete differentielle Analyse vermag jene sprachlichen Faktoren zu bestimmen, welche die Verständigung in der Kontaktsituation fördern (ermöglichen) oder hemmen (zum Scheitern bringen), vgl. Kap. 4.1.

Im folgenden geht es aber (noch) nicht um Analysemodelle für sprachliche Daten oder um Gesamtmodelle des Sprachkontaktes, sondern um Methoden, mit denen empirische Fakten zum Sprachkontakt erhoben und auf einer eher induktiven Basis ausgewertet werden können (vgl. Kap. 4 für die Darstellung von Modellen).

Da der Sprachkontakt ein Phänomen ist, das sehr umfassend ist und deshalb empirisch erfolgversprechend nur unter sehr spezifischen Aspekten untersucht werden kann, müssen die empirischen Methoden zwangsläufig vielfältig sein; eine Einheitsmethode kann es also nicht geben. Die Wahl der Methode hängt einerseits davon ab, welcher Bereich auf der Skala, die oben beschrieben wurde, im Zentrum des Interesses steht, also von der konkret untersuchten Kontaktsituation; andererseits ist jedes dieser Felder noch zu umfassend. Da der Sprachkontakt generell einen Existenz- und Wirkungsbereich hat, der vom Individuum (bzw. seiner Kompetenz und den individuellen Sprachprozessen) bis zu ganzen Gesellschaften reicht, hat der Forscher die Wahl zwischen psycholinguistischen (oder gar neurolinguistischen) bis zu soziolinguistischen (oder gar soziologisch-ökonomischen) Methoden. Die Wahl einer empirischen Methode richtet sich nach den Erfordernissen eines solches Existenzbereiches und nützt das jeweilige Potential empirischer Verfahren in der Psycholinguistik, der Sozialpsychologie der Sprache, der Soziolinguistik usw. Wir können nur einige zentrale Methoden charakterisieren, wobei wir vom Makrobereich (Gesellschaft) zum Mikrobereich (sprachliche Kognition des Individuums) voranschreiten. Die disziplinäre Skala der Methoden hat somit etwa die in Abb. 2 angegebenen Strukturen.

Makro   Mikro

| Human-
geographie | Soziologie
Ethnographie | Soziolinguistik
Sozialpsychologie | Psycholinguistik
Neurolinguistik |

Abb. 2.

2.2 Methoden der Sprachgeographie

Aus einer distanzierten, quasi externen Perspektive erscheinen Sprachen als *raumzeitlich* verteilte Variationen *eines* Erscheinungsbildes „*menschliche Sprache*". In dieser Eigenschaft verteilen sie sich geographisch und bilden räumliche Muster, wobei die räumliche Distribution von Sprachen eine komplexe Tiefendimension hat: die einzeln kovariierenden oder aber divergierenden Merkmale von Sprache. Der sprachgeographische Raum hat neben seiner natürlichen Zwei- oder (seltener) Dreidimensionalität viele Merkmalsdimensionen: die phonetischen (phonologischen), morphologischen, syntaktischen, semantischen und (seltener) pragmatischen Merkmale. Diese räumliche Struktur (konkret geographisch und abstrakt bezüglich des Merkmalsraumes) kann durch eine zeitliche Dimension ergänzt werden. Der Sprachwandel kann als interne Prozeßvariable (bezüglich des Sprachsystems), der Sprachkontakt als externe Prozeßvariable (welche auf die Koexistenz verschiedener Systeme im Kontakt und auf die Umstände des Kontaktes reagiert) aufgefaßt werden. Jede synchron festgestellte geographische Verteilung von Sprache ist also zeitlich auf den *Sprachwandel* und den *Sprachkontakt* zu beziehen (vgl. zum Sprachwandel Kap. 3.3). Die ursprüngliche Motivation für die Entwicklung der Sprachgeographie in den siebziger Jahren des 19. Jahrhunderts war denn auch durch die Theorien zum Sprachwandel gegeben. Die Entwicklung verlief aber so, daß Dialektgeographie und Sprachwissenschaft "came to have less and less contact with one another" (Chambers/Trudgill, 1980: 17). Auf jeden Fall ist die Nutzung der Sprachgeographie nicht nur für Fragen des Sprachwandels, sondern auch des Sprachkontaktes noch entwicklungsbedürftig. Wir wollen die Methoden der Sprachgeographie an drei Beispielen exemplifizieren:

a) Die *Sprachatlanten*, welche über die Sprachgrenzen hinausgehen. Die Sprachatlanten verzeichnen die Übergangsfelder zwischen Sprachgebieten und in geringerem Ausmaß die konkurrierenden Sprachformen.

b) Die *Arealtypologie*. Sie kann geographische Kontinua, Übergänge und evtl. Sprünge und Inseln in der Verteilung typologisch relevanter sprachlicher Merkmale aufzeigen.

c) Methodisch ist schließlich die Anwendung moderner Klassifikationsverfahren in der Sprachgeographie von Bedeutung. Wir werden kurz die *Dialektometrie* diskutieren.

2.2.1 Sprachatlanten

Während ursprünglich die Sprachatlanten rein nationalsprachlich waren, d. h. jeweils nur die Dialekte *einer* Sprache erfaßten und die vorfindlichen Mehrsprachigkeiten ignorierten, gibt es seit den Arbeiten von Frings und Gamillscheg zumindest die Absicht, über die nationalen Grenzen hinauszugehen und die Übergangszonen mitzuerfassen. Ein Beispiel für die Realisierung dieser Tendenz gibt der *Sprach- und Sachatlas Italiens und der Südschweiz (AIS)* von Jaberg und Jud (1. Beispiel). Systematisch sprachübergreifend ist der *Atlas linguarum Europae (ALE)*, der seit 1983 erscheint (2. Beispiel). Wir wollen diese beiden Unternehmungen methodisch aus der Perspektive der Sprachkontaktforschung vorstellen und kommentieren.

a) Aspekte der Mehrsprachigkeit im *Sprach- und Sachatlas Italiens und der Südschweiz*

Dieser Atlas ist für die Sprachkontaktforschung in mehrfacher Hinsicht interessant. Erstens überschreitet er die nationalen Grenzen, indem er die Südschweiz miteinbezieht, zweitens umgreift er mit dem Rätoromanischen, dem Ladinischen, dem Sardischen und den süditalienischen Dialekten (z. B. dem Sizilianischen) weit auseinanderliegende (romanische) Varietäten. Drittens werden auch Ortspunkte erfaßt, an denen andere, konkurrierende Sprachen existieren und teilweise von den Gewährsleuten benützt werden, so das Französische in Savoyen, das Deutsche bzw. Schweizerdeutsche in Graubünden und das Deutsche in Südtirol (im Grödner Tal). Schließlich wird in der Tradition der Methode „Wörter und Sachen" systematisch die Variation der bezeichneten Dinge erfaßt und kartographiert. Alle vier Punkte betreffen den Sprachkontakt:

– über die Landesgrenzen hinweg,
– innerhalb der Regionen und ihrer Dialekte,
– in den mehrsprachigen Gemeinden (und sogar in der Aufnahmesituation selbst),
– im Bereich des Sachwissens, das mit den Sprachdifferenzen teilweise kovariiert, teilweise sich davon unabhängig ändert.

Wie Jaberg und Jud (1928) deutlich machen, besteht die Ambition des Sprachatlasses gerade darin, *unverfälschte*, d. h. nicht durch Glättungen am Material geschönte und auch nicht nach bestimmten Fragestellungen ausgewählte *Daten* der wissenschaftlichen Öffentlichkeit zur

Verfügung zu stellen. Insofern ist der Sprachatlas „nur" ein Material für gezielte Analysen. Dies bedeutet, daß z. B. Forschungen zum Sprachkontakt auf diesem Material aufbauen können. Es gehört allerdings zum Wesen eines Atlasses, daß er relativ grobmaschig ist, so daß die Kontaktkommunikation am Ort und die ortsbezogene Differenzierung nicht erfaßt werden können; außerdem gibt er ein statisches Bild, so daß Bewegungen der Sprecher und Kontakte außerhalb des Wohnortes mit Sprechern benachbarter oder bei der häufigen Arbeitsmigration auch weit entfernter Orte nicht erfaßt werden. Ein skizzenhaftes Bild des Sprachkontaktes ergeben zumindest die Aufnahmeprotokolle in Jaberg und Jud (1928: 38), die Spracheinstellungen, Einflüsse einer Hochsprache oder die Mehrsprachigkeit der Gewährspersonen und ihre Aufenthalte in anderen Sprachregionen verzeichnen. Die weiterführende Auswertung ist besonders in Hinsicht auf Fragestellungen der Sprachkontaktforschung kaum erfolgt; für eine klassifikatorische Auswertung der Atlasdaten wurden allerdings neue Methoden entwickelt und angewandt, die in Abschnitt 2.2.3 beschrieben werden.

b) Die europäische Vielsprachigkeit im *Atlas linguarum Europae (ALE)*

Bei der Konzeption dieses Atlasses stand die Mehrsprachigkeit im Großraum Europa im Zentrum des Interesses. Das weite Netz der Erhebung schloß allerdings eine detaillierte Darstellung von Kontaktphänomenen aus, es ermöglichte jedoch, indirekt Kontaktphänomene innerhalb größerer Kulturräume anhand der erfaßten Gemeinsamkeiten und Differenzen darzustellen. Die Begründer des Unternehmens nahmen explizit auf die Kontaktlinguistik und das Forschungsprogramm von Weinreich (1953) Bezug. Im Einleitungsband (Weijnen, 1975: 8) heißt es:

L'*ALE* se propose de représenter les contacts de langues que le continent européen permet d'observer et d'élargir le champ de la comparaison multilinguale.

Gegenüber den klassischen Atlanten und wohl motiviert durch das weiträumige Erfassungsnetz liegt der Schwerpunkt des Atlasses auf der Wortgeographie, wobei auch semantische Aspekte, etwa die Gliederung von Designatfeldern (Verwandtschaftsbezeichnungen, Farbbezeichnungen, Grußformen, Viehzucht-Vokabular) oder die Typologie von Motivationsarten für ein *Kompositum* eine Rolle spielen. Wir wollen dieses Feld exemplarisch herausgreifen, um die Relevanz des Atlasses

für die Sprachkontaktforschung zu zeigen (vgl. die Karten I.6 – I.9 des
ersten Bandes zum Wort 'Regenbogen' und den Kommentar dazu in
Alinei, 1983 b). Dabei zeigen sich nicht nur erstaunliche Gemeinsamkeiten für den europäischen Raum, es bestehen auch großräumige Unterschiede z. B. bezüglich jener Bereiche, aus denen lexikalisches Material etwa zur Bezeichnung des 'Regenbogens' ausgewählt wird. Die
wesentlichen Sachverhalte werden in vier Karten dargestellt:

A. Die onomasiologische Karte für die Formen der Motivation
'Bogen'.

Diese Karte zeigt, daß trotz unterschiedlicher Etyma für 'Bogen'
(lat.: *arcus*, germ.: **bogan*, slav.: **dǫga*, gr.: *tóxon* usw.) die Bedeutung
'Bogen' mehrheitlich in die Motivation des Wortes für 'Regenbogen'
Eingang findet. Bei den Simplicia ist lediglich slav. **dǫga* über einen
größeren Raum verbreitet. Im Normalfall wird das Kompositum bevor-
zugt.

B. Die Motivationskarte für das Determinatum des Kompositums
bzw. das Simplex.

Neben der zentralen Motivation 'Bogen' werden relativ wenige Varianten aufgelistet, die semantisch zu den folgenden Gruppen gehören:
(a) Gürtel, (b) Heiligenschein, (c) Ring und andere runde Objekte,
sowie acht weitere semantische Gruppen.

C. Aufstellung naturbezogener Konstituenten im Determinans und
in Simplicia. Diese lassen sich inhaltlich in neun Typen unterteilen:
Regen, Wasser, Donner, Wetter, Himmel, Farbe, Licht, Sonne, Abend.

D. Mythologische Inhalte in der Motivation des gewählten Aus-
druckes für 'Regenbogen'.

Alinei unterscheidet drei (kulturhistorisch gestaffelte) Designat-
felder als Basis für die jeweiligen lexikalischen Einheiten, welche das
Etymon von 'Regenbogen' (a. a. O., 1983: 50 ff.) in der jeweiligen
Sprache realisieren:

- *zoomorphe* Begriffe (mit Bezug zu Naturreligionen): litauisch:
  straublỹs (Rüssel); wotjakisch: *vuju'is'* (Wassertrinker, Tier); ital.:
  drago (Drache, mit vielen Beiwörtern); slowenisch: *mavrica*
  (schwarze Kuh) u. a.

- *anthropomorphe* Begriffe (heidnischen Ursprungs): span.: *arco iris*
  (Göttin 'Iris'); griech.: *k'irasɛl'ini* (Frau Mond); slav.: verschiedene
  Ausdrücke und Eigennamen für Mädchen; bulgar., griech., türk.:
  zahlreiche Frauenattribute ('Gürtel', 'Schürze', 'Band'); makedon.,
  alban., ital.: Fruchtbarkeit: 'Wein und Korn', 'Wein und Brot', 'Öl,
  Wein und Essig' u. a.

- *christliche* Begriffe (oft als Ersatz für heidnische Vorgänger): ital.:

arco vergine (Jungfrauenbogen); franz.: *couronne* (Heiligenschein, oft mit Angabe eines Heiligen); ital.: *arco di Noè* (Noahs Bogen) u. a. Wie Alinei (1983 b: 54) darlegt, erlaubt diese kartographische Aufbereitung bzw. die Interpretation der Einzelbezeichnungen eine tiefe Einsicht in unterschiedliche „Schichten" und Überlagerungen im Sprachsystem. Er sagt (a. a. O.):

To summarize and conclude: a map based on the semantic motivations of names throws light on the cultural context that underlies the naming process, for a name's motivation is in essence a shortcut to the conceptual interpretation of reality that is valid when the naming takes place.

Das Atlasbild erlaubt somit Rückschlüsse auf kulturelle und sprachliche Prozesse, auf Kontakte und Überlagerungen. Allerdings wählt die Atlasdarstellung eine statisch-räumliche Repräsentation und muß erst dynamisch reinterpretiert werden; sie ist also eine vortheoretische Datendarbietung und nicht selbst eine Analyse dieser Daten. Wie die Begleitbände des europäischen Atlasses zeigen, ist die Analyse und Interpretation gegenüber der Atlastradition um die Jahrhundertwende heute stärker in den Vordergrund gerückt und findet teilweise in den Kommentaren, teilweise in den Einzelkarten ihren Ausdruck.

2.2.2 Arealtypologie und Sprachkontakt

Der Sprachkontakt ist zwar ein kleinräumiger Prozeß, der auf der interpersonalen Ebene am deutlichsten in Erscheinung tritt und dort auch in seinen Kräften und unmittelbaren Wirkungen am konkretesten erforschbar ist; da er aber ein ständig wirkender Faktor ist, prägt er auch weiträumige geographische Strukturen. Die Sprachtypologie und die typologisch orientierte Sprachgeographie und Sprachgeschichte sind deshalb ein möglicher Weg, um den Sprachkontakt und seine Folgen wissenschaftlich zu untersuchen. Das folgende Beispiel einer typologisch-geographischen Analyse nach Bechert (1988) zeigt, daß es typologische Kontinua gibt, welche durch die Langzeitwirkung von Sprachkontakten und durch einen weit wirkenden Sprachausgleich erklärbar sind. Wir wollen diese Ergebnisse als methodisches Beispiel kurz ausführen.

Einige der in Bechert (1988) berücksichtigten typologischen Merkmale sind:
a) die relative Ordnung von nominalem Subjekt, Verb und nominalem Objekt im Aussagesatz (S = Subjekt, V = Verb, O = Objekt);

b) die relative Stellung von Adpositionen zur nominalen Gruppe: Präpositionen (Pr) vs. Postpositionen (Po);
c) die Stellung des Genitivattributs und vergleichbarer grammatischer Konstruktionen relativ zum Beziehungsnomen (NG bzw.
   GN);
d) die Stellung des attributiven Adjektivs zum Beziehungsnomen (NA
   bzw. AN).

Insgesamt können diese typologischen Merkmale für die europäischen Sprachen in eine annähernde geographische Ordnung gebracht
werden, wie die folgende Tabelle zeigt (Material aus Hawkins, 1983,
und anderen Quellen):

Tab. 5: Wortstellungsmerkmale in europäischen Sprachen

VSO/Pr/NG/NA:	keltische Sprachen außer Bretonisch
SVO/Pr/NG/NA:	Bretonisch, romanische Sprachen, Albanisch
SVO/Pr/NG/NA, AN:	Französisch, Italienisch, Polnisch
SVO/Pr/NG/AN:	Isländisch, Niederländisch, slavische Sprachen, Griechisch
SVO/Pr/NG, GN/AN:	Englisch, Friesisch, Deutsch, Landsmål (Nynorsk)
SVO/Pr/GN/AN:	Bokmål, Schwedisch, Dänisch, Litauisch, Lettisch
SVO/Po/GN/AN:	ostseefinnische Sprachen (Finnisch, Estnisch, ...)
SOV/Po/GN/AN:	uralische Sprachen außer Ostseefinnisch, Türksprachen
SOV/Po/GN/NA:	Baskisch

Von einigen Verwerfungen abgesehen, ergibt sich mit der Kombination
der vier Merkmale eine kontinuierliche Ordnung von Westen nach
Osten, in der nur das Baskische und das Ungarische (eine uralische
Sprache) „Inseln" bilden und eine scharfe Grenze nur zwischen Griechisch und Türkisch besteht.

Arealtypologische Untersuchungen sind auch auf dialektaler Ebene
fortsetzbar und zeigen ein ähnliches Bild der arealen Kontinuität, die
relativ unabhängig von der Stammbaumzugehörigkeit der jeweiligen

Sprachen ist. Dies ist für die Theorie des Sprachkontaktes und des Sprachwandels insofern wichtig, als es zeigt, daß der Sprachkontakt ein Prozeß ist, der die sprachhistorischen Differenzierungen unter Gesichtspunkten des Raumes reorganisiert.

2.2.3 Moderne Methoden der Dialektometrie

Auf der Basis der Daten einer Sprachatlaserhebung können weiterführende Auswertungen erfolgen. Bereits die kartographische Behandlung der Daten, insbesondere die klassische Darstellung in Form von *Isoglossen* und *Isoglossenbündeln*, verlangt nach einer Klassifikation von sprachgeographischen Sachverhalten (vgl. aber zur Kritik der Methode der Isoglossen Chambers/Trudgill, 1980: 125 ff.). Mit den modernen Methoden der Klassifikation und der Computergraphik lassen sich solche Ansätze verfeinern und weiterentwickeln. Als ein Beispiel soll uns die sog. Dialektometrie dienen, die im Anschluß an Ideen von Séguy hauptsächlich von Hans Goebl weiterentwickelt wurde. Für die Sprachkontaktforschung sind dialektometrische oder genereller „linguometrische" Methoden insofern von Bedeutung, als sie ein „exaktes" Bild der Sprachähnlichkeit und der Sprachverschiedenheit geben können. Diese quantitativ-klassifikatorische Analyse von Sprachverhaltensdaten kann mit Ergebnissen der subjektiven Wahrnehmung von Sprachunterschieden (vgl. die Methoden, die in Abschnitt 2.5 bis 2.7 dargestellt werden) und mit Ergebnissen der Analyse von Sprachmischungen und Sprachentlehnungen (vgl. Abschnitt 3.2 und 3.3) in Beziehung gesetzt werden.

Ausgangspunkt einer quantitativen Analyse von Sprachatlasdaten ist eine *Datenmatrix,* in die für eine Anzahl von Karten (welche auf bestimmte Merkmale, etwa phonologische, morphologische oder lexikalische Varianten fokussiert sind) und eine Anzahl von Kartierungspunkten die jeweils zutreffenden Werte eingetragen sind.

Wir wollen diese Konzeption exemplarisch verdeutlichen, indem wir 12 Karten des Deutschen Sprachatlasses für die Städte Hamburg, Bremen, Berlin, Frankfurt, München in der Form einer Merkmalmatrix organisieren (wir haben jeweils die Varianten, die für die Stadt inklusive der näheren Umgebung vorherrschen, gewählt; vgl. *Deutscher Sprachatlas*, 1927–1932: Bd. I). In Tabelle 6 wird links für jede Variable das Stimuluswort, das in einem der 51 Sätze des Fragebogens vorkam, angegeben. Zur Verdeutlichung geben wir für die drei ersten Variablen die Sätze des Fragebogens an:

1. *dir*
   Satz 12: Wo gehst du hin, sollen wir mit *dir* gehen?
2. *beiß(en)*
   Satz 14: Mein liebes Kind, bleib hier unten stehen, die bösen Gänse *beißen*
   dich tot.
3. *ich*
   Satz 10: *Ich* will es auch nicht mehr wieder tun!

Tab. 6: Daten aus dem Deutschen Sprachatlas (die ersten 12 Karten)

	Hamburg (HH)	Bremen (HB)	Frankfurt (F)	München (M)	Berlin (B)
dir	di	di	der	dia	dir
beiß(en)	bīt-	bīt-	beiß-	beiß-	beiß-
ich	ik	ik	ich	i	ik
-en 3. Plur. Ind. Präs.	-t	-t	-e	-n	-n
⟨Gaul⟩/ ⟨Pferd⟩	⟨Pferd⟩	⟨Pferd⟩	⟨Gaul⟩	⟨Roß⟩	⟨Pferd⟩
mach(en)	mak-	mak-	mach-	mach-	mach-
Bruder	-od-	-od-	-ud-	-uad-	-ud-
heiß	hēt	hēt	hāß	hoaß	hēß
Kind	Kind	Kind	Kind	Kind	Kind
ißt	itt	itt	eßt	ißt	eßt
ist	is	is	is	is	is
sich	sik	sik	sich	si	sich

Die Einträge der Datenmatrix können nun paarweise verglichen
werden; eines der einfachsten Vergleichsmaße fußt auf der Anzahl der
übereinstimmenden Eintragungen relativ zur maximal möglichen Anzahl von Vergleichen. Wenn wir nur die fünf Orte in Tabelle 6 vergleichen, ergibt jeder Vergleich zweier Orte genau 12 Möglichkeiten der
Übereinstimmung bzw. des Kontrastes. Die Ähnlichkeit zweier Orte
bezüglich der 12 Merkmale ist also die Anzahl *gleicher* Einträge (wir
sehen von der relativen Ähnlichkeit der jeweiligen Einträge aus Einfach-
heitsgründen ab) durch 12 (Gesamtzahl der Merkmale). Da die Ähnlichkeit ein symmetrisches Maß ist, genügt es, eine Hälfte der Tabelle
auszurechnen. Das Ergebnis zeigt Tabelle 7.

Tab. 7: Ähnlichkeit der Orte bezüglich der 12 Merkmale

	HH	HB	F	M	B
HH		12/12	2/12	2/12	4/12
HB			2/12	2/12	4/12
F				4/12	7/12
M					5/12

Wie dieses Übungsbeispiel zeigt, lassen sich die Orte nach absteigender Ähnlichkeit (Ä) anordnen.

Tab. 8: Ordnung der Orte nach Ähnlichkeit

Ä (HH/HB) = 12/12	Norddeutschland (intern)
Ä (F/B) = 7/12	Osten/Mitte
Ä (M/B) = 5/12	Osten/Süden
Ä (HH/B) = Ä (HB/B) = 4/12 }	{ Norden (West/Ost)
Ä (F/M) = 4/12 }	{ Süden (intern)
Ä (HH/M) = Ä (HB/M) = 2/12 }	{ Nord-West / Süden
Ä (HH/F) = Ä (HB/F) = 2/12 }	{ Westen

Bereits bei dieser kleinen, nach der Reihenfolge der Karten im Sprachatlas vorgenommenen Auswahl von Merkmalen zeigen sich plausible Zusammenhänge. Versucht man jedoch, die gewonnenen Ähnlichkeiten bzw. ihre Komplemente, die Distanzen (z. B. Distanz [F, B] = 1 − Ä [F, B] = 1 − 7/12 = 5/12) in einer Karte zu vereinigen, um so ein zweidimensionales Bild der relativen Nähe bzw. Ferne zu erhalten, so läßt sich bei mehr als drei Punkten meist keine konsistente Darstellung mehr finden. Eine solche Kartierung ergibt keinen Anschauungsraum. Lediglich bei Wahl eines festen Bezugspunktes, so daß die Ähnlichkeiten aller Ortspunkte zu diesem Punkt gemessen werden, kann man eine gewisse Anschaulichkeit erreichen, indem man die modernen Methoden der Computergeographie einsetzt. In diese Richtung weisen etwa die Arbeiten von Goebl (1980) zur Dialektometrie in Norditalien. Das Verfahren eignet sich besonders für die Berücksichtigung großer Merkmalslisten und den Vergleich vieler Kartierungspunkte. Die Ähnlichkeitsverteilung wird dann durch verschiedene Schraffierungen in einer zweidimensionalen Darstellung oder durch die Profilhöhe in einem computergraphischen Geländemodell wiedergegeben (die Profilhöhe entspricht der Ähnlichkeit).

2.3 Methoden der Makrosoziologie

Der Sprachkontakt hängt nicht nur mit der arealen und genereller der geographischen Distribution von Sprachen, Dialekten und Varietäten zusammen, er ist auch indirekt eine Folge der Untergliederung des geographisch-politischen Raumes in Nationen, Bundesländer (vgl. Belgien), Kantone (vgl. Schweiz), administrative Regionen und Bezirke. Mit dem Hervortreten nationaler Großstaaten, insbesondere mit den starken Unifikationsbewegungen innerhalb der Nationen seit der Französischen Revolution, ist die sprachliche Vielfalt in Westeuropa (bzw. die Beseitigung dieser Vielfalt zugunsten nationaler Einheitskulturen) ein Politikum geworden. Dies führt zu speziellen Bedingungen des Sprachkontaktes und zu Beschränkungen der ursprünglich vielfältigeren Sprachkontakte. Die sprachliche und kulturelle Unifikation ist unter veränderten Bedingungen auch in postkolonialen Nationen, z. B. in Nord- und Südamerika und im pazifischen Raum (etwa in Australien, Neuseeland, Neuguinea, Hawaii) und wiederum unter anderen Voraussetzungen in Ostasien oder in der Sowjetunion anzutreffen. Die staatlichen und politischen Konstellationen, welche den Sprachkontakt beeinflussen, werden häufig juristisch und administrativ gefestigt, z. B. in speziellen Autonomiegesetzen. Die Durchsetzung solcher Regelungen ist dabei eine Sache politischer, je manchmal sogar gewalttätiger Auseinandersetzungen. Naheliegende Beispiele sind die u. a. sprachpolitisch begründete Expansionspolitik des Dritten Reiches oder die im Zusammenhang mit Gebietsverteilungen nach den Weltkriegen stehenden Sprachkonflikte in Südtirol und in Ost-Belgien. Andere Sprachkonfliktsituationen in der jüngeren politischen Geschichte gibt es in Spanien (Katalonien, Baskenland), in Kanada (Provinz Quebec) oder in den Südstaaten der USA (Problematik der Chicanos). Für manche kolonialen Situationen wurde sogar der Begriff der Sprach- und Kulturausrottung geprägt (vgl. Calvet, 1974).

Die wissenschaftliche Untersuchung solcher Situationen und Prozesse verlangt ein komplexes Instrumentarium. Wir wollen die primär politischen, administrativen und juristischen Aspekte hier vernachlässigen, da sie zu weit vom zentralen Phänomenbereich, dem Sprachkontakt, wegführen. Im Vorfeld politischer Planungen und Entscheidungen sind jedoch Bestandsaufnahmen der Mehrsprachigkeit von Bedeutung. Für sozial und institutionell gegliederte Gesellschaften hat sich die Methode Fishmans zur Untersuchung von *Sprachdomänen* bewährt. Sie ist möglicherweise für andere Gesellschaftstypen (vorindustrielle Gesellschaften oder gar Sammler- und Jägergesellschaften) weniger geeignet und sollte dort durch ethnographische Methoden (vgl. Abschnitt 2.4) ersetzt werden.

Der Ausgangspunkt für Fishmans Methode läßt sich in eine Standardfrage zusammenfassen: "Who speaks what language to whom and when?" (vgl. Fishman, 1965). Eine Aufdeckung jener sozialen Domänen, die eine Sprache (ein Dialekt, eine Varietät) einnimmt, erbringt im Zusammenhang mit der Untersuchung der Altersschichtung und der sozialen Distribution der Domänen Hinweise auf die *Prozesse* der Sprachloyalität und des Sprachwechsels. Fishman sagt (1966: 428):

The qualitative aspects of bilingualism are most easily illustrated in connection with the *location* of language maintenance and language shift in terms of *domains* of language behavior.

Wir wollen als Beispiel für die Methode der Sprachdomänen eine Untersuchung skizzieren, die einer der Autoren 1974 im Rahmen des "European Institute of Applied Linguistics" durchgeführt hat (vgl. Wildgen, 1975). Die Studie wurde in vier Stufen realisiert:

a) Die Kenntnisnahme wichtiger Fakten der zu untersuchenden Situation. Das Untersuchungsfeld war die Mehrsprachigkeit im überwiegend deutschsprachigen Eupen in Ost-Belgien. Als Grundlage diente einerseits die Beschreibung der Situation in der Literatur (z.B. in Verdoodt, 1968) und andererseits die Befragung einiger Gewährspersonen aus dem Sprachgebiet.

b) Die Entwicklung eines Fragebogens; nähere Details werden unten angegeben.

c) Die Durchführung der Befragung im Feld.

d) Die statistische Auswertung der Ergebnisse und deren Interpretation.

Wir wollen nur die Phase b) näher ausführen. Der Fragebogen enthielt vier Rubriken:

I. Daten über die Informanten (Geschlecht, Alter, Wohnort, Beruf, sozialer Hintergrund, Muttersprache, Fremdsprachenkenntnisse).
II. Sprachgebrauch im privaten Bereich.
III. Sprachgebrauch im öffentlichen Bereich.
IV. Sprachgebrauch im Beruf.

Die Rubriken II, III und IV geben die Hauptdomänen an; diese werden jeweils unterteilt in:
Privater Bereich: Kinder – Ehepartner – Eltern – Verwandte – Freunde; Sprachmedien: Briefe – Witze – Rechnen;
Öffentlicher Bereich:
Verwaltung: Beamte – Dienststellen außerhalb des Kantons;

Handel/Verkehr: Einkaufen, Hausarzt, Apotheker, Facharzt;
Medien: Fernsehen – Rundfunk – Tageszeitungen – Wochenzeitschriften/Illustrierte – Bücher;
Beruf: Berufsort – Sprache mit Kollegen – Sprache mit Untergebenen und Vorgesetzten – Verfassen von Schriftstücken – Sprache der beruflichen Fortbildung.

Wie dieses Beispiel zeigt, ist neben der relativ allgemeinen Domänenklassifikation (privat – öffentlich – beruflich) in jeder Untersuchung eine den speziellen Sprachsituationen angemessene Unterteilung vorzunehmen. Es gibt also eigentlich keine allgemeine Klassifikation von Domänen, lediglich eine Tendenz, daß die Sprachloyalität und der Sprachwechsel in den groben Bereichen: Privatbereich, Öffentlichkeit und Beruf unterschiedlich sein können. Diese Unterschiede in der sozialen Verteilung lassen erste Schlüsse auf die zugrundeliegenden Prozesse zu. Da der Prozeß selbst nur in einer Longitudinalstudie (vgl. Kap. 2.5, Beispiel 3) oder in einer historisch orientierten Untersuchung (vgl. Kap. 2.6) empirisch erfaßt werden kann, ist die Methode der Sprachdomänen unvollständig. Der prozessuale, zeitliche Charakter des Sprachkontaktes wird gerade an den Mängeln der statisch-deskriptiven Methoden besonders deutlich (vgl. Kap. 4.6).

2.4 Ethnographische Methoden

Ethnographische Aspekte spielten in der Sprachgeographie, spätestens seit der Methode der „Wörter und Sachen", eine gewisse Rolle. Wir hatten bereits in Abschnitt 2.2 auf den *Sprach- und Sachatlas* von Jaberg und Jud verwiesen, welcher ausführliche Darstellungen der Formenvielfalt von Gegenständen besonders im Bereich des bäuerlichen Lebens enthält. Der *Tirolische Sprachatlas* ist ein weiteres Beispiel, wobei an die Stelle der zeichnerischen Darstellung einzelner Formen und deren Zuordnung zu Einträgen im Sprachatlas ausführliche Kommentare zur Sachkultur und zum Brauchtum treten, die mit Fotomaterialien veranschaulicht werden. Der zweite Fragebogen des europäischen Atlasses erweitert diesen Ansatz, indem er ganze Bezeichnungsfelder aufnimmt, z.B. Verwandtschaftsstrukturen und Farbterminologien thematisiert. In Ergänzung des Vorgehens um weitere ethnolinguistische Themenbereiche ließen sich sowohl Interaktionsformen im Sprachkontakt als auch stereotype Vorstellungen von der jeweiligen Sprache und den Sprechern beim Kontaktpartner untersuchen (vgl. die Ansätze der Folklinguistik, z.B. in Brekle und Maas, 1986). Wir wollen im folgenden das "Color Project" der Universität Berkeley, in dem die Arbeit von Berlin und Kay (1969) fortgesetzt und erweitert wird, vorstellen, da dort Techniken der Erhebung und der Datenbearbeitung auftreten, wie sie in der Sprachgeographie und Sprachsoziologie (vgl. die Abschnitte 2.2 und 2.3) nicht vorkommen.

Beispiel: Die ethnische Differenzierung des Farblexikons

In Fortsetzung der Forschung von Berlin und Kay (1969) sowie Kay und McDaniel (1978) führt das "Language Behavior Research Laboratory" der Universität Berkeley seit Beginn der achtziger Jahre eine breitgestreute internationale Studie durch, welche in einem standardisierten Verfahren drei Typen von Daten erhebt:

1. Die jeweils in der Sprachgemeinschaft verwendeten morphologisch einfachen Farbbezeichnungen werden in der Informantenbefragung vor Ort ermittelt (es werden ca. 150 Sprachen besonders außerhalb des europäischen Bereiches erfaßt).

2. Die Zuordnung von Farbbezeichnungen zu den normierten Farbplättchen (329 verschiedene Typen) wird im Interview bzw. in einer Testsitzung vor Ort vorgenommen.

3. Anhand einer zweidimensional angeordneten Farbentafel (8 × 40 + 9 Farbflächen) werden vom Informanten die zentralen Vertreter (Prototypen) bestimmt.

In der konkreten Durchführung wird ein Codierbüchlein benützt, in dem generelle Daten zum Interviewer, zur Testperson und zur Testsituation erfaßt werden. Die vom Informanten genannten Farbnamen werden auf dem Deckblatt mit Abkürzungen versehen und diese Abkürzungen werden beim Test (vgl. 2) hinter der entsprechenden Nummer des Farbplättchens eingetragen. Die Daten aller Büchlein und die der Zentrierungstests (vgl. 3) werden derzeit in Berkeley vom "Quantitative Anthropology Laboratory" unter Benützung des Computers ausgewertet.

Als erster Auswertungsschritt erfolgt eine Kartierung der Farbnamen in ihrer Zuordnung zum Farbfeld (40 × 8 + 9 Teilflächen bzw. Datenpunkte); dazu werden für *jeden* Informanten zwei Matrizen erstellt, eine mit der Zuordnung der Farbnamen, die andere mit dem Ergebnis der Prototypen-Bestimmung (vgl. 3).

Als nächster Schritt wird für eine Gruppe von Informanten zu einer Sprache (im Durchschnitt 25 Informanten) das Gesamtergebnis kartiert, und zwar nach den folgenden Stufen der interindividuellen Übereinstimmung:

A: 0% Übereinstimmung; B: 30%; C: 70%; D: 100%.

Für die Sprachkontaktforschung sind Antworten zu den folgenden Fragen relevant:

a) Wie verteilen sich die Farblexika in ihrer Kategorisierung des Farbfeldes regional und in kleineren Gebieten? Diese Frage ist allerdings im Projekt von Kay u. a. zweitrangig; sie könnte aber am erhobenen Material untersucht werden (falls dieses dazu nicht zu grobmaschig erhoben wurde).

b) Welche Entwicklungstendenzen sind ablesbar? Dies kann durch den Vergleich von Veränderungen zwischen dem 70%-Niveau und dem 30%-Niveau untersucht werden (vgl. oben).

c) Wenn man die jeweilig vorherrschende Einteilung (70%-Niveau) auf die Entwicklungshierarchie von Berlin und Kay (1969) sowie Kay und McDaniel (1978), die inzwischen ergänzt und korrigiert wurde, abbildet, lassen sich allgemeine Gesetze für die Komplexität von Farblexika und deren Entwicklung aufstellen. Diese prozessual ausgerichtete Klassifikation läßt sich areal und historisch interpretieren, so daß relativ allgemeine Gesetzmäßigkeiten des Sprach- und Kulturkontaktes in Reichweite kommen.

Bisher liegt der Schwerpunkt des Projektes bei einer typologisch-genetischen Fragestellung; eine im engeren Sinne kontaktlinguistische Forschung, welche nach dem Wie kultureller Anpassungen und Übernahmen fragt, wäre anzuschließen.

2.5 Soziolinguistische Methoden

Die Soziolinguistik knüpft mit den Arbeiten von Labov seit 1966 direkt an sprachgeographische und soziologische Ansätze an (vgl. die Abschnitte 2.2 und 2.3). So ist es z. B. charakteristisch, daß Labovs Untersuchungen zur soziolektalen Variation in einem Stadtviertel von New York City in organisatorischem Zusammenhang mit einer soziologischen Untersuchung (Jugendsoziologie) stattfand und auf Methoden zurückgriff, die im Zusammenhang mit dem amerikanischen Sprachatlas entwickelt wurden. Wir wollen exemplarisch die klassische Vorgehensweise von Labov darstellen und dann anhand der Heidelberger Untersuchung zum Pidgin-Deutsch ausländischer Arbeiter eine thematisch unterschiedliche, aber methodisch in dieser Kontinuität stehende Untersuchung vorstellen. Als drittes Beispiel wird das Projekt "Second Language Acquisition by Adult Immigrants" kurz skizziert.

Beispiel 1: Die Untersuchung von Labov zur gesprochenen Sprache
in New York City (1966)

Bei einer soziolinguistischen Untersuchung in der Großstadt ist das
Problem, eine geeignete Stichprobe für die Untersuchung zu finden, be-
sonders akut. Das Standardvorgehen, bei dem man z. B. jeden zehnten
Häuserblock und jede siebte Wohnung als Stichprobe wählt, hätte im
Beispiel des von Labov untersuchten Stadtviertels zu einer Mischung
von Ausländern, Neuhinzugezogenen und Ortsansässigen geführt.
Labov nahm eine 1961 von Soziologen zusammengestellte Stichprobe
als Ausgangspunkt und versuchte, eine nach den Kriterien: ethnische
Gruppen, religiöse Gruppierungen, sozioökonomische Schichten aus-
geglichene Stichprobe aufzubauen. Mit dieser verkleinerten und ausge-
wogenen Stichprobe wurden Intensiv-Interviews durchgeführt, die auf
Tonband aufgezeichnet wurden. Der zugrundeliegende Fragebogen
enthielt u. a. die folgenden Themen (vgl. Appendix A in Labov, 1966:
589–602; wir vernachlässigen die Teile I–III):

IV. Semantics and Syntax
Diese Abteilung enthielt u. a. die Aufforderung zum Erzählen unter dem Stich-
wort: Danger of Death
1. Have you ever been in a situation where you thought there was a serious
    danger of your being killed? That you thought to yourself "This is it?"
2. What happened?
3. How did you feel afterwards?

V. Pronunciation
–   das Lesen eines Textes, in dem konzentriert soziolinguistische Variablen ein-
    gebaut waren (vgl. a. a. O.: 597, wo der Text abgedruckt ist),
–   eine längere Wortliste (a. a. O., 596),
–   das Lesen eines Textes mit phonologischen Kontrasten (a. a. O. 598),
–   das Lesen einer Wortliste mit phonologischen Kontrasten.

VI. Subjective evaluation
     (Subjective reaction test, self-evaluation test)

Die Ergebnisse aus Teil V (insbesondere die Tonbandaufzeichnungen
der vom Informanten produzierten Varianten) bildeten die Basis für
Labovs Analyse zur sozialen Stratifikation des Englischen in New York
City.

Zur Illustration der mit dieser Methode erzielten Ergebnisse und
ihrer Relevanz für die Sprachkontaktforschung wollen wir kurz die Verteilung der Variablen *(th)* nach Schichten und Sprechstilen kommentieren. Labov konstruierte die Variable *(th)* (vgl. engl. 'thing') aus diesen
in New York vertretenen Aussprachevarianten:

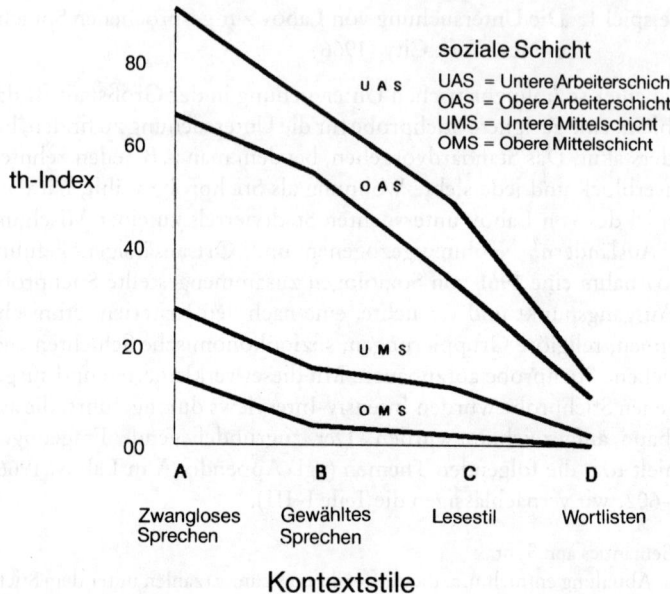

Abb. 3: Korrelation von Schicht und situativem Stil mit der Variablen *(th)*.

(1) Interdentaler Frikativ	[Θ]	Gewicht: 0
(2) Affrikate	[tΘ]	Gewicht: 1
(3) Plosiv	[t]	Gewicht: 2

Wir wollen exemplarisch zeigen, wie Labov den Variationsindex berechnet (vgl. Labov, a. a. O.: 55 f.). Für eine soziale Gruppe bzw. einen
situativen Stil (externe Variablen) werden die relativen Häufigkeiten ermittelt und mit den Gewichten multipliziert, dies ergibt einen ersten
Index mit dem Wertebereich [0, 2]; d. h., wenn alle Vorkommnisse vom
Typ [Θ] sind, ist der Wert 0, wenn alle vom Typ [tΘ] sind, erhalten wir
entsprechend 1, und bei Typ [t] liegt der Wert 2 vor. Bei gemischten Vor-
kommnissen erhalten wir Zwischenwerte auf derselben Skala. Dieser
Index wird mit 100 multipliziert, so daß eine Skala [0, 200] entsteht. Die
Korrelation der linguistischen Variablen *(th)* mit den Variablen: soziale
Schicht und situativer Stil wird sehr grob als Diagramm dargestellt (vgl.
Abb. 3, die Linien verdeutlichen nur die Differenzen). Wir geben die Fig.
4/6 in Labov (a. a. O., 222) wieder (allerdings graphisch vervollständigt).
   Die Schichteinteilung, die eigentlich 9 Stufen hat, ist für diese Darstel-
lung vergröbert, so daß nur noch vier soziale Gruppen unterschieden

werden. Die situativen Stile sind definiert als A = Gesprächspartien außerhalb des Interviews bzw. in ziemlich freien Teilen des Interviews, B = die Interviewteile selbst, C und D = die Antworten in Abschnitt V des Interviews (siehe oben).

Interpretiert man das Diagramm in Abb. 3 und die anderen Daten von Labov, so erkennt man sehr reguläre Wirkungen sowohl des sozialen als auch des situativen Parameters. Für den Sprachkontakt bedeutet dies, daß die Sprecher in der Großstadt sich in einem sozial und situativ definierbaren mehrdimensionalen Kontaktkontinuum bewegen. Die soziolinguistischen Variablen sind die besten Indikatoren dieser Struktur und beeinflussen sowohl die soziale Wahrnehmung in der Kontaktsituation als auch (in einer gewissen Spielbreite) das Kontaktverhalten. Als Ergänzung wollen wir ein am Vorbild von Labovs späteren Arbeiten orientiertes Forschungsvorhaben, das Heidelberger Projekt „Pidgin-Deutsch ausländischer Arbeiter in der BRD" heranziehen, in dem Labovs Methoden weiterentwickelt wurden.

Beispiel 2: Das methodische Vorgehen
          des Heidelberger Forschungsprojektes

In bezug auf die Größe der Stichprobe und den Umfang der gewonnenen Daten nimmt sich dieses Projekt gegenüber der Untersuchung von Labov eher bescheiden aus (nur 48 in der Hauptanalyse berücksichtigte Interviews, keine phonologischen und lexikalischen Elizitierungen). In der Fortführung des Projektes im Rahmen des "European Science Foundation"-Projektes (vgl. Beispiel 3) wurde die empirische Basis jedoch erweitert und diversifiziert.

Die erste Innovation des Heidelberger Projektes bestand darin, daß eine *linguistisch* vollständigere Analyse angestrebt wurde; insbesondere wurde eine Bezugsgrammatik für das Feld der Intersprachen ausländischer Arbeiter (mit der Zielsprache Deutsch) erstellt, anhand deren die unterschiedlichen Lernphasen und Pidginisierungsstadien festgestellt werden konnten. Da ein solches Vorgehen eine Stufe der Modellbildung notwendig macht, gehen wir darauf näher im Rahmen unserer Behandlung von Variationsgrammatiken in Kapitel 4 (Abschnitt 4.2.2) ein.

Eine Auswahl der Ergebnisse der Datenanalyse im Bereich der Syntax wurde in einem syntaktischen Index zusammengefaßt. Dieser bildete den Hintergrund für den Vergleich mit linguistischen Analysen auf anderen Ebenen (etwa zur Struktur von Erzählungen ausländischer Arbeiter; vgl. Wildgen, 1978a) und diente als Basis für eine statistische

Untersuchung zur Wirkung außersprachlicher Faktoren auf die Entwicklung der Kontaktsprache.

Die zweite Innovation bestand (besonders seit 1976) in einer systematischen Untersuchung des Zusammenhanges von Eigentümlichkeiten der Kontaktsprache mit erhobenen außersprachlichen Faktoren: Geschlecht, Ausgangssprache, Alter, Dauer des Schulbesuches, berufliche Qualifikation (individuelle Faktoren) und: Kontakt mit Deutschen am Arbeitsplatz, Kontakt mit Deutschen in der Freizeit, Wohnsituation (überindividuelle Faktoren). Die Ergebnisse der statistischen Auswertung sind in Klein/Dittmar (1979: 198–212) zusammengefaßt worden.

Insgesamt umfaßt die Skala der entwickelten Methoden verschiedene Bereiche zwischen informellen und formellen (gesteuerten) Vorgehensweisen, von denen wir exemplarisch zwei herausgreifen wollen:

a) Die teilnehmende Beobachtung. Diese wurde in der ersten Phase des Heidelberger Projektes erfolgreich angewendet (vgl. Heidelberger Forschungsprojekt, 1975: Kap. 3.3).

b) Das soziolinguistische Interview. Es verbindet Fragen zur Biographie des Sprechers mit dem Elizitieren von sprachlichem Material.

Wir wollen diese beiden Techniken der Erhebung kurz erläutern:
Ad a): Die teilnehmende Beobachtung.
In der soziologischen Literatur finden wir die folgende Definition der teilnehmenden Beobachtung:

Die teilnehmende Beobachtung ist die geplante Wahrnehmung des Verhaltens von Personen in ihrer natürlichen Umgebung durch einen Beobachter, der an der Interaktion teilnimmt und von den anderen Personen als Teil ihres Handlungsfeldes angesehen wird (Friedrichs, 1982: 288).

Im Zusammenhang der Sprachkontaktforschung dient die teilnehmende Beobachtung:

– Der Vorbereitung gezielter Untersuchungen, z. B. Interviews, wobei heuristisch wichtige Faktoren und Zusammenhänge geklärt werden, die dann Gegenstand des methodisch strengeren Vorgehens sind.

– Der Ergänzung des Beobachtungsbereiches einer gezielten Sprachuntersuchung, wobei das komplexe Sozial- und Kommunikationsverhalten beobachtet wird, das bei einer gezielten, quantitativ orientierten Untersuchung eher unzugänglich bleibt.

– Dem Aufbau von Kontakten im Feld, der Einübung der Mitglieder des Untersuchungsteams im Umgang mit den Untersuchten, so daß die spätere Untersuchung möglichst natürlich und ohne Interaktionsverzerrungen durchgeführt werden kann.

– In seltenen Fällen können auch sprachliche Daten durch spontane Notizen oder durch verdeckte Tonbandaufnahmen im öffentlichen Raum erhoben werden.

Ad b): Das soziolinguistische Interview.

Dem soziolinguistischen Interview liegt die Technik des Intensivinterviews oder des zentrierten Interviews zugrunde. Friedrichs (1982: 224) definierte diese Technik wie folgt:

Ziel eines Intensivinterviews im Rahmen soziologischer Forschung ist es, genaue Informationen vom Befragten mit besonderer Berücksichtigung seiner Perspektive, Sprache und Bedürfnisse zu erlangen. Hierzu gehören vor allem: 1. die Erweiterung des Antwortspielraumes mit dem Befragten, 2. eine den spezifischen Problemen und Bedürfnissen angemessene Befragung.

Das soziolinguistische Interview erbringt in einem Arbeitsgang zwei Arten von Daten:

– Für die Fragestellung (z. B. zum Sprachkontakt) relevante *außersprachliche* Informationen, die sonst mit den Methoden, die in Kap. 2.3 beschrieben wurden, zu erheben gewesen wären. Man beschränkt sich jedoch wegen des informellen Charakters dieses Typs von Interview auf Fragen nach dem Alter, dem Herkunftsort (Herkunftsland), dem Beruf und auf Fragen, welche grob die Qualität der bisherigen Kontakte bestimmen sollen. Diese Daten dienen später für eine statistische Korrelationsanalyse.

– Daten zur Sprache der Interviewten, die zu einem Korpus zusammengefaßt werden. In den Interviews wird versucht, die *Kontaktsprache,* im obigen Beispiel das Pidgin-Deutsch ausländischer Arbeiter, aufzuzeichnen. Das erhobene Korpus wird später linguistisch analysiert, wobei spezifische Modellkonzepte bei der Analyse vorausgesetzt werden müssen (vgl. die Ausführungen oben und in 4.2.2). Charakteristische Merkmale der durch das Analysemodell charakterisierten Kontaktsprache werden statistisch mit den Sozialdaten verglichen.

Im Rahmen einer soziolinguistischen Untersuchung zum Sprachkontakt können natürlich auch die in den anderen Abschnitten beschriebenen Methoden zur Anwendung kommen. So sieht z. B. der Fragebogen von Labov auch sozialpsychologische Tests vor (vgl. Abschnitt 2.7), und zur Untersuchung der Kontaktsprachen ausländischer Arbeiter können Methoden der Spracherwerbsforschung angewandt werden (vgl. unseren Abschnitt 2.8).

Beispiel 3: Die methodisch-empirische Konzeption
des "European Science Foundation"-Projektes

Die methodisch-empirische Konzeption des "European Science
Foundation"-Projektes: "Second Language Acquisition by Adult Immigrants" wird in einem speziellen Handbuch für die Feldforschung
(Perdue, 1984) festgelegt. Die Grundkonfiguration ist durch die Beziehung von Zielsprachen und Muttersprachen, wie sie die Abb. 4 zeigt,
gegeben:

Zielsprachen

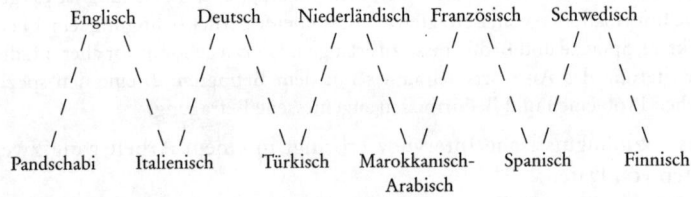

Ausgangssprachen

Abb. 4.

Zu jeder Paarung von Ziel- und Ausgangssprachen wurden Personen-
gruppen (beide Geschlechter) gesucht, die dann longitudinal (über 2 1/2
Jahre, in monatlichem Zyklus) beobachtet wurden. Die Gruppenstärke
betrug jeweils 15 Personen. Zusätzlich zur Longitudinalerhebung, bei
der die Befragten erst seit kurzem im Ausland sein sollten, wurde eine
'long-residence'-Gruppe untersucht, deren Mitglieder schon mindestens 10 Jahre im Land waren.

Die Datenerhebung in der Longitudinalgruppe wurde in der Heidelberger Arbeitsgruppe (Angelika Becker u. a.) in vier Zyklen à sechs Monaten durchgeführt, wobei ein Zyklus jeweils die folgenden Datenerhe-
bungssitzungen enthielt (vgl. ESF-Projekt, 1983: 63):

1. Sitzung: Ausführliche Konversation mit kleineren vorstrukturierten Auf-
gaben

2. Sitzung: Bildbeschreibung (Straßenszene)

3. Sitzung: – Wiedergabe einer Filmszene (2 Minuten)
– Szenisches Experiment (zur Analyse von Präpositionen und
Bewegungsverben)

4. Sitzung: – Befragung zur Wortbedeutung
– Verwandtschaftsbeziehungen in der Zweitsprache

5. Sitzung: Interaktionsformen (quasi-authentisch)
(Bewerbung, Erkundigung)

6. Sitzung: Thema-Rhema-Experimente
(Inhaltswiedergabe und Ordnung der Inhalte, ausgehend von dem Film *Modern Times* mit Charlie Chaplin).

Im Gegensatz zu den beiden vorhergehenden Beispielen stehen experimentelle, auf außersprachliche Sachverhalte orientierte Datenerhebungen im Vordergrund. Die Analyseziele sind weniger in den Bereichen Phonologie, Morphologie und Syntax, als eher in den Bereichen Lexikon, Bedeutungsstruktur, Interaktion angesiedelt. Teilziele sind z. B. die Erfassung
– des sprachlichen Ausdrucks räumlicher und zeitlicher Beziehungen (vgl. Becker u. a., 1988),
– der Informationsverteilung (z. B. der Thema-Rhema-Gliederung) im Text (vgl. Klein/Perdue, 1988).

Wie diese Beispiele zeigen, ist die Methode der soziolinguistischen Sprachkontaktforschung ausgehend von den Methoden Labovs inzwischen weiterentwickelt worden (allerdings sind die Möglichkeiten noch bei weitem nicht ausgeschöpft).

2.6 Die sprachbiographische Methode

Diese Methode überträgt soziologische Ansätze, die zu Beginn des Jahrhunderts von W. I. Thomas und F. Znaniecki entwickelt wurden und im Rahmen einer phänomenologisch orientierten Soziologie neuerdings verstärkt wiederaufgenommen werden (vgl. Matthes, Pfeifenberger und Stosberg, 1981), auf kontaktlinguistische und soziolinguistische Fragestellungen.

Szczepanski (1974: 229) charakterisiert die biographische Methode in der Soziologie wie folgt:

Methode biographischer Dokumente nennen wir eine Forschungsweise, bei der man zur Lösung eines Problems ausschließlich Materialien sammelt, die menschliche Äußerungen über Beteiligung an Ereignissen und prozeßartigen Geschehnissen enthalten; auf der Grundlage solcher Berichte gibt man eine Beschreibung dieser Prozesse und stellt Erklärungshypothesen auf.

Die biographische Methode kann in der Sprachkontaktforschung auf verschiedene Weise zum Einsatz kommen, wobei die Einsatztypen kombiniert werden können (vgl. Wildgen, 1988):

a) Auswertung biographischer Romane und anderer Schriftzeugnisse dieses Typs (Tagebücher, Biographien eines Zeitgenossen, Nachlässe). Sie erlauben häufig eine historisch weitreichende Rekonstruktion von Lebens- und Denkformen, können aber kaum den Anspruch erheben, repräsentativ zu sein.

b) Schriftliche Befragung bzw. Sammlung schriftlicher biographischer Angaben nach öffentlicher oder gezielter Aufforderung dazu. Diese Methode stand bei den Initiatoren der biographischen Methode in Polen im Vordergrund. Sie eignet sich besonders, um die Sicht des „kleinen Mannes" bei wichtigen politischen und historischen Ereignissen in Erfahrung zu bringen und so eine Art "Oral History" oder „Geschichtsschreibung von unten" zu verwirklichen. In bezug auf die Sprache ist sie weniger geeignet, da die Sprache insbesondere derjenigen Varietäten, die nur wenig Sozialprestige vermitteln, nicht im Zentrum der Geschichtswahrnehmung steht. Anhand von veröffentlichten autobiographischen Aussagen prominenter Bremer, die vom Niederdeutschen Institut in Bremen erhoben und publiziert wurden (vgl. Schuppenhauer, 1976), wird in Wildgen (1988) eine sprachbiographische Auswertung vorgenommen.

c) Sprachbiographische Interviews. Sprachbiographische Interviews sind eine Erweiterung der ursprünglich eher soziologisch ausgerichteten Methode. Sie können in zwei Spielarten durchgeführt werden:
– als Mischung von Sprachbiographie und Domänenforschung. In diesem Fall wird ein Fragebogen zugrunde gelegt (vgl. Abschnitt 2.3); die Befragung erfaßt explizit verschiedene Lebensphasen des Befragten (z. B. die Kindheit, die Berufstätigkeit, die Entwicklung der eigenen Familie) (vgl. dazu auch Stroh, 1987);
– als Bericht über das eigene Leben unter thematischer Fokussierung auf sprachliche Aspekte. Wir wollen für letzteres ein Beispiel geben.

Beispiel: Untersuchung des Sprachwechsels in Bremen
anhand von Sprachbiographien älterer Bremer

Im Falle des Sprachkontaktes, Sprachkonfliktes oder Sprachwechsels sucht man „Lebenszeugen" in jenen sozialen und geographischen Bereichen, in denen entsprechende Prozesse stattgefunden haben bzw. noch stattfinden. Diese Personen werden angeregt, aus ihren Lebenserfahrungen zu erzählen, wobei sich der Untersuchende darauf beschränkt, gewisse Lebensphasen, besonders Lebensübergänge z. B. vom Elternhaus in die Schule, von der Schule in den Beruf und kritische soziale Situationen ins Gespräch zu bringen. Die aufgezeichneten und

in relevanten Teilen transkribierten Berichte werden direkt als inhalt-
liches Material für eine Beschreibung der Prozesse des Sprachkontaktes
oder Sprachwechsels herangezogen.

Die empirische Methode, die wir gewählt haben, ist die des infor-
mellen Gesprächs, das der Interviewer nur grob auf gewisse für den
Sprachwechsel relevante Themenfelder orientiert. Solche sind:
- frühe Kindheit, häusliche Umgebung, Eltern, Großeltern, Freunde;
- Schuleintritt, Sprache der Lehrer, Sprache der Schüler, Pausen-
sprache, Sprachverwendung auf der Straße;
- Schwierigkeiten in der Schule (z. B. mit dem Schriftdeutschen);
- Verlauf der Schulzeit, Schulwechsel, höhere Schulen;
- Übergang zum Beruf, Sprache im Berufsfeld;
- Sprache in der eigenen Familie mit dem Ehepartner, den eigenen
Kindern.

Die Interviewten sollten die folgenden Kriterien erfüllen:
- Sie sollten in Bremen geboren sein oder zumindest mehrere der
oben genannten Lebensphasen in Bremen verbracht haben.
- Sie sollten möglichst im Zeitbereich 1890–1920 in Bremen gelebt
haben; dieser Bereich wurde schließlich ausgedehnt, da es erstens
schwer ist, genügend sehr alte Leute zu finden, und zweitens ähnliche
Sprachphänomene (unter veränderten äußeren Bedingungen) auch zwischen den beiden Weltkriegen auftraten.
- Schließlich sollte die Auswahl strukturell repräsentativ sein, und
zwar nach Geschlecht, sozialer Schicht und Stadtviertel. Diese Reprä-
sentativität konnte bisher nur annähernd hergestellt werden.

Die theoretischen Konsequenzen wurden in Wildgen (1986) gezogen,
das Material wurde exemplarisch in Wildgen (1988) analysiert. Die biographischen Angaben älterer Menschen erlauben nicht nur eine realisti-
sche Analyse kleinräumiger historischer Prozesse, sie können auch
über die soziale Zugehörigkeit der Befragten, ihre Wohnviertel, ihre
Schule, ihren Arbeitsplatz und die soziale, areale (nach Stadtvierteln)
und zeitliche Differenzierung der Prozesse des Sprachwechsels Auf-
schluß geben. In dieser Funktion sind sie durch andere historische
Quellen oder auch durch soziologische Befragungen (vgl. Abschnitt
2.3) nicht zu ersetzen.

Für ein umfassendes Gesamtbild genügt somit keine einzelne der beschriebenen Methoden; es müssen vielmehr eine Mehrzahl methodi-
scher Ansätze herangezogen werden oder (am besten) im Rahmen eines
koordinierten Zugriffs verbunden werden.

2.7 Sozialpsychologische Befragungen und Experimente
zu Mehrsprachigkeit und Sprachkontakt

Wie Labovs Vorgehen (siehe Abschnitt 2.5) schon gezeigt hat, sind
die Einstellungen zur Sprache und Eigenart einer Kontaktgruppe eine
wichtige Determinante von Kontaktprozessen und indirekt von daraus
hervorgehenden Kontaktsprachen. Im Gegensatz zu großräumigen
sprachsoziologischen Untersuchungen und soziolinguistischen Befragungen werden die konkreten Kontaktsituationen und die psychologischen Hintergründe der Beteiligten ins Bild gebracht. Die Disziplin,
welche sich zentral mit sozialen Situationen, Interaktionen in sozialen
Gruppen und Bewertungsprozessen in der sozialen Interaktion be-
schäftigt, ist die Sozialpsychologie. Wenn die Methoden und Instrumentarien der Sozialpsychologie auf die Untersuchung der Sprache angewandt werden, spricht man von einer *Sozialpsychologie der Sprache*.
Die Abgrenzung gegen die soziologischen Schulen des symbolischen
Interaktionismus und der Ethnomethodologie, die ebenfalls die Prozesse in der sozialen Gruppe (besonders in der Face-to-face-Interak-
tion) thematisieren, kann am ehesten über die in der Sozialpsychologie
bevorzugten experimentellen oder zumindest stärker kontrollierten
Vorgehensweisen erfolgen.

Als Beispiele sollen dienen:

a) die klassischen Untersuchungen von Lambert über den Kontakt
zwischen Französisch- und Englischsprechern in Montreal und

b) die Ergebnisse der subjektiven Reaktionstests in Labovs Untersuchungen in New York City.

Ad a):
Lambert publizierte 1960 (gemeinsam mit R. Hodgson, R. Gardner und
S. Fillenbaum) eine experimentelle Studie, bei der 64 englischsprachige
Studenten und 66 französischsprachige Studenten jeweils zehn gehörte
Tonbandausschnitte zu beurteilen hatten. Acht der Abschnitte waren
von vier bilingualen Sprechern (jeweils ein französischsprachiger Text
von $2^1/_2$ Minuten Dauer und dessen englische Übersetzung) auf Tonband gesprochen worden; hinzu kamen zwei von einsprachigen Personen gesprochene Aufnahmen, die zur Kontrolle dienten. Die zehn
Aufnahmen wurden Probanden einzeln vorgeführt, wobei nach jedem
Teiltest die Sprache wechselte. Die Versuchspersonen hatten ein For-
mular vorliegen, auf dem sie die Sprecher nach vierzehn Eigenschafts-
typen (auf einer Skala mit 6 Feldern) von: very little (fort peu) bis very
much (beaucoup) einzuordnen hatten. Die benützten Charakterisie-

rungen waren (jeweils an die Muttersprache der Versuchsperson angepaßt):

heigth/taille; good looks/attrait physique; leadership/apte à diriger; sense of
humor/sens de l'humour; intelligence/intelligence; religiousness/pieux; self-
confidence/confiance en soi; dependability/digne de confiance; entertaining-
ness/jovialité; kindness/bonté; ambition/ambition; sociability/sociabilité;
character/caractère; general likeability/est-ce qu'il est sympathique?

Als Grundlage für die Auswertung wurden die Unterschiede pro Versuchsperson in der Bewertung der jeweiligen englisch- bzw. französischsprachigen Vorlagen (matched guises) genommen; d. h., es wurde
gefragt, in welchem Maße die jeweiligen Textvarianten desselben bilingualen Sprechers in Abhängigkeit von der Sprachwahl welche Bewer-
tungsdifferenz hervorriefen. Mit diesen Differenzen wurde zur Prü-
fung der Signifikanz eine t-Statistik berechnet. Bei den folgenden
Eigenschaften wurden jeweils signifikante Bewertungen erzielt:

A. Von englischsprachigen Versuchspersonen:
Height, Good looks, Intelligence, Dependability, Kindness, Ambition, Char-
acter (zugunsten der englischen "matched guise").

B. Von französischsprachigen Versuchspersonen (jeweils übersetzt):
Height, Good looks, Leadership, Intelligence, Self-confidence, Dependability,
Ambition, Sociability, Likeability (zugunsten der englischen "matched guise")
und (zugunsten der französischsprachigen "matched guise") Religiousness und
Kindness.

Diese Ergebnisse erfordern eine eher komplexe Interpretation, da
offensichtlich die ökonomisch und politisch schwächere Sprachgruppe
teilweise die Bewertungsnormen der dominanten Gruppe übernimmt
(bis auf eher private Bewertungsfelder wie: Kindness, Religiousness).
  In späteren Untersuchungen (vgl. Lambert, 1967) wurde eine ganze
Reihe detaillierter Hypothesen mit dem gleichen Instrumentarium
überprüft. Insbesondere wurde gezeigt, daß die Geschlechtsvariable,
besonders die Beziehung englischsprachiger männlicher Testpersonen
zu französischsprachigen Frauen (als Sprecherinnen der "matched
guises") eine Rolle spielt. Diese sozialpsychologischen Experimente erlauben bei einem geschickten Vorgehen, die Hintergründe von Sprachwahl und partnerbezogener Sprachbewertung aufzudecken, und sind
somit eine ganz wesentliche Technik, wenn es darum geht, empirisch die
Sprachentscheidungen und Sprachpräferenzen im Kontakt festzustellen.

Ad b):

Dem Test von Labov lagen Tonbandaufnahmen von fünf (aufgrund ihrer Sprachcharakteristik ausgewählten) Personen zugrunde (vgl. auch Labov, 1966: 451). Diese Personen sprachen einen Testtext, der die soziolinguistischen Variablen: *(oh)*, *(eh)*, *(r)*, *(th/dh)* gehäuft enthielt. Als neutraler Hintergrundtext diente ein kurzer Textabschnitt, in dem diese Variablen nicht konzentriert waren. Dem Hörer wurde der Text vorher bekannt gemacht, um klarzustellen, daß die Sprecher nicht für dessen Inhalt verantwortlich sind und daß es lediglich darum geht, diese nach ihrer Aussprache zu bewerten. Die Informanten erhielten ein Testblatt vorgelegt: Nach jedem Satz sollten sie durch einen vertikalen Strich die Eignung des Sprechers auf der Skala der Berufsgruppen bewerten. Die Anweisung (vgl. a. a. O.: 599) lautete:

Now I'd like to get your reactions to some samples of speech from New York City. On this tape, I have some sentences read by New Yorkers, from the same story which you have just read. Let us suppose that you were a personnel manager, and one of your points on which you rated everyone is their speech. Of course you wouldn't hire them on their speech alone, but you would take it into consideration. This form shows the kind of rating scale you might use. [Explain.] You might think of it as a scale going from perfect speech on the top, to absolutely terrible at the bottom.
Each sentence will be spoken once, and then repeated. Listen to the first time, make up your mind, then hear it again, and if you have decided then, make a mark across the line at any point, on a dash or between.

Der Bewertungsbogen enthielt 22 Skalen mit jeweils sieben alternativ auszuwählenden Berufsbezeichnungen: television personality, executive secretary, receptionist, switchboard operator, salesgirl, factory worker, none of these (a. a. O., 411).

Außer den Spracheinstellungen, auf die wir uns im vorangehenden bezogen haben, spielen noch andere psychosoziale Faktoren im Sprachkontakt eine Rolle. Dazu gehört z. B. die kulturelle und religiöse Orientierung, wie sie sich etwa in der Kleidung und am Eßverhalten zeigt. Unterschiede, die durch die kulturelle Andersartigkeit bedingt sind, können die Sprachkontakte begrenzen (oder seltener fördern) und damit die Kontaktsprache und deren Entwicklung beeinflussen. In Appel (1984) wird ein 'cultural score' zur Messung spezifischer Lebensgewohnheiten und kultureller Orientierungen vorgeschlagen. Auch die generellen Einstellungen zu Ausländern, Gastarbeitern, Aussiedlern, Asylanten können die Kontaktatmosphäre und damit das Kontaktverhalten infizieren.

Wie die beiden kurz skizzierten Beispiele gezeigt haben, erfordern experimentelle sozialpsychologische Untersuchungen eine sorgfältige Vorsondierung des Problemfeldes und eine vorgängige Erprobung bzw. Optimierung des eingesetzten Instrumentariums, wenn relevante Ergebnisse erzielt werden sollen.

2.8 Psycholinguistische Untersuchungen zum bilingualen Sprecher

Der bilinguale Sprecher ist der eigentliche Ort der Auswirkungen des Sprachkontaktes. In seiner Person vollziehen sich Einschätzungen, Bewertungen von Varianten, hier werden Entscheidungen zur Sprachwahl getroffen, und in seiner inneren Sprachorganisation treten Einflüsse der Kontaktvarianten auf die erste Sprache und auf andere Lernersprachen ein. Neben dem sozialen System, dem sich das Individuum anpaßt, und der Familie, in der es seine ersten Sprachkompetenzen erwirbt, ist die individuelle kognitive Organisation von Sprache der Hauptort des Prozesses „Sprachkontakt" als Kontakt zwischen unterschiedlichen Varietäten und Sprachen. Das Verhalten des einzelnen bilingualen Sprechers kann auf unterschiedlichen Ebenen untersucht werden:

a) Das Sprachverhalten, wie es sich an Sprachaufnahmen beobachten läßt. Dabei sind Einflüsse der jeweiligen Varietäten in Form eines abweichenden Intersystems feststellbar, d. h., differentielle Analysen gestatten es, auf Wirkungen des Sprachkontaktes zu schließen, oder es können auch direkt Mischungen im Verhalten etwa in der Form des Codeswitching beobachtet werden.

b) Die Strategien des Sprachverhaltens und des Sprachlernens können vom Sprachkontakt beeinflußt werden. Diese Ebene verlangt eine psycholinguistische (zumeist experimentelle) Untersuchung der Prozesse, aus denen das registrierte Sprachverhalten (siehe a) resultiert.

c) Schließlich kann auch die zerebrale Organisation der bilingualen Kompetenz im Unterschied zur Organisation monolingualer Kompetenzen untersucht werden (vgl. dazu Kap. 2.8.2).

Der Zugang a) ist vom empirischen Vorgehen her im Abschnitt über das soziolinguistische Interview exemplarisch beschrieben worden und wird in den Kapiteln 3.1, 4.1 und 4.2 wiederaufgenommen. Wir konzentrieren uns deshalb im folgenden auf die Zugänge b) und c).

2.8.1 Methoden zur Untersuchung des Erwerbs bilingualer Kompetenzen im Sprachkontakt

Der Erwerb einer bilingualen Kompetenz kann in unterschiedlichen Lebensstadien erfolgen:

a) Praktisch parallel zum Erstsprachenerwerb bei einer zweisprachigen Kindererziehung. Dies ist besonders bei gemischtsprachigen Eltern möglich, trifft aber auch auf Situationen des Sprachwechsels zu.

b) Der Erwerb der zweiten Sprache (oder weiterer Sprachen) nach einem ersten, stabilisierenden Abschluß des Erstsprachenerwerbs (spätestens nach der Pubertät ändert sich die Strategie des Spracherwerbs grundlegend).

c) Der Zweitsprachenerwerb beim Erwachsenen. Dieser kann entweder ungesteuert im direkten Sprachkontakt geschehen oder gesteuert in der Schule erfolgen. Meistens liegt eine Kombination der beiden Erwerbsformen vor.

Die Erhebungsmethoden sind in den einzelnen Fällen sehr verschieden. Wir wollen einige charakteristische Beispiele geben:

Beispiel 1: Erwerbsabfolgen im Zweitsprachenerwerb

In Abschnitt 2.5 wurde bereits auf die Notwendigkeit longitudinaler, d.h. den Prozeß des Sprachkontaktes begleitender Untersuchungen hingewiesen. In Falle des Spracherwerbs ist diese Notwendigkeit unabweisbar. Beim natürlichen Zweitsprachenerwerb von Kindern liegt methodisch die Erstsprachenerwerbsforschung näher als die traditionelle Kontaktlinguistik, dennoch sind die hier untersuchten Phänomene für die Kontaktlinguistik relevant, da sich der Sprachkontakt in einer Mikroperspektive meist als ein Sprachlernen (von Kindern und Erwachsenen) darstellt. Für das methodische Vorgehen in der Erforschung des kindlichen Zweitsprachenerwerbs mögen (für den deutschsprachigen Raum) die Untersuchungen von Wode (1981), Felix (1978) und Pienemann (1981) stehen.

Das methodische Grundprinzip besteht in einer relativ dichten Abfolge von Datenerhebungen mit einer eher kleinen, aber dafür konstanten Gruppe von Lernern.

Wode (1981) beobachtete hauptsächlich seine eigenen Kinder während eines USA-Aufenthaltes vom April bis zum September 1975 (Alter der Kinder 3 Jahre, 11 Monate bis 8 Jahre, 11 Monate). Die Daten bestanden aus Notizen (fast täglich wurde mindestens eines der Kinder

beobachtet), Tonbandaufzeichnungen und auf bestimmte grammatische Phänomene konzentrierten informellen Experimenten.

Felix (1978) bearbeitete den komplementären Fall einer Gruppe englischsprachiger Kinder, die in deutscher Umgebung Deutsch lernten
(Alter 3 Jahre, 4 Monate bis 7 Jahre, 6 Monate). Mit den Kindern
wurden mehrmals in der Woche während eines Zeitraumes von insgesamt sechs Monaten informelle Interaktionen aufgezeichnet.

Pienemann (1981) interviewte während eines Zeitraumes von 60 Monaten drei italienische Kinder im Abstand von jeweils drei bis sechs
Wochen (Alter ca. 8 Jahre).

Die Auswertung der transkribierten Daten erfolgte in zwei Schrit-
ten:

a) Kategorisierung der Transkripte. Dabei konzentrierte man sich
auf ausgewählte Erscheinungen:

Wode: Negation, Interrogation, Verbflexion, phonologische Er-
               scheinungen
Felix: Wortstellung, Interrogation, Negation
Pienemann: Expansion von Basisregeln, Tilgungen, Permutationen

b) Analyse von Entwicklungssequenzen

Die wesentlichen Ergebnisse solcher Untersuchungen bestehen in
einer Feststellung von Reihenfolgen oder Stadien im Erwerb gewisser
grammatikalischer Teilkompetenzen, etwa der Negation. So kommt
Felix (1978) zu einer Drei-Phasen-Struktur im Erwerb der Negation:

I. Holophrastische Negation (z.B. nein)
II. Satzexterne Negation (z.B. nein kaputt, du nein)
III. Satzinterne Negation (z.B. das ist nicht kaputt)

Die Ergebnisse, die mit diesem methodischen Vorgehen erzielt wurden,
erlauben es im günstigen Falle, für den Zweitsprachenerwerb in natürli-
chen Kontaktsituationen generelle Abfolgeregeln aufzustellen. Wie
Klein (1984: Kap. 6, 7 und 8) zeigt, ist damit allerdings nur ein erster
Schritt getan, da die einzelnen Sequenzierungen in eine allgemeinere
„Synthese" zu integrieren sind.

Beispiel 2: Die Erstellung eines psycholinguistischen Profils
             der Mehrsprachigkeit

Um die Mehrsprachigkeit in einer großen Bevölkerung zu messen,
sind die Methoden der Domänenforschung geeignet (vgl. Abschnitt
2.3; spezifischere Aspekte sind in Abschnitt 2.5 behandelt worden). Die
Messung der relativen Kompetenz monolingualer und bilingualer Spre-

cher, bzw. bei bilingualen Sprechern die Messung der jeweiligen Kompetenz in den beiden (mehreren) Sprachen, fällt in das Gebiet der Sprachtests und genereller der Sprachlehrforschung. In Baetens Beardsmore (1982: 69–98) werden diese Methoden ausführlich behandelt. Wir wollen hier lediglich ein Verfahren zur Feststellung von Sprachdominanz bei Mehrsprachigkeit vorstellen. Dabei ist zu unterscheiden zwischen Spracheinstellung und Sprachverhalten. Es kann durchaus vorkommen, daß in der Einstellung diejenige Sprache favorisiert wird, welche im Sprachverhalten nur eine geringere Rolle spielt. Dies wurde von Kjolseth (1973), Geerts u. a. (1978), Wildgen (1988) und anderen Untersuchungen festgestellt. Eine spezielle Technik wurde von Lambert, Havelka und Gardner (1959) entwickelt. Sie gaben z. B. Stimuluswörter in je einer der Sprachen des bilingualen Sprechers vor und forderten diesen auf, innerhalb von 60 Sekunden möglichst viele Wörter frei zu assoziieren. Die Korrelation mit der aus der Lebensgeschichte der Sprecher vorhersagbaren Sprachdominanz war hoch. In einem anderen Test sollten mögliche Wortformen *einer* Sprache in Unsinnswörtern herausgefunden werden; z. B. französische oder englische Wortformen im Kunstwort DANSOIVODEND (vgl. Baetens Beardsmore, 1982: 81). In einem weiteren Verfahren wurde ein kurzer sprachlich gemischter Text vorgegeben, und die Testpersonen hatten Fragen zum Text zu beantworten. Insgesamt konnten solche Verfahren, wenn sie innerhalb einer ökologischen, d. h. dem natürlichen Sprachverwendungskontext entsprechenden Experimentalsituation blieben, Aufschlüsse über die jeweilige Sprachdominanz bei den einzelnen Sprechern liefern und somit eine wesentliche Voraussetzung von Prozessen des Sprachkontaktes klären.

2.8.2 Methoden zur Messung der neuralen Organisation von Mehrsprachigkeit bei einzelnen Sprechern

Historisch war der Ausgangspunkt neurolinguistischer Fragestellungen in der Sprachkontaktforschung die Hypothese, daß es zwei grundlegende Typen der Zweisprachigkeit gibt: die *koordinierte* Zweisprachigkeit, bei der beide Sprachen in klar unterscheidbaren Zeiträumen und Umgebungen gelernt wurden und in unterschiedlichen Gewohnheitszusammenhängen benützt werden, und die *kompakte* (compound) Zweisprachigkeit, bei der sich die Lern- und Verwendungsfelder weitgehend überlappen. Es ist naheliegend, diese beiden Erwerbs- und Verwendungstypen mit einer unterschiedlichen zerebralen Organisation der beiden (bzw. mehreren) Sprachen in Verbindung zu bringen.

In Lambert/Fillenbaum (1959) werden einige klassische Aphasieuntersuchungen angeführt, in denen der Sprachverlust beim Mehrsprachigen thematisiert war. Für den Nichtverlust bzw. die schnellere sprachliche Rehabilitation werden drei Faktoren verantwortlich gemacht:

a) Die am frühesten erlernte Sprache ist gegen den Verlust am stärksten geschützt.

b) Die Stärke der gewohnheitsmäßigen Verwendung einer Sprache vor der Aphasie macht diese stabiler gegen den Verlust.

c) Die affektive Belegung einer Sprache macht deren Wiedergewinnung wahrscheinlicher.

In vielen Fällen treffen a), b) und c) auf die Muttersprache zu, es gibt aber auch Zweisprachigkeitssituationen, in denen z.B. eine Zweitsprache vor der Aphasie intensiver benützt wurde, also in der Gewohnheit besser verankert war, oder wo die affektiven Werte nicht bei der zuerst erlernten Sprache, sondern bei der am meisten benützten am positivsten waren. Einzelfälle von polyglotten Aphasien werden ausführlich in Leischner (1987: 158–178) beschrieben.

Zwei weitere Schwerpunkte der modernen Neurolinguistik betreffen den Sprachkontakt:

a) Die Lateralisation von Sprache, d.h. die bevorzugte Organisation der Hauptfunktionen von Sprache in der linken Hemisphäre, ist zumindest während des Erwerbs für die zweite Sprache weniger deutlich, d.h., der Zweisprachige setzt teilweise Funktionen der rechten Hemisphäre verstärkt für die Erweiterung seiner Kompetenz oder für die Übergangskompetenz ein (vgl. für eine Diskussion teilweise divergierender Ergebnisse Pieper, 1984 und Vaid, 1983).

b) Verschiedene Schrifttypen, insbesondere der Unterschied zwischen phonetischer und ideographischer Schrift, führen zu feststellbaren Unterschieden in der Nutzung der beiden Gehirnhemisphären. Dies ist verständlich aufgrund der im einen Fall eher auditiven, im anderen Fall visuell-begrifflichen Verarbeitung. Dies kann für Sprachkontakte innerhalb des schriftlichen Mediums relevant werden. Umstritten ist jedoch, ob einzelne Sprachtypen, so etwa das Navajo (eine Indianersprache), eine verschiedene Sprachverarbeitung und Lateralisation zur Folge haben (vgl. einige Beiträge dazu in: Paradis/Lebrun, 1983).

Insgesamt sind die neurolinguistischen Aspekte des Sprachkontaktes zwar ein Fokus der modernen Neurolinguistik, ihre Erforschung ist methodisch von den bisher erläuterten Ansätzen aber so weit entfernt, daß diese Zusammenfassung genügen mag.

Da in diesem Kapitel bereits exemplarisch einige Ergebnisse der Sprachkontaktforschung, besonders im Anwendungsbereich *interdiszi-plinärer* Methoden, dargestellt wurden, konzentrieren wir uns in Kapitel 3 stärker auf die große Masse von Ergebnissen, welche in der *sprachwissenschaftlichen* Forschung der letzten Jahrzehnte erzielt wurden.

3. ERGEBNISSE UND FOLGEN DES SPRACHKONTAKTES

Der Sprachkontakt hinterläßt Spuren in den beteiligten Sprachen, und es liegt nahe, in diesen Spuren nach Aufschlüssen über den Vorgang des Sprachkontaktes selbst zu suchen; dies war die Zugangsweise der klassischen Forschung. Die Konsequenzen des Sprachkontaktes lassen sich auf drei Realisierungsebenen beobachten:

a) Die *aktuellen* Folgen in der Kontaktsituation selbst: hier treten spontane Anpassungen, Übernahmen, Mischungen auf, die in den Abschnitten zum Ausländerregister (3.1.1) und zum Codewechsel (3.1.2) veranschaulicht werden.

b) Die *synchron* ansetzende Diagnose und die diachrone Analyse *einzelner* Spuren des Sprachkontaktes in einem Sprachsystem: dies betrifft besonders Entlehnungen im lexikalischen Bereich (3.2.1), aber auch in anderen Bereichen der sprachlichen Struktur (3.2.2).

c) Die *diachrone* Entwicklung *ganzer* Sprachsysteme, die in starker Kontaktbeziehung zu anderen Sprachsystemen stehen: hier läßt sich die zeitlich distribuierte Wirkung des Sprachkontaktes und sein Einfluß auf die beteiligten Sprachen, auch in späteren Phasen, beobachten (3.3.1); in diesem Zusammenhang wird eine Differenzierung des Entlehnungsbegriffs notwendig (3.3.2).

Die deskriptive Erfassung dieser am Sprachgebrauch, am Sprachsystem und an der Sprachentwicklung ablesbaren Folgen des Sprachkontaktes ist Gegenstand dieses Kapitels, das damit die traditionelle Sprachkontaktforschung exemplarisch zu Wort kommen läßt. Neue Ansätze werden im abschließenden Kapitel 4 dargestellt; sie setzen die Tradition als Basis voraus.

3.1 Aktuelle Prozesse im Sprachkontakt

Wir stellen beispielhaft zwei Prozesse heraus, die in vielen Sprachkontaktsituationen eine gestaltende Wirkung haben:
- das Ausländerregister,
- den Codewechsel.

3.1.1 Ausländerregister (Foreigner Talk)

Das Ausländerregister ist die spontane oder gewohnheitsmäßige „Vereinfachung" der eigenen Sprache in Anpassung an die (vermeintlichen) Erfordernisse der Kontaktsituation mit Anderssprachigen. Ein Deutscher sagt zu einem Gastarbeiter etwa „Du gehen Bürgermeister, Büro, Polizei, verstehen?" – statt „Sie müssen aufs Einwohnermeldeamt". Klein (1984: 55), der dieses Beispiel bringt, stellt fürs Deutsche im einzelnen fest, daß diese „Vereinfachungen" alle Ebenen der Sprache einbeziehen können: langsames Sprechtempo, Pausen, überdeutliche Aussprache (Phonologie/Phonetik); Verben überwiegend im Infinitiv (Morphologie); Kopula, Artikel und Präpositionen fehlen, geänderte Wortstellung, kaum Nebensätze (Syntax); bei vermeintlich schwierigen Wörtern Umschreibungen (Lexikon); statt der festgelegten Redewendungen der Alltagskommunikation wiederholte Fragen zu einfachen Themen, Vermeidung bestimmter Gesprächsstoffe, ausdrückliche und häufige Kontrolle des Verständnisses („Du verstehen?") (Pragmatik), u. a.; vgl. das Heidelberger Forschungsprojekt „Pidgin-Deutsch" (1975: 43–59). Ferguson (1971: 143) zitiert aus dem Spanischen *mí ver soldado* „mich sehen Soldat" statt *(yo) veo al soldado* „ich sehe den Soldaten": *mí* „mir, mich" (in der Standardsprache nach Präpositionen) statt *yo* „ich", der Infinitiv statt der flektierten Verbalform, kein Artikel/keine Präposition. Nach Ferguson a. a. O. ist es wahrscheinlich, daß alle Sprachen besondere Register (Sprechweisen) für die Interaktion mit solchen Personen haben, von denen angenommen wird, daß sie nicht in der Lage sind, die gewöhnliche Redeweise der Sprachgemeinschaft ohne weiteres zu verstehen: Ausländer, Kleinkinder, Hörbehinderte. Die muttersprachlichen Sprecher sind gemeinhin der Auffassung, das Ausländerregister gebe die Sprechweise der Ausländer wieder; soweit dies zutrifft, kommt dieser Effekt jedoch dadurch zustande, daß Ausländer dieses Register von den Einheimischen übernehmen.

Es ist klar, daß solche Versionen der Sprache nicht immer für Ausländer wirklich einfacher zu verstehen oder zu gebrauchen sind als die nicht-reduzierten Sprachformen; die Verfahren zu ihrer Bildung werden in der muttersprachlichen Gemeinschaft ebenso erlernt und kulturell tradiert wie diese. Wenn eine Serie von Interaktionen zwischen bestimmten Personen im Foreigner Talk einer Sprache beginnt, so kommt es gewöhnlich im Lauf der Zeit auf der einen oder anderen Seite zum Erwerb der nicht-reduzierten sprachlichen Formen; aber unter besonderen Bedingungen des Kommunikationskontextes kann das Ausländerregister zum Anfangsstadium eines *Pidgin* werden. *Eine* Quelle

für die Grammatik des neu entstehenden Pidgins ist dann die verein-
fachte Grammatik des Foreigner Talk derjenigen Sprache, die das
Lexikon des Pidgins – bzw. dessen Hauptteil – liefert (Ferguson, a. a. O.:
147 f.).

3.1.2   Codewechsel (Codeswitching)

Codeswitching ist der Gebrauch von zwei oder mehr Varietäten (d. h.
Sprachen, Dialekten, Soziolekten, Stilvarianten usw.) in einer und derselben Interaktion. Codewechsel zwischen Deutsch und Französisch
ist bereits oben in Kap. 1.3 vorgeführt worden; hier ein englisch-spani-
sches Beispiel aus der Konversation von US-Amerikanern mexikani-
scher Herkunft (Pfaff, 1979: 309):

(16) *So   yo   y   un bunche de guys*   *– about   twenty   guys,   and*
     –   I   and a   bunch of guys   –   –   –   –
     „Also ich und ein Haufen   Kumpels – ungefähr zwanzig Kumpels, und

     they were from the Ramar gang,   *ellos vivían allá*
     –   –   –   –   –   –   they lived   there
     die sind von der Ramar-Bande gewesen, die haben da gewohnt

     en Harlandale.
     in Harlandale.
     in Harlandale."

Der auffälligste Codewechsel in diesem Satz, vorbereitet durch die englischen Entlehnungen *bunche* und *guys* im spanischen Text, führt eine
Nebenbemerkung ein; die Rückkehr zum Hauptgedanken bringt auch
das Spanische zurück. Das einleitende englische Wort *so* gehört ebenfalls einer anderen Ebene an als der Hauptinhalt des Satzes; es markiert
die Satzverknüpfung innerhalb der Konversation. Hier hat der Codewechsel eine klare kommunikative Funktion, indem er drei Ebenen der
Mitteilung gegeneinander absetzt; das ist aber keineswegs immer der
Fall.

Man kann sich fragen, wie es zum Codewechsel kommt, welche
Funktionen er hat, ob es sozial und/oder sprachlich bedingte Beschränkungen für sein Auftreten gibt und ob er dauernde Wirkungen auf die
verwendeten Varietäten hat (Zusammenhang von Codewechsel und
Entlehnung). Die Antworten lauten je nach den Umständen des Einzel-
falls verschieden; einfache und generell gültige Regeln sind bisher nicht
gefunden worden und wohl auch nicht zu erwarten (vgl. Heller, 1988,
mit weiterführender Literatur). Hier sollen daher nur ein paar allge-

meine Gesichtspunkte erörtert werden. Dazu ist es zweckmäßig, vom
Begriff der *Sprachwahl* auszugehen, d.h. die Frage zu stellen, welche
Kriterien die Wahl des Verständigungssystems in einer sich aufbauen-
den Interaktion steuern. Appel/Muysken (1987: 22–31) unterscheiden
eine Reihe von Aspekten, unter denen die Sprachwahl betrachtet
werden kann: *deterministische, personenorientierte* und *funktionale*
Sichtweisen.

Deterministisch nennen sie diejenigen Betrachtungsweisen, die von
gesellschaftlichen Normen ausgehen (makrosoziologischer Aspekt);
wesentlich sind hier die bereits eingeführten Konzepte der *Sprachdomänen* (Kap. 2.3) und der *Diglossie* (Kap. 1. 2 und 1.3). Eine *Domäne* ist ein
Bündel charakteristischer Situationen und Umgebungen, die um ein
prototypisches Thema zentriert sind, das die Wahrnehmung der Sprecher von diesen Situationen in bestimmter Weise lenkt und strukturiert;
den Themen sind bestimmte Wertvorstellungen zugeordnet. Die Domänen können je nach Gesellschaftsform verschieden definiert und
mehr oder weniger scharf gegeneinander abgegrenzt sein. Stroh (1987)
beschreibt z.B. die Sprachwahl in dem ostlothringischen Ort Petite-
Rosselle (Kleinrosseln) anhand der Domänen „Öffentlicher Bereich",
„Schule und Beruf", „Privater Bereich", „Individualbereich". Der
öffentliche Bereich umfaßt aktiven Sprachgebrauch in Post, Bank, Ge-
meindeverwaltung, beim Einkauf, beim Arztbesuch und in der Apo-
theke (deutscher Dialekt/französische Standardsprache) und passiven
Sprachgebrauch beim Konsum von Medien: Fernsehen, Rundfunk,
Tageszeitung, Illustrierte, Bücher (Hochdeutsch/französische Standardsprache). Der private Bereich schließt den Sprachgebrauch in der
Familie, mit Freunden und Verwandten ein (deutscher Dialekt/Franzö-
sisch); zum Individualbereich, welcher der direkten Kontrolle durch Interaktionspartner entzogen ist, gehören Zählen und Rechnen, Erzählen
von Witzen (Dialekt/Französisch) und Briefwechsel (Hochdeutsch/
Französisch). Dem öffentlichen Bereich, der Schule und dem Beruf sind
status- und prestigeorientierte Werte zugeordnet, dem privaten und
dem Individualbereich Werte wie Vertrautheit, Intimität, Ungezwun-
genheit, Freundschaft, Kindheit, Nostalgie. Die Sprachwahl ist auch
von Alter, Geschlecht und sozialer Schichtzugehörigkeit abhängig und
bietet das Bild eines allmählichen Übergangs vom Deutschen zum Französischen in der sprachhistorischen Perspektive (Sprachwechsel).

Während das Konzept der Domäne von gesellschaftlichen Strukturen
ausgeht und ihnen Kommunikationsmittel zuordnet, setzt der Begriff
der *Diglossie* bei den verwendeten Sprachformen an und beschreibt ihre
Verwendungsbereiche ebenso wie ihre sprachlichen Eigenschaften.

Diglossie bedeutet eingeschränkte Sprachwahl: es gibt zwei Sprachformen, eine „hohe" und eine „niedere", mit klarer Zuordnung zu bestimmten Domänen. Die Domänen mit den Werten der Vertrautheit
und Intimität sind der „niederen" Varietät zugeordnet, die prestige-
orientierten Domänen der „hohen" Varietät (vgl. die Übersicht in Kap.
1.3). – Beide Begriffe, *Domäne* ebenso wie *Diglossie,* sind statisch konzipiert und legen die Folgerung nahe, bei der Sprachwahl sei alles im
voraus festgelegt („deterministisch"). Das trifft im einzelnen durchaus
nicht zu: Die Sprecher haben Wahlmöglichkeiten im Einzelfall, wie das
folgende Beispiel zeigt (Stroh, 1987: 47):

(17) Am Arbeitsplatz Grube, in Petite-Rosselle, war lange Zeit unter Tage
Deutsch Verständigungsmittel der deutschen und deutschsprachigen lo-
thringischen Arbeiter. Heute arbeiten im Abbau viele Ausländer, die sich
auf französisch verständigen … Vorgesetzten gegenüber wird französisch
gesprochen, da höhere Positionen nur selten mit Einheimischen besetzt
werden. Als ungebührliche Sprache gegenüber seinem Vorgesetzten verwendet HD den Dialekt.
CS: Unn mid deine Vorgesedsde?
HD: Vorgesedsde, fransöösisch unn deidsch.
CS: Das hängt von den Vorgesedsde ab?
HD: Ja, wenn isch will fresch sinn, nòò schwädds isch deidsch. Wenn isch
nidd fresch sinn, nòò schwädds isch frònseesch. Meischdens, die Vorgesedsde, wie du saaschd, das sinn noch mònsche Leid, die hònn ach Schuu-
lunge gemach. Normalerweis kinne se dswei Schbròche. Unn dòò sòòn
isch, wenn isch in Wut sinn, sòòn ischs hald uff deidsch.

(*sinn* = sein, bin, sind; *nòò* = dann; *saaschd* = sagst; *sòòn* = sage; *mònsche* =
manche; *hònn* = haben; *ach* = auch; *kinne* = können; ò bezeichnet offenes *o*
wie in *Spott,* lange Vokale werden durch Doppelschreibung gekennzeich-
net.)

Die *personenbezogenen* Perspektiven der Sprachwahl nehmen die
interagierenden einzelnen zum Ausgangspunkt (mikrosoziologischer
Aspekt). Der Vorgang der Sprachwahl kann, vom Sprecher aus gesehen,
als *Entscheidungsdiagramm* dargestellt werden, also für den Bergmann
aus dem Beispiel (17) wie in Abb. 5.
Die Faktoren, die jeweils in die Entscheidung eingehen, können mit
diesem Mittel klar und übersichtlich dargestellt werden; auch Codewechsel läßt sich natürlich als Möglichkeit mit abbilden. Sollen jedoch
alle Beteiligten in gleicher Weise berücksichtigt werden, nicht allein die
Entscheidungen des Sprechers, so empfiehlt sich eher das *Akkommoda-
tionsmodell* von Giles/Taylor/Bourhis (1973). Es beruht auf der sozialpsychologischen Erkenntnis, daß Individuen sich aneinander anpassen,

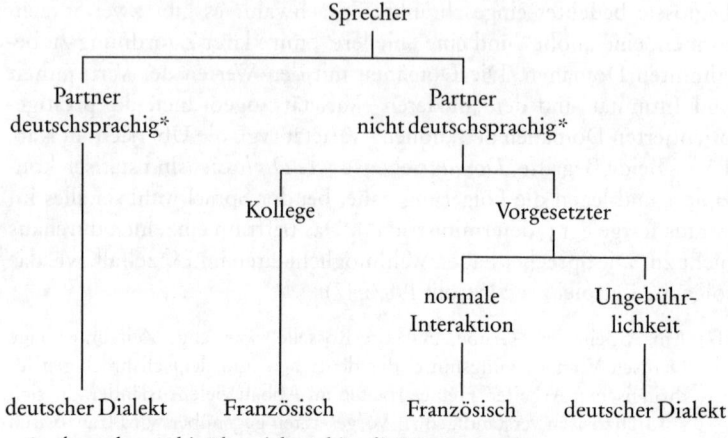

* „deutschsprachig" bezeichnet hier die Muttersprache.

Abb. 5: Entscheidungsdiagramm.

um eine positivere Bewertung durch die jeweils anderen zu erreichen. In Sprechsituationen drückt die Angleichung sich in der „Körpersprache" (Mimik, Gestik, Körperhaltung) wie in der Sprechweise im wörtlichen Sinn aus und kann so auch die Sprachwahl beeinflussen. Die wechselseitige Einstellung aufeinander kann aber ebenso zu betonter Verschiedenheit führen, wenn Distanz gewahrt werden soll. Diese gegenseitige Einstellung heißt *Akkommodation*, und ihr Prozeßcharakter wird besonders hervorgehoben. Giles und seine Mitarbeiter zitieren dazu (nach Dell Hymes) ein Beispiel: Ein Europäer oder Amerikaner spricht mit einem tansanischen Beamten; die Amtssprache in Tansania ist Suaheli. Es wäre ein Fehler, wenn der Fremde mit Suaheli beginnen würde, denn damit gäbe er zu verstehen, daß er von den Englischkenntnissen des Beamten nicht viel hält. Er muß vielmehr mit Englisch beginnen, damit der einheimische Beamte seine Fertigkeiten in dieser Sprache zeigen kann, und dann sollte er ins Suaheli überwechseln, um seine Solidarität mit dem Gesprächspartner auszudrücken. Solch komplizierte Sachverhalte, die keineswegs selten sind, lassen sich mit den simplen Entscheidungsdiagrammen nicht angemessen wiedergeben.

Funktionale Perspektiven der Sprachwahl beziehen sich auf die verschiedenen Funktionen der Sprache. Die neueren Systematisierungsversuche dieser Funktionen gehen fast alle auf Bühlers „Organonmodell" der Sprache (1934: 28ff.) und auf Jakobsons Erweiterung dieses Modells (1960: 353ff.; 1971: 146ff.) zurück. Nach Jakobson (a. a. O.) besteht das Sprech-Ereignis aus folgenden Bestandteilen: Sender, Nachricht, Empfänger, Kontext, Kontaktmedium, Code. Die Beziehung der Nachricht auf den Kontext, d. h. die Tatsache, daß im Sprech-Ereignis sprachliche Zeichen auf damit bezeichnete Gegenstände und Sachverhalte bezogen werden, konstituiert die *referentielle* (denotative, kognitive) oder Darstellungsfunktion der Sprache (z. B. Schilderung eines Vorgangs). Die Beziehung der Nachricht auf den Sender, d. h. der Selbstausdruck des Sprechenden im Gesprochenen, liegt der *expressiven* (emotiven) oder Ausdrucks- bzw. Kundgabefunktion der Sprache zugrunde (z. B. Ausdruck der Überraschung). Die Beziehung der Nachricht auf den Empfänger, d. h. die Beeinflußbarkeit des Adressaten durch das Gesprochene, schafft die *direktive* (integrative, konative) oder Appellfunktion der Sprache (z. B. Begrüßung oder Aufforderung, etwas zu tun). Diese drei Funktionen werden bereits bei Bühler beschrieben. *Phatisch* heißt die Funktion der Sprache, die darin besteht, Kontakt zwischen Menschen herzustellen und die bei Jakobson aus der Beziehung der Nachricht zum Kontaktmedium (Luft für Schallwellen, Papier oder anderes Material für Schrift usw.) hergeleitet wird (Gesprächseröffnungen und -abschlüsse, Gespräche über das Wetter und dgl.). *Metasprachlich* heißen bei Jakobson Äußerungen wie „damit wir uns richtig verstehen", „so habe ich das nicht gemeint" usw.; er führt sie auf die Beziehung der Nachricht zum Code (Verständigungssystem) zurück, sie beziehen sich aber meist auf die Kommunikation. *Poetisch* nennt er schließlich all das, worin die Nachricht selbst durch ihre Form Bedeutung gewinnt: Wortspiele, Witze, improvisierte Verse usw.: Die Nachricht bezieht sich hier auf sich selbst. Vielleicht schadet es nichts, zum Abschluß dieser Liste an Wittgensteins Warnung zu erinnern: „Welche Arten der Sätze gibt es aber? Etwa Behauptung, Frage und Befehl? – Es gibt *unzählige* solcher Arten: unzählige verschiedene Arten der Verwendung alles dessen, was wir ‚Zeichen‘, ‚Worte‘, ‚Sätze‘ nennen" (1960: 300). Mit anderen Worten: Die Liste der sprachlichen Funktionen ist nicht abschließbar.

Es ist selbstverständlich, daß sprachliche Funktionen die Sprachwahl bestimmen können. Wer Maschinenbau in englischer Sprache studiert hat, wird Diskussionen über Gegenstände seines Faches auf englisch führen, auch wenn er sonst französisch spricht (referentielle Funktion): Die Fachausdrücke sind ihm in englischer Sprache geläufig. Eine solche Situation kann auch zum Codewechsel führen, z. B. zu einer französischen Konversation mit englischen Fachausdrücken. Die expressive Funktion wird mit der Sprache des privaten Bereichs bzw. mit der Muttersprache bei Mehrsprachigen korrelieren; die direktive Funktion wird sich ähnlich auswirken wie Akkommodationsprozesse usw. – Wichtig ist hier noch ein weiterer Gesichtspunkt, den Grosjean (1982: 152) im Anschluß an Gumperz hervorhebt: Codewechsel ist mit der Wahl von Stilmitteln und lexikalischen Alternativen vergleichbar, d.h., er kann unmittelbar bedeutungstragend sein. Grosjean zitiert dafür aus seiner eigenen zweisprachigen Kompetenz Beispiele wie:

(18) *Now   it's   really   time to get up.   Lève-toi.*
     –   –   –   –   – – –   Get up.
     „Jetzt ist's wirklich Zeit, aufzustehen. Steh auf."

(a.a.O.: 114, 154)

Die Einkleidung des Beispiels ist folgende: Roger, der Vater, fordert seinen neunjährigen Sohn Marc am Morgen auf, aus dem Bett zu kommen; er spricht mit seiner französischen Frau Nicole Französisch, sonst Englisch. Marc spricht nur Englisch, die Familie lebt in den Vereinigten Staaten. Der Codewechsel des Vaters verleiht seiner Aufforderung Nachdruck.

Wenn wir uns an die Tatsache erinnern, daß verschiedene Sprachen wirklich Verschiedenes bedeuten können, insbesondere bei Verschiedenheit der Kulturen, können wir auf diesem Gebiet noch viel weitergehende Funde erwarten (vgl. Kap. 1.5.3). Allerdings wird man hier erst dann etwas finden, wenn man anfängt, danach zu suchen.

Daß mit der Unterscheidung von deterministischen, personenorientierten und funktionalen Perspektiven nach Appel/Muysken (1987: 22–31) durchaus noch nicht alle konkreten Motive für Sprachwahl und Codewechsel benannt sind, zeigen zwei Listen mit Details bei Grosjean (1982: 136, 152). Als Einflußgrößen für die *Sprachwahl* werden in der ersten Liste angegeben:

– Interaktionspartner: Grad der Sprachbeherrschung, Bevorzugung einer Sprache, Sozialstatus und Einkommen, Alter, Geschlecht, Beruf, Schulbildung, ethnischer Hintergrund, Geschichte der Interaktion dieser Partner miteinander, Verwandtschaftsbeziehung, Vertrautheit, Vorgesetzten-/Untergebenenverhältnis und Machtgefälle, Einstellung zu Sprachen, Druck von außen;
– Situation: Umgebung und Lokalität, Anwesenheit von Einsprachigen, Grad der Förmlichkeit bzw. Intimität;
– Inhalt des Gesprächs: Thema, Typ des Wortschatzes;
– Zweck der Interaktion: Statusanhebung, Erzeugung sozialer Distanz, Ausschließen eines Anwesenden, Bitte oder Befehl.

In der zweiten Liste erscheinen folgende Motive für *Codewechsel*:
– Sprachliche Bedarfsdeckung: ein Wort, eine Redewendung, eine

Gesprächsfloskel, ein Satzfüllsel werden gesucht, sind in einer anderen Sprache verfügbar und werden von dort übernommen;
- Auslösung durch das zuletzt gebrauchte Wort, das eine Entlehnung aus einer anderen Sprache ist: in dieser Sprache wird nun weitergesprochen;
- Zitat;
- Deutlich machen, wer angeredet (gemeint) ist;
- Dem Gesagten Nachdruck verleihen oder es ausschmücken;
- Dem Gesagten eine persönliche Note geben (Engagement);
- Die Gruppenidentität kennzeichnen bzw. hervorkehren (Solidarität);
- Vertraulichkeit, Ärger, Zorn ausdrücken;
- Jemanden vom Gespräch ausschließen;
- Die Rolle des Sprechers verändern: den Status anheben, die Autorität steigern, Sachverstand zeigen.

Um *sprachliche Beschränkungen für Codewechsel* zu beschreiben, empfiehlt es sich, mit Appel/Muysken (1987: 117f.) die folgenden Unterscheidungen zu machen:
- Gebrauch der einen Varietät im eigentlichen Satz, der anderen Varietät in eingeschobenen, vorangestellten oder angehängten Elementen wie Ausrufen, kurzen Fragen, Redewendungen, die nur locker in den Satz einbezogen sind, z. B. Spanisch/Englisch:

(19) *Yo   estaba   aburrecido,   muriéndome,   you know.*
      I   was   bored,   dying,   – –
      „Ich war   gelangweilt, zum Sterben, wissen Sie."

(Grosjean, 1982: 325, aus Sankoff/Poplack, 1980; *aburrecido* ist übrigens formal eine Kreuzung aus *aborrecido* „verhaßt" und *aburrido* „verdrießlich, gelangweilt")

Diesen Typus nennt Poplack (1980) *emblematischen Codewechsel*, weil das Satzanhängsel *you know* wie ein Emblem (Symbol) für die Zweisprachigkeit einer im übrigen einsprachigen Äußerung wirkt.
- Wechsel der Varietät an der Satzgrenze, wie in (18);
- Wechsel der Varietät innerhalb des Satzes, also mitten in der syntaktischen Konstruktion, wie in (16); dieser Typus heißt auch *Codemischung*, es ist der Extremfall eines Codewechsels.
Die Untersuchung der Codemischung ist linguistisch am interessantesten; allgemeingültige und an einer größeren Zahl von Sprachen überprüfte Ergebnisse liegen jedoch noch nicht vor. Appel/Muysken (1987: 121) unterscheiden drei aufeinanderfolgende Stadien der Forschung:

- die Suche nach *grammatischen Beschränkungen* der Codemischung für *einzelne* Konstruktionen (seit etwa 1975);
- die Erkundung *universeller Beschränkungen* (seit 1980);
- die Untersuchung der möglichen *Abhängigkeit* der Beschränkungen von den angewandten *Mischungsstrategien* (seit etwa 1984).

Aus dem ersten Forschungsstadium gibt es z. B. Vorschläge der folgenden Art: Codewechsel zwischen Subjekts- oder Objektspronomen und finitem Verb ist nicht möglich, ebensowenig zwischen Hilfs- und Hauptverb oder zwischen Hauptverb und abhängigem Infinitiv (Timm, 1975); und umgekehrt: Je länger die Subjekts-Nominalphrase ist, desto leichter ist Codewechsel vor der Prädikats-Verbalphrase möglich (Gumperz, 1976).

An der Grenze zwischen dem ersten und dem zweiten Stadium liegen Versuche, solche Detailbeobachtungen zusammenzufassen, wie in Poplacks *Restriktion des freien Morphems*: Codewechsel innerhalb eines Wortes oder einer festen Redewendung ist im allgemeinen nicht möglich, d. h., Fälle wie:

(20)   *Estamos   como marido y   woman.*
       We   are   like   man   and wife.
       „Wir sind wie   Mann   und Frau."

       (Grosjean, 1982: 326, nach Poplack, 1980)

sind seltene Ausnahmen: *marido y mujer* „Mann und Frau" ist eine feste Wendung. Der Grund scheint in der semantischen Einheit des Wortes bzw. der Redewendung zu liegen. Betrachtet man Subjekts- und Objektspronomina oder Hilfsverben beim Hauptverb als morphologisch und semantisch nicht voll selbständig, so kann man einige der oben genannten speziellen Regeln hierunter subsumieren.

Poplacks *Äquivalenzrestriktion* (1980) besagt, daß Codewechsel nur an Stellen möglich ist, vor und hinter denen die Wortfolge für beide Sprachen (Varietäten) gleich ist. Im Beispiel (21) bezeichnen die Schrägstriche *in* den Zeilen mögliche Stellen für Codewechsel, überall sonst ist er nach dieser Restriktion ausgeschlossen; die Entsprechungen der Wortfolge sind durch Verbindungslinien *zwischen* den Zeilen markiert:

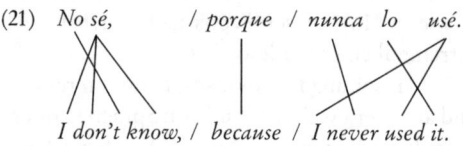

(21)   *No sé,   / porque / nunca lo   usé.*

      I don't know, /   because /   I never used it.

      „Ich weiß nicht, weil ich es nie benutzt habe."

Das bedeutet, daß folgender Satz der Restriktion entspricht:

(21') *No sé, porque I never used it.*

(Lipski, 1978, bei Grosjean, 1982: 326)

Dies führt auf ein allgemeines Prinzip, das Appel/Muysken (1987: 123) als *Linearität* bezeichnen: Die Äquivalenzrestriktion läßt sich damit aus einer Tendenz zur Erhaltung der linearen Reihenfolge der Wörter in Sätzen mit Codewechsel herleiten. Damit befinden wir uns im zweiten Forschungsstadium, bei den universellen Restriktionen. Appel/Muysken (1987: 124 f.) führen als zweites universelles Prinzip die *Dependenz* an: Nach Di Sciullo/Muysken/Singh (1986) ist Codewechsel ausgeschlossen zwischen Elementen, die in einer Rektionsbeziehung zueinander stehen, z. B. Präposition und abhängiges Nomen, Verb und regiertes Objekt. Dieses Prinzip muß mit Sicherheit revidiert werden; Gegenbeispiele findet man oben in Kap. 1.3 (Cadiot, 1980: 328): Deutsch/Französisch *das ist von le village d'à côté* (Codewechsel zwischen Präposition und abhängiger Nominalphrase), *va chercher die Mistkavel* (Codewechsel zwischen Verb und Objekt) usw.

Das dritte Forschungsstadium wird von Appel/Muysken (1987: 126ff.) anhand des Konzepts der *Neutralität* charakterisiert. Unter eine gemeinsame Mischungsstrategie mit dem Ziel der Neutralität lassen sich zunächst die beiden „universellen" Beschränkungen der Linearität und – falls sich die zweite in irgendeiner Form halten läßt – der Dependenz subsumieren, denn diese laufen auf das Erfordernis linearer Neutralität zwischen den Wortfolgen der beteiligten Sprachen/Varietäten am Punkt des Codewechsels bzw. auf die Notwendigkeit gegenseitiger grammatischer Unabhängigkeit der Elemente zu beiden Seiten dieses Punktes hinaus. Zwei weitere Typen der Neutralitätsstrategie sind folgende:
– Ein in den beiden Sprachen ungefähr gleichlautendes und gleichbedeutendes Wort dient als „Gelenk", als Überleitung von der einen zur anderen Sprache; Appel/Muysken (a. a. O.) zitieren dazu aus einem Papier ihres Amsterdamer Instituts, Crama/Van Gelderen (1984), Niederländisch/Englisch:

(22)   *Weet*   *je*   { *wat*   }   *she is doing?*
                     { *what*   }
    Do you know what   –   – –?
    „Weißt du,   was   sie   tut?"
    (Überleitung durch niederländisch *wat* = englisch *what*)

Vergleiche die in Kap. 1.5.2 besprochenen mehrfachen Etymologien des Tok Pisin (Englisch/Deutsch, Englisch/Tolai), die zeigen, wie wichtig solche „zufälligen" Übereinstimmungen für den Sprachkontakt und seine Ergebnisse sind, und zwar gerade nicht nur zwischen nahe verwandten Sprachen.

– Ein Wort der einen Sprache wird mit morphologischen Mitteln an die andere Sprache angepaßt. Grosjean (1982: 308 ff.) nennt dies *speech borrowing*, „Entlehnung beim Sprechen", und damit leitet die Darstellung bereits zum letzten Thema dieses Abschnitts über: zum Zusammenhang von Codewechsel und Entlehnung. Den fließenden Übergang zwischen reinem Codewechsel, Entlehnung beim Sprechen und dauerhafter Entlehnung (*language borrowing* bei Grosjean, a. a. O.) können folgende Beispiele aus einem und demselben gesprochenen Text veranschaulichen (Spanisch/Englisch):

(23) *Estaba   training   para   pelear.*
      He was training   to   fight.
      „Er war am Trainieren für den Kampf."

(24) *No   sabía   como   trainiar.*
      He didn't know how to   train.
      „Er wußte nicht, wie man trainiert."

(25) *Ya no lo trainiará.*
      He won't train him anymore.
      „Er wird ihn nicht mehr trainieren."

      (Pfaff, 1979: 296)

training in (23) ist unverändertes Englisch; *trainiar* in (24) enthält ein spanisches Wortbildungselement *-i-* und die spanische Infinitivendung *-ar; trainiará* in (25) enthält außer demselben Wortbildungselement *-i-* die spanische Endung der 3. Person Singular Futur Indikativ Aktiv *-ará*. – Vgl. am Anfang von (16) das unveränderte englische *guys* mit dem durch den Substantivausgang *-e* hispanisierten *bunche*. – Angesichts solcher Fälle wird man die Restriktion des freien Morphems revidieren müssen. Es zeigt sich, wie wenig endgültig in diesem Bereich die bisherigen Forschungsergebnisse sind.

3.2   Sprachkontakt und Sprachmischung (als langfristige Wirkung)

Sprachliche Neutralität, die Verwischung der Grenzen zwischen Sprachen/Varietäten im Kontakt, kann sich nicht nur im Gebrauch mehrerer Sprachen und dessen Spezialfall, dem Codewechsel innerhalb einer und derselben Interaktion (vgl. Kap. 3.1.2) oder in Wiederholungen „derselben" Aussage in mehreren Sprachen (vgl. Kap. 1.3) zeigen. Solche kurzfristigen, in der aktuellen Äußerung wirksamen Prozesse können zur Übernahme von Elementen und Strukturen aus der einen in die andere Sprache führen, die entweder Augenblicksentlehnungen bleiben (vgl. die Beispiele 23 bis 25 in Kap. 3.1.2) oder aber längerfristige Veränderungen nach sich ziehen. Die langfristigen Wirkungen werden im folgenden unter dem Titel „Entlehnung" zusammengefaßt und kurz charakterisiert; eine Differenzierung dieses Begriffs wird dann in Kap. 3.3.2 entwickelt werden.

3.2.1 Lexikalischer Lehneinfluß

Lexikalischer Lehneinfluß ist der Entlehnungstyp, der – auch für die Sprecher selbst – am leichtesten zu erkennen ist. Er kann darin bestehen, daß Wörter aus einer anderen Sprache/Varietät übernommen werden *(Lehnwörter)* oder daß Wörter der eigenen Sprache/Varietät nach fremdem Muster neu gebildet *(Lehnbildungen)* oder bereits vorhandene in ihrer Bedeutung verändert werden *(Lehnbedeutungen)*. Beispiele aus dem Bereich des lateinischen und französischen Lehneinflusses auf das Deutsche:

a) *Lehnwörter*: Lateinischen Wörtern, die seit dem Spätmittelalter entlehnt worden sind, ist ihre fremde Herkunft meist ohne weiteres anzusehen:

Tab. 9

neuhochdeutsch:	aus lateinisch:
Extrakt (16. Jh.) (frühneuhochdeutsch noch *das extract*, später Genuswechsel nach Mustern wie *Auszug* und *Saft*)	*extractum* (Neutrum) „Herausgezogenes", ursprünglich ein Alchimistenwort, zu *extrahere* „herausziehen"
Datum (13. Jh.)	*datum* „gegeben", mit nachfolgender Zeitangabe am Anfang von Urkunden, aus der Formel *litterās dare* „einen Brief schreiben"; im 13. Jh. als „Zeitangabe eines Schreibens" substantiviert
diktieren (15. Jh.)	*dictāre* „(zum Nachschreiben) vorsprechen; verfertigen, aufsetzen; vorschreiben, aufzwingen"

Lateinisch *dictāre* ist in althochdeutscher Zeit schon einmal ins Deutsche gekommen und hat – möglicherweise zusammen mit einem altererbten germanischen Wort – das althochdeutsche *dihtōn, tihtōn* „schriftlich abfassen, ersinnen" ergeben; mittelhochdeutsch *tihten* dann auch in der Bedeutung „Verse machen": das ist unser Wort *dichten*, das also vielleicht eine doppelte Etymologie hat (vgl. Kluge/Mitzka, 1960: 131), wie die Wörter aus dem Tok Pisin in Kap. 1.5.2. (In neueren Auflagen von Kluge/Mitzka ist der Text des Artikels *dichten* unvollständig [1963; 1967].)

Je älter die Entlehnung ist, desto weniger fällt sie auf, denn um so länger hat sie an der Geschichte der entlehnenden Sprache teilgenommen und ihr Aussehen entsprechend verändert. Lateinische Lehnwörter aus dem 1. bis 6. Jahrhundert, also vor der ersten historischen Bezeugung des Althochdeutschen, sehen wie deutsche Wörter aus:

Tab. 10

neuhochdeutsch:	althochdeutsch:	aus lateinisch:
Ziegel	*ziagala* und *ziagal* „Ziegel"	*tēgula* „Dachziegel"
Minze	*minza* „Minze"	*menta* „Krauseminze"
Kessel	*che3zil* und *che3zel* „Gefäß, Kessel"	*catīllus* „Schüsselchen"
Fenster	*fenster* „Fenster"	*fenestra* „Maueröffnung, Luke, Fenster"

Tab. 11

neuhochdeutsch:	althochdeutsch:	aus lateinisch:
Tinte	*tincta* „Tinte"	*tīncta (aqua)* „gefärbte Flüssigkeit"
Tafel	*tavala* und *tabala* „Tafel, Gemälde, Tisch"	*tabula* „Brett, Tafel, Gemälde, Auktions-, Wechslertisch" u. a.
trachten	*trahtōn* „betrachten, überlegen, bedenken; behandeln; trachten, streben (nach)"	*tractāre* „handhaben, behandeln, besorgen; untersuchen, überdenken"
Münster	*munist(i)ri* „Kloster, Klosterkirche"	*monastērium* „Einsiedelei; Kloster"

Tab. 11 enthält Beispiele für Entlehnungen aus althochdeutscher Zeit
(8.–11. Jh.).

(Althochdeutsch 3, 33 entspricht unserem *s, ss;* althochdeutsch *s* bezeichnet einen Laut zwischen unserem *s* und *sch* [palatales *s*]; ˉ kennzeichnet lange Vokale; althochdeutsch *h* im Silbenanlaut entspricht unserem *h* in *Haus,* nach dem silbenbildenden Vokal *(trahtōn)* unserem *ch*
in *trachten;* althochdeutsch *ch* entspricht *kch* oder *ch;* die Vielfalt der
althochdeutschen Formen kommt daher, daß es sich nicht um eine
Sprache, sondern um eine Gruppe von Dialekten handelt und daß keine
einheitliche Schreibtradition vorhanden ist.)

Ältere und neuere Entlehnungen aus dem Französischen unterscheiden sich in vergleichbarer Weise voneinander; vgl.:

Tab. 12

neuhochdeutsch:	aus französisch:
Abenteuer (12. Jh.) (mittelhochdeutsch *âventiure* und *âventiur* [Femininum] „wunderbare Begebenheit; Wagnis; Schicksal; ein Gedicht davon; die Muse der höfischen Dichter")	*aventure* (Femininum) «ce qui doit arriver», „was geschehen soll"; vgl. *dire la bonne aventure* „wahrsagen": wörtlich etwa „den guten Ausgang sagen"; heute ist *aventure* „Abenteuer"

und andererseits:

Etage (17. Jh.) (Genuswechsel zum Femininum wie bei den anderen Wörtern auf *-age;* das *-e* wurde als Femininin zeichen aufgefaßt)	*étage* (Maskulinum) „Stockwerk"

b) *Lehnbildungen:* Das fremde Muster wird in der eigenen Sprache
mehr oder weniger getreu nachgebildet. Wiedergaben von hoher Detailgenauigkeit heißen *Lehnübersetzungen,* wie z. B. in Tab. 13.

An diesen Beispielen sieht man, daß Genauigkeit der Wiedergabe
nicht absolut festlegbar ist, sondern gesteigert oder herabgesetzt werden kann. Außerdem zeigt sich hier, daß nicht nur Wörter, sondern auch
feste Wendungen entlehnt bzw. durch Lehnbildungen ersetzt werden
können. Vgl. noch:

öffentliche Meinung (18. Jh.) aus:	*opinion publique* „öffentliche Meinung" (wörtlich dasselbe)

Tab. 13

deutsch:	aus französisch:
Redensart (17. Jh.)	*façon de parler* „Redeweise" (wörtlich „Art zu reden")
Schöngeist (18. Jh.) (zuerst *schöner Geist*, 17. Jh.)	*bel esprit* „Schöngeist" (wörtlich „schöner Geist")
Stelldichein (18. Jh.) für entlehntes *Rendezvous* (17. Jh.), das zuerst „Versammlung der Soldaten" bedeutete	*rendez-vous* „Verabredung, Treffpunkt" (wörtlich „begeben-Sie-sich")

Freiere Nachbildungen sind z. B.:

Tab. 14

deutsch:	nach französisch:
Emporkömmling (18. Jh.), für das entlehnte *Parvenü*; setzt sich erst im 19. Jh. durch; heute ersetzt durch *Neureiche(r)*, das auf Jean Paul zurückgeht	*parvenu* „Emporkömmling, Neureicher" (wörtlich „Angekom-mener", „der es erreicht hat")
Leidenschaft (17. Jh.), für *Passion* in dieser Bedeutung	*passion* „Leidenschaft" (spätlateinisch *passiō* „Leiden; Christi Leidenszeit", ist zu *patī* „leiden" gebildet); bis ins 16. Jh. hatte *passion* auch die Bedeutung „körperliches Leiden", bis heute auch „Passion Christi"

c) Noch weiter von der Übersetzung entfernen sich Neuprägungen, die vom fremden Muster semantisch, aber nicht formal abhängig sind, sogenannte *Lehnschöpfungen*, wie z. B.:

Tab. 15

deutsch:	für lateinisch:
Gesichtskreis (16. Jh.); daneben bleibt *Horizont* erhalten	*horizōn*, Genitiv *horizontis* „Horizont, Gesichtskreis", eine Entlehnung aus dem Griechischen: *horízōn (kýklos)* „begrenzend(er Kreis)" (so wörtlich)

deutsch:	für lateinisch:
Sinngedicht (17. Jh.); daneben erhält sich *Epigramm*	*epigramma* „Aufschrift, Inschrift; Epigramm, Sinngedicht", griechisches Lehnwort: *epígramma* mit denselben Bedeutungen, wörtlich „Aufschrift" (ursprünglich Aufschrift auf Kunstwerken, Weihgeschenken, Grabmälern, die den Gegenstand dichterisch erklärt)

Tab. 16

deutsch:	für französisch:
Fallbeil (19. Jh.), nach Verwendung desselben Wortes für eine orientalische Vorrichtung im 17. Jh.; daneben *Guillotine* (seit 1792)	*guillotine*, benannt nach dem Arzt und Abgeordneten *Guillotin*, der das Gerät 1789 durch die Nationalversammlung in Gebrauch nehmen ließ

d) Das letzte Beispiel, bei dem die Kontinuität des Gebrauchs vom 17. zum 19. Jh. nicht gesichert ist, leitet über zu den *Lehnbedeutungen*: ein bereits gebräuchliches Wort der eigenen Sprache erhält unter dem Einfluß eines fremden Musters eine neue Bedeutung; Beispiele aus der Zeit der Christianisierung sind:

Tab. 17

neuhochdeutsch:	althochdeutsch:	nach lateinisch:
Buße (die rechtliche und die religiöse Bedeutung haben sich erhalten)	*buoʒ* und *buoʒ (ʒ) a* „Besserung, Abhilfe; Schadensersatz, Strafe"; dazu als neue Bedeutung „Buße: Genugtuung des Sünders gegenüber Gott"	spätlateinisch *poenitentia* „Buße" (christlich); klassisch *paenitentia* „Reue" (unter dem Einfluß von *poena* „Strafe" umgestaltet)
heilig	*heilag* und *heilee* „unversehrt, unverletzlich"; neue Bedeutungen „heilig"; „fromm"	*sānctus* „unverletzlich, unantastbar; ehrwürdig, göttlich; gottgefällig, fromm"; christlich: „heilig"

Der *Grad der Integration* von Entlehnungen in das System der aufnehmenden Sprache ist verschieden und hängt nicht immer vom Alter der Entlehnung ab, wie bereits die vollständige morphologische Integration einer Augenblicksentlehnung in den spanisch-englischen Beispielen (23) bis (25) gezeigt hat. Die *phonologische Gestalt* kennzeichnet die Herkunft bestimmter Wörter sehr auffällig, z. B. /ʒ/ (stimmhaftes *sch*) und Nasalvokale in französischen Lehnwörtern wie *Gage, Ressentiment, Teint, Bonvivant, Parfum*. In manchen Fällen treten deutsche Phonemverbindungen für die Nasalvokale ein, wie /ɔŋ/ *(ong)* in *Bouillon*, /ɔŋ/ oder /o:n/ *(oon)* in *Balkon, Ballon*; *Parfüm* (vgl. *parfümiert* – französisch *parfumé*) kann *Parfum* ersetzen und dgl. Im Substandard-Deutsch tritt /ʃ/ *(sch)* an die Stelle von /ʒ/ in *Garage, Etage, Blamage* usw.; aber das *Prestige* des Französischen reicht immer noch dazu aus, diesen Integrationsschritt sozial zu stigmatisieren („falsches Deutsch"). Dagegen werden die englischen Vokale in *Gag, Flirt, okay, Lunch* etc. meist durch deutsche Vokale ersetzt, und das auslautende *g* in *Gag* wird, den deutschen phonologischen Regeln entsprechend, wie *k* gesprochen, also *Gek, Flört, ookee, Lantsch*. – Das *Alter der Entlehnung* kann phonologische Spuren hinterlassen: Die alten Lehnwörter *Ziegel, Minze* und viele andere, *Pfund, Pfeffer, Rettich, Bottich* usw. sehen typisch deutsch aus mit ihren z /ts/, pf, ch /x/, ç/, die in anderen europäischen Sprachen selten sind bzw. ganz fehlen. Die oben aus dem Lateinischen angeführten Lehnwörter sind so gewählt, daß sie aufgrund der sprachlichen Formen eine relative Chronologie der Entlehnung anhand der Vertretung des lateinischen *t* im Deutschen ermöglichen. In den ältesten Lehnwörtern ist das *t* in einen deutschen Lautwandel hineingeraten, die sogenannte zweite oder hochdeutsche Lautverschiebung, und zu z bzw. *ss* geworden: *Ziegel, Minze, Kessel* – in der Konsonantengruppe *st* hingegen erhalten geblieben: *Fenster*. In jüngeren Entlehnungen seit althochdeutscher Zeit wird lateinisch *t* unverändert übernommen: nicht erst in Wörtern wie *Extrakt, Datum, diktieren*, sondern schon in den stärker eingedeutschten, älteren Wörtern wie *Tinte, Tafel, trachten*; *st* ist nach wie vor gleich: *Münster*. *Dichten* gehört in dieselbe Entlehnungszeit wie *trachten*; wie *dictāre* ist auch *tractāre* zweimal entlehnt worden: *traktieren*. Latein und Deutsch haben auch gemeinsam ererbte Wörter, da sie beide derselben Sprachfamilie angehören (Kap. 3.3.1); diese zeigen im allgemeinen die Entsprechung lateinisch *t*: deutsch *d*, siehe Tab. 18.

Der *Akzent* läßt den Grad der Integration von Lehnwörtern ebenfalls erkennen. Alte Entlehnungen ins Deutsche werden wie deutsche Wörter auf der ersten Silbe des Wortstammes betont; im Lateinischen wurde die vorletzte Silbe des Wortes betont, wenn sie lang war, sonst die drittletzte, unabhängig vom morphologischen Bau des Wortes: Der Ak-

Tab. 18

lateinisch:	althochdeutsch:	neuhochdeutsch:
trēs (Mask. u. Fem.) „drei"	*drī* (Mask.) „drei"	*drei*
tū „du"	*dū* und *du* „du"	*du*
frāter „Bruder"	*bruoder* „Bruder"	*Bruder*

– aber die Konsonantengruppe *st* bleibt unverändert:

est „ist"	*ist* „ist"	*ist*

zent konnte auch auf Suffixe fallen. Den Unterschied zeigen z. B. *Késsel* gegen *catíllus*, *Fénster* gegen *fenéstra*, *Múnster* gegen *monastérium*. Für spätere Entlehnungen gilt ein anderes Akzentsystem, das lateinisch-französischer Herkunft ist und dessen Hauptregel die Betonung der letzten langen Silbe vorschreibt: *Extrákt*, *diktíeren*, *Dátum*, vgl. noch die lateinischen Lehnwörter *Dóktor* – Plural *Doktóren*, *legál*, *Formát*, *Studént*, *Disziplín* usw., und die französischen Entlehnungen *Etáge*, *Balkón*, *Parfüm*, *Bassín*, *nóbel*, *charmánt*, *amüsíeren*, *interessánt* usw. Die Tatsache, daß es im Deutschen zwei Akzentsysteme gibt, ist ein Beleg dafür, wie durchgreifend die fremden Einflüsse waren. Die heute ins Deutsche einströmenden englischen Lehnwörter unterliegen diesem Fremdwortakzent nicht, sondern bringen ihre eigene Betonung mit, die germanisch ist, also im ganzen der Betonung deutscher Wörter entspricht: *Ímage*, *Séssion*, *Tóaster*.

Ein *morphologisches* Merkmal für den Integrationsgrad von Lehnwörtern ist z. B. die deutsche Infinitivendung *-(e)n* in alten Entlehnungen aus dem Lateinischen wir *propfen*, *pflücken*, *opfern*, *segnen*, *schreiben*, *predigen*, die wie deutsche Wörter aussehen, gegenüber *-ieren* aus der altfranzösischen Infinitivendung *-ier*, das vom Mittelhochdeutschen an entlehnte Verben charakterisiert: *parlieren*, *logieren* (mittelhochdeutsch *loschieren*) und viele andere aus dem Französischen, *diktieren*, *traktieren* und eine Menge anderer aus dem Lateinischen. Neue englische Entlehnungen zeigen wieder *-en*: *testen*, *checken*, *ausflippen*. Die Pluralbildung von Substantiven nach deutschem Muster gilt für die meisten Entlehnungen, auch die neueren: z. B. für die lateinischen Lehnwörter *Kollege(n)*, *Format(e)*, *Doktor(en)*, *Auditorium/Auditorien*, sogar mit Umlaut in *Choräle*, *Kardinäle*, *Spitäler* u. a., für die französischen *Etage(n)*, *Kostüm(e)*, *Möbel* usw., mit Umlaut *Generäle* (neben *Generale*), für die italienischen *Konto/Konten, Firma/Firmen, Sopran(e)*, mit Umlaut *Tenöre, Bässe, Kanäle*. Dagegen mit entlehnten Pluralendungen z. B. *Examina* (neben *Examen* als Plural), *Visum/Visa, Terminus/Termini, Index/Indizes, Kasus/Kasus* u. a. aus dem Lateinischen, *Celli, Soli, Tempi* aus dem Italienischen: *-s* aus dem Französischen, Englischen und Niederdeutschen (*Hotels, Porträts; Fans, Cocktails* und *Kerls, Kumpels*) breitet sich als „Fremdwortplural" weiter aus: *Cellos, Solos, Tempos* u. a. Englische Entlehnungen auf *-er* haben den endungslosen deutschen Plural: *Gangster, Banker, Poster;* sonst herrscht hier *-s*.

Lehnbildungen und *Lehnbedeutungen* sind von vornherein stärker in das System der aufnehmenden Sprache integriert als Lehnwörter; das ist auch häufig ein Motiv für ihre Einführung. Sprachplanerische Eingriffe sind hier an der Tagesordnung; die Urheber der zitierten Lehnbildungen und Lehnbedeutungen sind oft noch namentlich festzustellen, z. B. Joachim Heinrich Campe für *Stelldichein* und die Neuaufnahme von *Fallbeil*, Philipp von Zesen für *Leidenschaft* und *Sinngedicht*, Christian Thomasius für *schöner Geist* (in einer Schrift mit dem Titel *Welcher Gestalt man die Franzosen nachahmen solle*, 1687), Christian Friedrich Daniel Schubart für *Schöngeist*.

Die *Hauptmotive für lexikalische Entlehnungen* lassen sich auf einer kontinuierlichen Skala anordnen:

Sprachliche Bedarfsdeckung – Modeströmungen – Sprachwechsel

Zur sprachlichen Bedarfsdeckung gehört die Übernahme von neuen Wörtern für neue Sachen; solche Entlehnungen kann man als *Kulturwörter* bezeichnen, der Spracheinfluß ist eine Folge des Kultureinflusses. Die ältesten lateinischen Entlehnungen ins Deutsche gehören in diesen Bereich, ebenso ein Teil der späteren lateinischen und französischen Lehnwörter. Allerdings kann die Motivation für die Übernahme neuer Sachen durchaus die Mode sein bzw. das Prestige der fremden Kultur und die Hoffnung, den eigenen Wert durch Teilnahme an ihr zu steigern, also eine Geringschätzung dessen, was man selbst hat und ist. So geht der Bereich der Kulturwörter in den der *Modewörter* über. Hierher sind insbesondere viele französische Entlehnungen ins Deutsche zu rechnen, z. B. die Ersetzung der alten Verwandtschaftsnamen *Oheim, Muhme* und *Base* durch *Onkel, Tante* und *Kusine* (französisch *oncle, tante, cousine*), die Übernahme der Lallwörter aus der Kinderstube *Papa* und *Mama (papa, maman)*, neben denen sich jedoch *Vater* und *Mutter* gehalten haben, wie *Vetter* neben *Cousin*, und die Lehnübersetzungen *Großvater* und *Großmutter (grand-père, grand-mère)*, die die älteren Wörter *Ahn, Ahne* in dieser Funktion verdrängt haben. Oft richtet sich die Einführung von Lehnbildungen und Lehnbedeutungen gegen solche Modeströmungen (Sprachreinigung, Purismus als Gegenbewegung, z. B. in den deutschen Sprachgesellschaften des 17. und 18. Jahrhunderts, s. o.). Bis zum *Sprachwechsel* ist der französische Einfluß im Deutschen nicht gegangen; immerhin sind phonologische und grammatische Elemente und Strukturen mit entlehnt worden.

Weitere Motive für lexikalische Entlehnungen stellt Weinreich (1953: 56 ff.; 1977: 79 ff.) zusammen: Selten gebrauchte einheimische Wörter können durch Lehnwörter verdrängt werden; der Umstand, daß zwei verschiedene Wörter gleich lauten (Homonymie) und in denselben Zusammenhängen verwendet werden, kann zur Ersetzung eines der beiden durch ein Lehnwort führen; affektgeladene Wörter „nützen sich ab" und werden ständig durch neue ersetzt, wobei die Ersatzwörter auch Entlehnungen sein können; mehrsprachige Sprecher wollen in einer ihrer Sprachen Bedeutungsunterscheidungen einführen, die sie aus einer anderen kennen; Wörter werden aufgrund der sozialen Bewertung der Ausgangssprache entlehnt: Hierher gehört nicht nur Prestigegewinn durch den Gebrauch von Modewörtern (s. o.), sondern auch der Ausdruck der Verachtung oder der Komik mit Lehnwörtern aus „niederen" Sprachen/Varietäten; Mehrsprachige entlehnen auch aus bloßer Nachlässigkeit aus einer ihrer Sprachen in die andere (vgl. Abschnitt 3.1.2 zum Kontinuum vom Codewechsel zur Entlehnung).

Aus der wichtigen Rolle, die das Motiv der sprachlichen Bedarfsdeckung (referentielle Funktion der Sprache) spielt, ergibt sich die Tatsache von selbst, daß überwiegend Substantive entlehnt werden: neue Namen für neue Sachen aller Art, einschließlich neuer Begriffsbildungen; und ferner, daß Inhaltswörter leichter entlehnt werden als Funktionswörter: Adjektive und Verben folgen in der Rangliste der Entlehnungshäufigkeit auf die Substantive. Unter den Funktionswörtern sind diejenigen der Entlehnung zugänglicher, die relativ locker in den Satz eingefügt sind: Gesprächsfloskeln, Interjektionen in Textgliederungsfunktion, bestimmte Adverbien, selbst koordinierende Konjunktionen, d. h. dieselben Elemente, die beim emblematischen Codewechsel eine Rolle spielen (vgl. Abschnitt 3.1.2); Codewechsel und Entlehnung sind einander wohl auch darin ähnlich, daß für beide eine sehr allgemeine Version der Dependenzrestriktion gilt: Es wird vermieden, den Zusammenhang des Sprachsystems bzw. des Textverlaufs zu stören (Appel/Muysken, 1987: 171 f.). Es werden aber auch gelegentlich andere Funktionswörter entlehnt, z. B. Präpositionen: deutsch *zehn Stück à zwei Mark, per Einschreiben, acht Mark fünfzig pro Stunde, Nietzsche contra*

Wagner, neuerdings auch *versus* (abgekürzt *vs.*), z. B. *Grammatik vs.*
Pragmatik; à ist französisch, die übrigen Präpositionen kommen aus
dem Lateinischen, *versus* über das Englische.

3.2.2 Entlehnung in den Bereichen Phonologie, Morphologie, Syntax und Phraseologie

Lehnphonologie:
Mit den Lehnwörtern können fremde Phoneme in die entlehnende
Sprache kommen: Zum phonologischen System des heutigen Deutschen gehört ein Randbereich mit den französischen Phonemen /ʒ/, /ã/,
/ɛ̃/, /õ/ und /œ̃/, vgl. Abschnitt 3.2.1. Die Nasalvokale können lang
oder kurz sein; dieser Gegensatz ist indessen weder im Französischen
noch im Deutschen phonologisch distinktiv. In der Kombination /dʒ/
findet sich /ʒ/ auch in englischen und italienischen Lehnwörtern wie
Blue jeans, Manager, Gentleman; Adagio, Loggia u. a.; auch hier gibt
/ʒ/ phonologische Elemente der fremden Sprachen wieder. Sonst sind
diese Phoneme – von fremden Eigennamen abgesehen – in ihrem Vorkommen auf Entlehnungen aus dem Französischen beschränkt, haben
sich also nicht ausgebreitet. – Weniger gesichert ist der Status englischer
Vokale als Lehnphoneme des Deutschen; sie werden meist durch deutsche Phoneme substituiert, s. o. Mit der Zeit könnte sich hier ein zweites
marginales Teilsystem entlehnter Phoneme etablieren; es ist aber auch
möglich, daß die Integration alle diese neuen Vokale beseitigt. Das wird
weitgehend von Spracheinstellungen abhängen: Anpassung an die pre-
stigeträchtige Fremdsprache bzw. selbstverständliche Zweisprachigkeit
einerseits, Selbstbewußtsein und Streben nach „Sprachreinheit" oder
einfach Bequemlichkeit andererseits können die Entwicklung bestimmen. – Zur Lehnphonologie gehört auch der deutsche Fremdwortakzent, vgl. Abschnitt 3.2.1.

Lehnmorphologie:
Aus Lehnwörtern wie althochdeutsch *mulināri* vom mittellateinischen
molīnārius „Müller" wurde das Suffix *-ārius* für Personenbezeich-
nungen abstrahiert und ins Deutsche entlehnt, wo es seit althochdeutscher Zeit äußerst produktiv ist und frei mit deutschen Wortstämmen
kombiniert werden kann; es ist das heutige *-er* in *Wächter, Fischer,*
Lügner (althochdeutsch *wahtāri, fiskāri, lugināri*), von Substantiven abgeleitet, obwohl wir die letzten beiden heute eher auf die Verben *fischen,*
lügen beziehen; von Verben z. B. *Lehrer, Helfer (lērāri, hëlfāri).* Das

Suffix bildet heute auch Gerätebezeichnungen wie *Blinker, Kühler, Leuchter, Schalter* und Vorgangsbenennungen wie *Seufzer, Hopser, Fehler, Treffer.* Besonders die Berufsnamen sind zahlreich: *Bäcker, Maler, Schneider,* von Substantiven *Sattler, Schlosser, Wagner* usw. – Aus altfranzösischen Lehnwörtern im Mittelhochdeutschen wie *profêzîe* „Prophezeiung", *vilânîe* „bäurisches Benehmen" wird das Suffix *-îe* auch zur Ableitung von deutschen Wortstämmen verwendet: mittelhochdeutsch *jegerîe* „Jägerei; Verfolgung", *zegerîe* „Zaghaftigkeit"; es ist das heutige *-ei* in *Pfarrei, Ziegelei* (Ortsbezeichnungen), neueren Datums *Kartei, Datei,* von Berufsnamen *Bäckerei, Gärtnerei, Wäscherei* usw., zur herabsetzenden Bezeichnung des Verhaltens *Flegelei, Narretei,* von Verben (sehr produktiv) *-erei* in *Heulerei, Raserei, Tanzerei* usw. Der Übergang zwischen Orts- und Verhaltensbezeichnungen liegt in der Benennung von Arbeitsplätzen wie *Brauerei, Färberei, Rösterei* usw., vgl. noch *Schriftstellerei.* Die Betonung des Suffixes verrät als einziges Merkmal noch seine fremde Herkunft. Ebenfalls aus dem Altfranzösischen entlehnt ist *-lei*: mittelhochdeutsch *manegerleie* „vielfach", heute *mancherlei, einerlei, allerlei* usw. (altfranzösisch *lei* „Art"). Aus dem Griechischen (über das Lateinische) kommt das Präfix *erz-*: Spätlateinisch *archi-episcopus* ergibt althochdeutsch *erzi-biscof* „Erzbischof"; danach in Verbindung mit deutschen Wortstämmen z. B. mittelhochdeutsch *erze-bote* „Erzengel", heute *Erzschelm, Erzübel, erzdumm, erzfaul* u. a. Alle diese Wortbildungselemente sind voll ins Deutsche integriert. Vielen anderen ist dagegen ihre fremde Herkunft noch anzusehen, und sie sind normalerweise nur mit entlehnten Wortstämmen kombinierbar: Das gilt für das Verbsuffix *-ieren* ebenso wie für später entlehnte Suffixe; seltene Ausnahmen sind Kombinationen wie *gastieren, hausieren, halbieren, Stellage, Hornist*; expressiv wirkt die Mischung in *Lappalie, Grobian, stolzieren* u. a. Fremde Präfixe sind freier kombinierbar: *Exgatte, superklug, Vizekönig,* neuerdings *Bioladen, Thermohose* usw.; sie stehen an der Grenze zwischen Wortableitung und Wortzusammensetzung. Fremde Pluralbildungen treten nur bei entlehnten Substantiven auf (vgl. Abschnitt 3.2.1); allenfalls könnte man *Kerls, Kumpels* (mit niederdeutschem *-s*) als Ausnahmen betrachten (daneben *Kerle, Kumpel*).

Im Englischen sind germanische Wortstämme mit romanischen Suffixen und Präfixen ohne weiteres kombinierbar: *eat-able, furtherance, non-smoker, re-wind, starv-ation, upheav-al, shrink-age* etc. Anders als im Deutschen sind hier die Elemente verschiedener Herkunft, wie auch der Wortakzent, weitgehend vereinheitlicht.

Lehnsyntax und Lehnphraseologie:
Für diesen Bereich wurden in Kap. 1.3 bereits Beispiele aus dem Französischen im Elsaß (deutsche Phraseologie bzw. Syntax), aus dem Französischen und Englischen in Quebec (Phraseologie der jeweils anderen Sprache), aus dem Hochdeutschen in Ostfriesland (niederdeutsche Syntax) angeführt. Die Ausbildung eines Systems unterordnender Konjunktionen im Althochdeutschen geht auf lateinischen Einfluß zurück (Sonderegger, 1987: 243 ff., mit Literatur). Der Ausbau der erweiterten Attributgruppe und ihre Voranstellung vor das übergeordnete Substantiv nach 1600 im Deutschen ist dem Humanistenlatein nachempfunden (v. Polenz, 1978: 95 f.):

(26)   ... die hin und wieder im Reich erst-gedachten Commercien und gemeinem Nutzen zu Nachtheil, mit Gelegenheit des Kriegs, wider die Rechte, Freyheiten und ohne Bewilligung eines Römischen Kaysers und der Churfürsten neuerlich eigenes Gefallens eingeführt- und erhöheten Zölle ...

(Reichs-Abschied 1670, zitiert bei v. Polenz, a. a. O.)

3.3   Sprachkontakt und Sprachwandel

Die Welt der täglichen Interaktionen, in denen die miteinander sprechenden Menschen ihre Verständigungsweise teils überhaupt erst gestalten und aushandeln, teils das, was sich aus den Erfahrungen früherer Interaktionen als wieder verwendbares Verständigungsmittel verfestigt hat, neu umgestalten und weiterbilden – diese Welt ist für die Beobachtung unmittelbar gegeben, anders als das begriffliche Artefakt „Sprache", das zwar eine Grundlage in der Realität hat, aber stark überformt ist durch Reflexion, Selbstdarstellung und Selbstabgrenzung der Sprechenden (vgl. Kap. 4.5). Von der unmittelbaren Erfahrung aus gesehen müßte ein Begriff für das, was wir Sprachkontakt nennen, dem Begriff der Sprache vorausgehen, statt aus ihm abgeleitet zu sein (vgl. Kap. 1.6).
Die Interaktionsmittel und -weisen der miteinander sprechenden Partner sind in ständiger Veränderung begriffen und überdies schwer gegeneinander abgrenzbar (vgl. Kap. 1.5). Nur prototypische Begriffsbildung wird der Realität einigermaßen gerecht (Kap. 1.6), da sie unserem Bedürfnis nach klaren Unterscheidungen entgegenkommt, ohne die kontinuierlich organisierte Wirklichkeit zu verfälschen. Eine der Dimensionen der Veränderlichkeit sprachlicher Verständigungsmittel, die Variabilität in der Zeit, anders ausgedrückt: der Sprachwandel, soll in

diesem Abschnitt auf den Sprachkontakt bezogen und in seinem Kontext erörtert werden.

Wenn man sich vergegenwärtigt, daß Sprachwandel Neuerungen einzelner Interaktionspartner voraussetzt, daß diese Neuerungen einen oder mehrere Ausgangspunkte im soziologisch-geographischen Kontinuum haben können und daß die sprachliche Veränderung weniger in der Neuerung selbst als vielmehr in deren mehr oder weniger weitreichender Übernahme innerhalb des Kontinuums besteht, dann ist es klar, daß es Sprachwandel ohne Sprachkontakt nicht geben kann, denn die Übernahme von Neuerungen setzt Sprachkontakt voraus. Der Kontakt kann zwischen Dialekten, Soziolekten, situationsbedingten Varietäten, Stilregistern einer und derselben Sprache oder zwischen verschiedenen Sprachen zustande kommen; die Ausbreitung sprachlicher Neuerungen über Sprachgrenzen hinweg ist etwas ganz Normales, kann allerdings durch Spracheinstellungen (vgl. Kap. 1.2 und 2.7) verlangsamt, unterbunden oder rückgängig gemacht werden. Es ist zweckmäßig, bei der Betrachtung des Sprachwandels verschiedene Grade und Arten des Sprachkontaktes und seiner Wirkungen zu unterscheiden; dabei wird es sich jedoch herausstellen, daß es auch hier nur um Prototypen innerhalb tatsächlich vorhandener Kontinua gehen kann.

Eine Frage, die sich hier stellt und anhand deren die Erörterung im folgenden geführt wird, ist die, ob Sprachveränderung durch Ausbreitung von Neuerungen *innerhalb* des Gebiets einer Sprache/Varietät in jedem Fall von Sprachwandel durch Übernahme von Neuerungen aus einer *anderen* Sprache/Varietät klar zu unterscheiden ist. Nimmt man die Möglichkeit hinzu, daß bei räumlicher oder sozialer Trennung der Sprecher einer und derselben Sprache/Varietät im Lauf der Zeit durch Verschiedenartigkeit der Neuerungen in den jeweiligen Territorien/Teilgesellschaften eine Spaltung in zwei oder mehrere verschiedene Sprachen/Varietäten zustande kommt, so hat man die traditionelle Streitfrage vor sich, ob die Ergebnisse der *Entlehnung* (Übernahme von Elementen aus einer Sprache in eine andere) in jedem Fall von den Ergebnissen *gemeinsamen Erbes* (Ähnlichkeit von Elementen in zwei oder mehr Sprachen aufgrund der Herkunft aus einer und derselben zugrundeliegenden Sprache) und von den Ergebnissen der *inneren Sprachgeschichte* (Veränderung von Elementen innerhalb einer einzigen Sprache) unterscheidbar sind.

Die Aufgabe der Darstellung wird uns dadurch vereinfacht, daß in einer neuen Untersuchung (Thomason/Kaufman, 1988) die traditionelle, im 19. Jahrhundert ausgebildete und an einer Fülle von Forschungsproblemen erprobte historisch-vergleichende Sprachwissenschaft einer-

seits und die modernen Disziplinen der Soziolinguistik und der Pidgin-
und Kreolforschung andererseits so aufeinander bezogen worden sind,
daß die Umrisse einer dem Forschungsstand angemessenen Theorie des
Sprachwandels sichtbar werden.

3.3.1 Der Gegensatz von innerer Sprachentwicklung und Sprachmischung

Die historisch-vergleichende Sprachforschung ermittelt und beschreibt Sprachgruppen, die durch die bereits genannten Spaltungspro-
zesse aus einer geschichtlich zugrundeliegenden Sprache, der soge-
nannten Grundsprache oder Ursprache, zustande gekommen sind. Die
Entstehung aus einer Grundsprache kann historisch bezeugt sein, wie
z. B. die der romanischen Sprachen aus dem Lateinischen, oder sie wird
wegen der Ähnlichkeit der untersuchten Sprachen lediglich angenommen. Im zweiten Fall ist die Grundsprache meist ebensowenig historisch belegt wie die Entstehung der betreffenden Sprachen aus ihr;
die Grundsprache wird dann mit mehr oder weniger Sicherheit aus den
Sprachen der Gruppe rekonstruiert. Solche Sprachgruppen werden
Sprachfamilien genannt, und man spricht davon, daß ihre Mitglieder
von der Grundsprache abstammen und untereinander verwandt seien;
man nennt die Sprachen der Gruppen auch Tochtersprachen der Grundsprache. Sprachverwandtschaft heißt die Zugehörigkeit mehrerer Sprachen zu einer und derselben Sprachfamilie, und *genetische Sprachentwicklung* bezeichnet sprachgeschichtliche Vorgänge, die in das Gebiet
der Sprachverwandtschaft fallen. Die Metapher des Erbes haben wir in
der Einleitung zu diesem Abschnitt bereits gebraucht (s. o.); ein anderes, ebenfalls aus dem Bereich der menschlichen Genealogie entnom-
menes Bild, das des Stammbaums, wird oft zur graphischen Darstellung
von Sprachgruppen dieser Art verwendet (s. Abb. 6), und die Stamm-
baum-Metapher ist auch in der Bezeichnung von Untergruppen einer
Sprachfamilie als deren Zweige enthalten. Während jeder Mensch zwei
Elternteile hat und es normalerweise unmöglich ist, alle genealogischen
Beziehungen eines Menschen in einem und demselben Stammbaum
darzustellen, pflanzen sich die Sprachen offenbar durch Parthenoge-
nese fort, und ein und derselbe Stammbaum kann die Verwandtschafts-
verhältnisse einer Sprachgruppe anscheinend vollständig abbilden. Da
Sprachen Sammelbezeichnungen für menschliche Tätigkeiten sind, die
mit Sprechen, Verstehen, Schreiben, Lesen, Denken, Übersetzen und
dergleichen mehr in den jeweils zugehörigen Situationskontexten

beschrieben werden können, ist diese Metaphorik zunächst überraschend: Sprachen haben keinerlei Ähnlichkeit mit lebenden Organismen. Man wird die Metapher wohl als das Ergebnis der Übertragung von der (vorausgesetzten) gemeinsamen Abstammung der Sprecher einer Sprache her zu verstehen haben; dabei bleibt dann unberücksichtigt, daß *Sprachwechsel* in der Geschichte ein häufiger Vorgang ist: Eine Gruppe von Menschen gibt eine Sprache auf und nimmt eine andere an, und dabei geht die Verbindung zwischen der Abstammung der Menschen und der „Abstammung" der Sprachen, wenn sie denn vorher vorhanden war, offensichtlich verloren.

Das Beispiel der romanischen Sprachen ist insofern nicht typisch, als hier die Grundsprache historisch belegt ist – wenn es auch nicht die hervorragend bezeugte lateinische Schriftsprache des römischen Reiches ist, sondern eine uns weit weniger bekannte, da nur selten geschriebene Varietät, das umgangssprachliche Vulgärlatein. Das Lateinische in seinen verschiedenen Varietäten bildet mit anderen ausgestorbenen Sprachen des antiken Italiens (Oskisch, die Sprache der Samniten; ferner Umbrisch und andere) wiederum eine Sprachgruppe, die italischen Sprachen. Zu dieser stehen viele weitere Sprachgruppen in Europa, Vorderasien und Südasien in verwandtschaftlichen Verhältnissen: die keltischen, germanischen, slavischen und baltischen Sprachen (zu den baltischen gehören Litauisch, Lettisch und das im 17. Jh. ausgestorbene Altpreußische), die iranischen und die (in Nordindien, Pakistan, Bangladesh, Nepal und auf Sri Lanka gesprochenen) indoarischen Sprachen, ferner die Einzelsprachen Griechisch, Albanisch, Armenisch und eine Reihe ausgestorbener, nur aus Schriftdenkmälern früherer Jahrhunderte bekannter Sprachen und Sprachgruppen wie das Tocharische aus Ostturkestan, die altanatolische Sprachgruppe (Hethitisch und andere), das Phrygische, Illyrische, Venetische und weitere nur trümmerhaft erhaltene Sprachen der Antike. Alle diese Sprachen und Sprachgruppen faßt man zu einer einzigen Sprachfamilie zusammen, der indoeuropäischen (indogermanischen) Sprachgruppe. Die Grundsprache dieser Sprachgruppe, das Urindogermanische (= Indogermanische bzw. Indoeuropäische), ist ebensowenig historisch bezeugt wie die Grundsprachen ihrer Teilgruppen, das Urkeltische, Uritalische, Urgermanische, Urslavische, Urbaltische, das Indoiranische (Indisch und Iranisch bilden zusammen wiederum eine Sprachgruppe) usw. Alle diese Grundsprachen werden durch Erforschung der Geschichte der Untergruppen und Einzelsprachen und -dialekte und durch deren systematische Vergleichung rekonstruiert. Das kombinierte Verfahren der geschichtlichen Untersuchung und Vergleichung

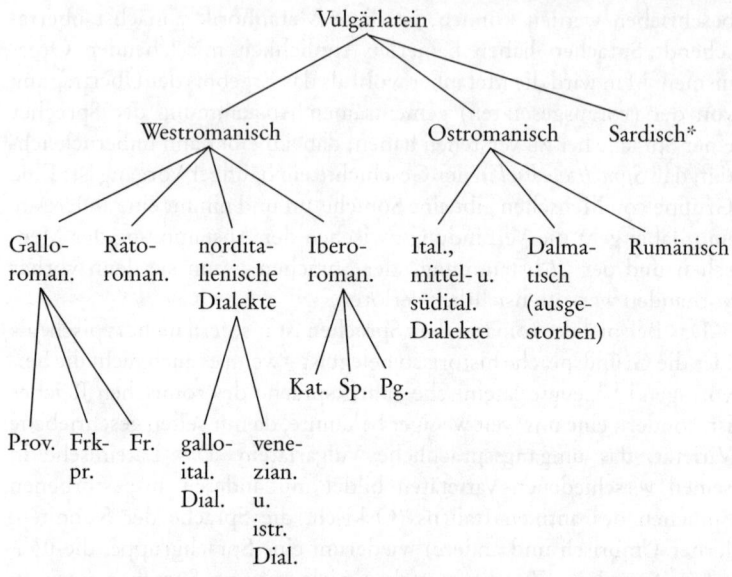

* Ursprünglich hierher auch das Vulgärlatein in Nordafrika, das sich nicht erhalten hat, und auf Korsika, dessen heutige Dialekte zum Italienischen zu rechnen sind.

Prov.	= Provenzalisch	Kat.	= Katalanisch
Frkpr.	= Frankoprovenzalisch	Sp.	= Spanisch
	(Dialekte im Osten	Pg.	= Portugiesisch
	zwischen Fr. u. Prov.)		
Fr.	= Französisch	Ital.	= Italienisch
galloitalienische			
Dialekte	= Mundarten in der Lombardei, im Tessin und Teilen von Graubünden, in Piemont, Ligurien, Emilia, Romagna		
venezian.	= venezianischer Dialekt (mit Padua, Verona, Trient)		
istr.	= istrischer Dialekt (zwischen Rovigno und Pola)		

Abb. 6: Gliederung der romanischen Sprachen (nach Lausberg, 1969).

hat der sprachwissenschaftlichen Disziplin, die sich damit befaßt, ihren Namen gegeben: historisch-vergleichende Sprachforschung. Die Grundlage der Sprachvergleichung bilden einleuchtende Etymologien, d. h. Zusammenstellungen von einander entsprechenden Wörtern bzw. Morphemen in den untersuchten Sprachen, wobei die Bedeutungen übereinstimmen oder auseinander ableitbar sind und die Phoneme in regelmäßigen Entsprechungen zueinander stehen, die durch das gesamte verglichene Wort- bzw. Morpheminventar hindurch konstant bleiben. Diese regelmäßigen Entsprechungen können auf Ähnlichkeit oder auf Verschiedenheit beruhen; beim Vorliegen von Verschiedenheit muß deren Zustandekommen phonetisch erklärbar sein. Abweichungen von der Regelmäßigkeit der Entsprechungen müssen auf phonologische Sonderbedingungen zurückführbar sein und in Abhängigkeit von diesen Sonderbedingungen ihrerseits regelmäßig auftreten, oder sie müssen aus sonstigen grammatischen Vorgängen heraus motivierbar sein.

Ein Beispiel: Indoiranisches kurzes *a* entspricht kurzem *e* in den übrigen indoeuropäischen Sprachen:

- 3. Person Singular Präsens Indikativ des Verbs „sein": „ist":
  Indoiranisch: altindisch *ásti*, awestisch (Sprache der religiösen Texte der Parsen) *asti*, altpersisch (Sprache der Inschriften der Achaimenidenkönige) *astiy*;
  Hethitisch *ešzi*;
  Altgriechisch *estí* (und *ésti* „ist vorhanden");
  Italisch: lateinisch *est*, oskisch *est* (und *íst*), umbrisch *est*;
  Keltisch: altirisch *is*, altkymrisch (Kymrisch = Sprache von Wales) *is* (und *iss*);
  Germanisch: gotisch *ist*, urnordisch (Sprache der ältesten skandinavischen Runeninschriften) *ist*, althochdeutsch *ist*, altsächsisch (= altniederdeutsch) *is* und *ist*, altenglisch *is*;
  Baltisch: litauisch *ẽsti* „ist vorhanden", altpreußisch *ast*;
  Slavisch: altkirchenslavisch (= altbulgarisch) *jestŭ*, russisch *jest'* „ist vorhanden", polnisch *jest*.

- 1. Person Singular Präsens Indikativ Aktiv des Verbs „tragen": „(ich) trage":
  Indoiranisch: altindisch *bhárāmi*, awestisch *barāmi*, altpersisch *barāmiy*;
  Armenisch *berem* „(ich) trage, bringe";
  Altgriechisch *phérō*;
  Italisch: lateinisch *ferō*, umbrisch 3. Person Singular Imperativ *fertu* „er soll tragen, bringen";
  Keltisch: altirisch *biru* „ich trage, bringe; gebäre; nehme weg";
  Germanisch: gotisch *baíra* „ich trage, bringe; gebäre", mit denselben Bedeutungen altnordisch *ber*, althochdeutsch *biru*, altsächsisch *biru*, altenglisch *bere* (so im westsächsischen Dialekt; mercisch *beoru*, nordhumbrisch *bero*);

Baltisch: litauisch *beriù* „(ich) streue, schütte aus";
Slavisch: altkirchenslavisch *berǫ* „(ich) sammle, lese", russisch *beru* „(ich) nehme", polnisch *biorę* „(ich) nehme".

– Zahlwort „zehn":
Indoiranisch: altindisch *dáśa*, awestisch *dasa*;
Armenisch *tasn*;
Altgriechisch *déka*;
Italisch: lateinisch *decem*, umbrisch *desen-duf* „zwölf" (Akkusativ Plural Femininum *duf* „zwei");
Keltisch: altirisch *deich*, mittelkymrisch *dec*, kornisch *dek*, bretonisch *dek*;
Germanisch: gotisch *taíhun*, altnordisch *tío*, althochdeutsch *zëhan*, altsächsisch *tehan*, altenglisch *tīen* (altwestsächsisch; westsächs. *tȳn*, mercisch und nordhumbrisch *tēn*);
Baltisch: litauisch *dẽšimt*, lettisch *desmit*, altpreußisch *dessimpts*;
Slavisch: altkirchenslavisch *desętĭ*, russisch *desjat'*, polnisch *dziesięć*.

Zum Lautwert der Zeichen: Hethitisch *š* bezeichnet *s*, *z* bezeichnet *ts*; die Akzente ´ ` ῀ geben für das Altgriechische und Litauische die Betonung an, ebenso der Akzent ´ für das Altindische; oskisch *í* ist ein offenes *i*; altkirchenslavisch *ĭ* und *ŭ* bezeichnen zwei voneinander verschiedene kurze Vokale von unbestimmter Klangfarbe, die Schreibung verdeutlicht ihre sprachgeschichtliche Herkunft; russisch ' bezeichnet die Palatalisierung (*j*-Färbung) des vorhergehenden Konsonanten; ῀ bezeichnet Vokallänge; gotisch *aí* bezeichnet kurzes offenes *e*; altkirchenslavisch *ǫ* und *ę* sind Nasalvokale, ebenso polnisch *ę*; altindisch *ś* ist ein palataler Zischlaut, etwa zwischen unserem *ich*-Laut und *sch*; altirisch *ch* etwa wie deutsch *ch*; altnordisch ´ bezeichnet Vokallänge; althochdeutsch *ë* bezeichnet offenes kurzes *e*; litauisch *š* wie deutsch *sch*, aber vor *i* palatalisiert; polnisch *ć* ist palatales *tsch*, *dzi* vor *e* ist der entsprechende stimmhafte Konsonant, *si* vor *e* ist palatales *sch*. (Die Lautwerte sind in der Reihenfolge angegeben, in der sie im obigen Text vorkommen.)

Die drei Vergleiche belegen nicht nur Entsprechungen für *e* : *a*, sondern auch für *st* („ist"), für *r, bh* : *ph* : *b* : *f* und *ō* : *ā* : *u* : *a* („ich trage"), für *d* : *t* : *z* und *k* : *ś* : *s* : *h* („zehn") u.a. und zeigen mögliche Bedeutungsentwicklungen: „ist": „ist vorhanden", „tragen": „gebären", „tragen": „bringen" : „streuen", „tragen": „nehmen", „tragen": „sammeln" usw. Für jede der phonologischen Entsprechungen gibt es Hunderte von weiteren Belegen, zu den verglichenen Sprachen ließen sich Dutzende anderer hinzufügen, und auch für die Bedeutungsentwicklungen gibt es Parallelen. Die Ähnlichkeit der Wortformen ist beeindruckend und schließt den Zufall als Erklärung aus.

Die für das Urindoeuropäische zu rekonstruierenden Grundformen für die drei zitierten Beispiele lauten *ésti, *bhérō und *dékm̥, wobei k̂ ein palatales k und m̥ ein silbenbildendes m (wie in deutsch Atem bei schnellem Sprechtempo) bezeichnet.

Regelmäßige phonologische Entsprechungen in historisch zusammengehörigen Wörtern oder Morphemen mehrerer Sprachen können freilich ebenso auf Lehnbeziehungen wie auf Sprachverwandtschaft deuten: Finnisch paimen „Hirt" sieht dem altgriechischen Wort für den Schäfer, poimēn, überraschend ähnlich, obwohl das Finnische nicht zu den indoeuropäischen Sprachen gehört; die Erklärung liegt in der Entlehnung des finnischen Wortes aus dem Baltischen: Litauisch piemuõ, Akkusativ píemen̨į, „Schafhirt, Hirtenjunge", geht auf urbaltisch *paimen- zurück, und die baltischen und griechischen Wörter gehören verwandtschaftlich zusammen. Es ist natürlich auch möglich, daß zwei Sprachen beide Relationen zugleich aufweisen, z.B. Lateinisch und Deutsch. Falls Lehn- und Verwandtschaftsbeziehungen in verschiedene Zeittiefen zurückreichen, können sich dabei verschiedenartige phonologische Entsprechungen ergeben, die dann diagnostisch verwendbar sind, um Entlehnung und Verwandtschaft im Einzelfall zu unterscheiden; Beispiele vgl. Kap. 3.2.1.

Zum Status der rekonstruierten Grundsprachen hat es, vom naiven Realismus bis zu radikaler Skepsis, die verschiedensten Auffassungen innerhalb der historisch-vergleichenden Forschungstradition gegeben. Auch wenn man die indogermanische Grundsprache für real hält, muß man mit Dialektdifferenzierungen innerhalb des grundsprachlichen Areals rechnen, d.h., die Grundsprache kann nicht ganz und gar einheitlich gewesen sein. Damit ist auch die Möglichkeit der Ausbreitung von Neuerungen über Dialektgrenzen hinweg gegeben: Das Problem der Unterscheidung zwischen Neuerungen von außen und Neuerungen von innen tritt also auf der Ebene der Grundsprache wieder auf. Hinzu kommt, daß die Rekonstruktion ein Forschungsprozeß ist; das Aussehen der rekonstruierten Wort- und Morphemgestalten wird sich in diesem Prozeß weiter verändern, wie es sich bereits in der Vergangenheit geändert hat. Delbrück (1919: 158 f.) drückt dies so aus: Die rekonstruierten Formen stellen nichts anderes dar als „einen formelhaften Ausdruck für die wechselnden Ansichten der Gelehrten über den Umfang und die Beschaffenheit des sprachlichen Materials, welches die Einzelsprachen aus der Gesamtsprache mitgebracht haben. Die Urformen bringen also – wie sich von selbst versteht – unserer Erkenntnis keinen neuen Stoff zu, sie zeigen nur unsere Behandlung des in den Einzelsprachen Gegebenen." Delbrück betont ausdrücklich, daß er die indoger-

manische Grundsprache nicht etwa für ein Phantasiegebilde hält; es
frage sich nur, wieviel wir von ihr erschließen können. Er macht noch
auf eine weitere Schwierigkeit aufmerksam: „daß wir ... nicht wissen
können, ob nicht vielleicht von mehreren Wörtern, die wir rekonstruieren, das eine früheren oder späteren Ursprungs ist als das andere"
(1919: 159); und er fährt fort: „Es liegt aber auf der Hand, daß Anachro-
nismen auch innerhalb eines Einzelwortes erscheinen können, denn da
die einzelnen in einem Wort vorkommenden Laute sich in verschie-
denem Tempo entwickelt haben können, so ist die Möglichkeit nicht
ausgeschlossen, daß wir bei unserer Rekonstruktion Entwicklungszu-
stände von Lauten nebeneinander stellen, die nicht alle zu gleicher Zeit
vorhanden waren" (1919: 160). Außerdem bringt das angewandte Verfahren es mit sich, daß Unregelmäßigkeiten der Grundsprache, die in
den Tochtersprachen beseitigt wurden, nicht rekonstruierbar sind; die
Grundsprache erhält damit ein „unnatürlich" regelmäßiges Aussehen. –
Eine vernünftige Einstellung zum Realitätsgehalt grundsprachlicher
Rekonstruktionen wird also wohl darin bestehen, die Rekonstruktion
nicht als Selbstzweck zu betrachten, sondern als Mittel zur Aufklärung
geschichtlicher Verhältnisse und Abläufe in den tatsächlich bezeugten
einzelnen Sprachen, und in der Einsicht, daß die rekonstruierten Wort-
und Morphemformen lediglich unsere Auffassung von der Geschichte
dieser Sprachen auf eine kurze Formel bringen.

Nach der historisch-vergleichenden Methode sind die uns bekannten
Sprachen der Welt, gegenwärtig vorhandene und durch schriftliche
Überlieferung aus der Vergangenheit bezeugte, hinsichtlich ihrer Ab-
stammungsverhältnisse so gut wie alle untersucht worden. Dabei haben
sich zahlreiche Sprachfamilien nachweisen lassen, z. B. die semitischen
Sprachen, die uralischen Sprachen (bestehend aus den finnisch-ugrischen und den samojedischen Sprachen), die Türksprachen, die Dravi-
dasprachen in Südindien, die Bantusprachen im zentralen und südli-
chen Afrika, die Eskimo-Aleutensprachen usw. Einzelne Sprachen
haben sich als *genetisch isoliert* erwiesen, d. h., für sie konnten keine verwandten Sprachen nachgewiesen werden, so z. B. für das Baskische am
Golf von Biscaya, das Burušaski im Karakorum, das Nahali im Südwe-
sten des Staates Madhya Pradesh (Indien), die Sprache der Ainu auf der
japanischen Insel Hokkaido, auf Sachalin und den Kurilen, viele India-
nersprachen in Nord-, Mittel- und Südamerika, eine Reihe historisch
bezeugter, heute nicht mehr lebender Sprachen des alten Vorderasien
wie das Sumerische, Elamische, Hattische, das Etruskische im antiken
Italien u. v. a. Dies legt die Vermutung nahe, daß Sprachverwandtschaft
nur über begrenzte Zeiträume hinweg diagnostizierbar ist, d. h., daß ein

Teil der als isoliert geltenden Sprachen möglicherweise nicht nur Verwandte hatte, die heute ausgestorben und historisch unbezeugt geblieben sind, sondern auch solche, die heute nicht mehr als Verwandte erkennbar sind, aber noch gesprochen werden oder doch historisch belegt sind. Man könnte auch auf den etwas radikaleren Gedanken kommen, daß Sprachverwandtschaft überhaupt zeitlich begrenzt ist; das würde heißen, daß sie nicht nur vergehen, sondern auch neu entstehen kann, d. h., daß Sprachen miteinander verwandt *werden* können.

Zur Erörterung dieses Problems müssen wir wieder auf die Frage zurückkommen, ob *Entlehnung* und *Verwandtschaft* in jedem Fall unterscheidbar sind oder ob sie ineinander übergehen können. In der Sprachgeschichtsforschung sind auf diese Frage verschiedene Antworten gegeben worden.

Die traditionelle Antwort lautet, daß sie verschieden sind und daß für die Veränderung einer Sprache der Einfluß anderer Sprachen generell nur eine ganz untergeordnete Rolle spielt, da jede Sprache ein System mit ausgeprägtem inneren Zusammenhang ist. Nach dieser Lehrmeinung ist die Möglichkeit der Beeinflussung von außen nur in weniger strukturierten Komponenten der Sprache gegeben, also etwa im Lexikon oder der Phraseologie, nicht aber im zentralen Bereich der sprachlichen Struktur, d. h. im phonologischen System, in Syntax und Morphologie. Auch im Lexikon gilt der sogenannte *Grundwortschatz* als für Entlehnungen aus fremden Sprachen relativ undurchlässig; damit ist ein Fundus an Bezeichnungen für Sachverhalte, Lebewesen, Dinge, Eigenschaften gemeint, die intuitiv als einfach, elementar, in Alltagssituationen gang und gäbe beschrieben werden können. Hierher gehören z. B. die Namen für Sachverhalte wie „sein", „leben", „gehen", „stehen", „sitzen", „essen", „schlafen", „sehen", „hören", „sprechen", „wissen", „geben", „nehmen" usw., Namen für Alter und Geschlecht von Personen, Verwandtschaftsgrade, Körperteile, die Wohnung und ihre Bestandteile, das Wetter, die Jahreszeiten, Sonne und Mond, Landschaftsformen, Haustiere, Nutzpflanzen u. a., Namen für Eigenschaften wie „groß", „klein", „dick", „dünn", „lang", „kurz", „gerade", „jung", „alt", „gut", „schlecht", „schön" usw., Ortsangaben wie „oben", „unten", „vorn", „hinten", „rechts", „links", Fragewörter wie „wer", „was", „wo", „wann", „wie", Personal- und Demonstrativpronomina, Negationen, der Anfang der Zahlenreihe usw. Zur Veranschaulichung kann man das für die sprachwissenschaftliche Feldforschung zusammengestellte "Minimum Dictionary" bei A. E. Kibrik (1977: 103–124) vergleichen. Die Abgrenzung dieses Bereiches ist nicht fest, da viele Teilbereiche kulturabhängig sind (Wohnung, Haustiere, Nutzpflanzen u. a.); das bedeutet nicht nur, daß Teile des

Grundwortschatzes in verschiedenen Sprachen ganz verschieden aufgebaut sein können, sondern auch, daß Entlehnungen immer möglich
bleiben, insbesondere bei gegenseitiger Beeinflussung verschiedener
Kulturen. Zu den französischen Lehnwörtern im Deutschen gehören
z. B. Verwandtschaftsnamen wie *Onkel, Tante, Kusine*; Lehnübersetzungen sind *Großvater, Großmutter*, auch *Mama* und *Papa* kommen
aus dem Französischen (vgl. Kap. 3.2.1).

Der Widerstand, den der Grundwortschatz trotzdem im großen und
ganzen fremden Einflüssen entgegensetzt, hängt sicherlich mit der
Häufigkeit seiner Elemente in der alltäglichen sprachlichen Interaktion
zusammen: Die Wörter, die zu ihm gehören, sind im Gedächtnis der Interaktionspartner besonders gut verankert. Für den Kernbereich des
sprachlichen Systems, also Phonologie, Morphologie und Syntax, gilt
dasselbe: Diese Strukturen werden fortwährend gebraucht und sind so
gegen Verlust und Ersetzung durch Fremdes gut gesichert. Außerdem
herrscht aber die Auffassung, daß der hohe Strukturiertheitsgrad selbst
es sei, auf den die Widerstandskraft dieses zentralen Bereiches einer
Sprache gegen Entlehnungen zurückgehe. In Übereinstimmung damit
hat sich weitgehend die Anschauung durchgesetzt, Sprachveränderungen seien großenteils als Ausgleich von Asymmetrien des Systems
oder als Vereinfachung eines Teilsystems zu interpretieren. Da die Ergebnisse des Ausgleichs bzw. der Vereinfachung in einem Teilbereich oft
neue Asymmetrien bzw. Komplikationen in Nachbarbereichen mit sich
bringen, kann diese Dynamik zu immer neuen Veränderungen führen,
ohne mit Notwendigkeit auf einen maximal regelmäßigen und einfachen Endzustand zuzusteuern (der tatsächlich bisher nirgends vorliegt). Allerdings fragt es sich dann doch, wie es zu den unregelmäßigen
Anfangszuständen solcher Entwicklungen gekommen ist. Übrigens
werden sprachgeschichtliche Veränderungen, die offensichtlich das System weder regelmäßiger noch einfacher machen, in diesem Zusammenhang gewöhnlich als spontane Neuerungen innerhalb des Systems de-
klariert: Eine äußere Begründung wird auch dann abgewiesen, wenn
eine innere nicht aufzufinden ist.

Mischsprachen kann es nach dieser Konzeption nicht geben; aber
sind Pidgin- und Kreolsprachen nicht Gegenbeispiele? Und haben wir
in Kap. 3.2.2 nicht gesehen, daß Lehnphonologie, Lehnmorphologie
und Lehnsyntax faktisch belegbar sind?

Solche Belege werden wohl deswegen so häufig ignoriert, weil ihre
Anerkennung die Sicherheit der Ergebnisse zu gefährden scheint, die
mit der vergleichend-historischen Methode erzielt worden sind. In der
Tat muß die vergleichende Sprachforschung aus *methodischen* Gründen

die Möglichkeit ausschließen, daß diejenigen Elemente, auf die sie ihre Rekonstruktionen stützt, entlehnt sein könnten: Zum Beispiel kann ein Element des Altgriechischen, dessen Entlehnung aus dem Phönikischen, einer nordwestsemitischen Sprache, nachgewiesen ist, nicht mehr für einen Vergleich mit Elementen anderer indoeuropäischer Sprachen herangezogen werden, um die gemeinsame Vorgeschichte dieser Sprachfamilie aufzuklären. Das kann aber natürlich nicht bedeuten, daß deshalb die Entlehnbarkeit von Elementen und Strukturen aus bestimmten Komponenten der Sprachen als *Tatsache* grundsätzlich abgestritten werden darf, wenn sie doch nachweislich existiert. Auch die schwächere Version diese Standpunktes, die darin besteht, für *eine* bestimmte Komponente die Entlehnbarkeit zu bestreiten – faktisch meist entweder für die Flexionsmorphologie oder den Grundwortschatz (oder beide) –, ist aus demselben Grund keine mögliche Lösung.

Eine weitere Abschwächung des beschriebenen Standpunktes besteht in dem Rückzug auf die These, es seien zwar alle Sprachen im Lauf ihrer Geschichte mehr oder weniger intensiven äußeren Beeinflussungen ausgesetzt gewesen, und zwar potentiell in allen ihren Teilbereichen, aber keine Sprache sei dabei so weitgehend zur Mischsprache geworden, daß ihre genetische Einordnung unmöglich geworden sei: Sofern überhaupt Verwandte bezeugt seien, könne jede Sprache zweifelsfrei einer (und nur einer) Sprachfamilie zugeordnet werden. Auch diese Position läßt sich widerlegen; Gegenbeispiele werden im Kapitel 3.3.2 vorgeführt werden.

Die Folgerung liegt nahe, daß die eingangs gestellte Frage nach der Unterscheidbarkeit äußerlich verursachten Sprachwandels von innerer Sprachentwicklung generell negativ zu beantworten sei, daß also Sprachmischung grundsätzlich zu denselben Erscheinungsformen führen könne wie genetische Sprachentwicklung oder daß in Wahrheit überhaupt nur Sprachmischung, also äußerlich verursachter Sprachwandel, existiere. Damit wären die Ergebnisse der historisch-vergleichenden Sprachforschung weitgehend entwertet. Das ist ein unbefriedigendes Resultat; die Erfolge der Sprachgeschichtsforschung sind zu offensichtlich, als daß es richtig sein könnte.

Thomason/Kaufman (1988) haben gezeigt, daß diese Folgerung in der Tat weder zwingend noch zutreffend ist, indem sie ein detailliertes Modell möglicher sprachgeschichtlicher Entwicklungen entworfen und mit Beispielen belegt haben. Dieses Modell wird im folgenden diskutiert; damit verlassen wir den Bereich der genealogischen Metaphern und versuchen uns darüber klar zu werden, was in der Sprachgeschichte tatsächlich geschehen kann.

3.3.2 Differenzierung und Skalierung des Entlehnungsbegriffs

Die wichtigsten Ergebnisse von Thomason und Kaufman können in Form von Thesen dargestellt werden (vgl. a. a. O., 3 f.):

a) Damit die Resultate von Kontaktsituationen im Kontext des genetischen Modells interpretierbar werden, ist der Begriff der *Sprachverwandtschaft* zu klären und genauer zu fassen.

b) Rein *linguistisch* beschreibbare Motive für Sprachwandel wie Systemausgleichs- oder Vereinfachungstendenzen spielen in der Sprachgeschichte eine sekundäre Rolle. Von entgegenstehenden *sozialen* Faktoren werden sie mit Leichtigkeit ausmanövriert, denn die Geschichte einer Sprache ist in erster Linie abhängig von der Geschichte ihrer Sprecher. Die innere Dynamik des Sprachsystems kann ihre Wirkung nur insoweit entfalten, als soziale Faktoren dies zulassen.

c) Es gibt *Mischsprachen*; zu ihnen gehören Pidgin- und Kreolsprachen, aber nicht nur diese. Mischsprachen sind im Modell der historisch-vergleichenden Sprachforschung nicht darstellbar und können genetisch nicht klassifiziert werden.

d) Es gibt *zwei verschiedene Typen von Kontaktsituationen*, in denen Mischsprachen entstehen können (aber nicht müssen): Fälle von Entlehnung im engeren Sinn (bei Spracherhaltung) und Fälle von sprachlichen Einflüssen bei Sprachwechsel. Diese zwei Typen unterscheiden sich in ihren sprachlichen Ergebnissen deutlich voneinander. (Vgl. dazu bereits Deeters, 1927: 57 ff.: „... zwei Typen der Mischsprachen: infolge von Entlehnung [Mischsprache E] und infolge von Sprachtausch [Mischsprache T].")

e) Die Mehrheit der lebenden und der historisch bezeugten Sprachen gehört *nicht* in die Kategorie der Mischsprachen. Auf sie lassen sich die Begriffe und Methoden der historisch-vergleichenden Sprachforschung anwenden, und die Verdienste dieser Tradition bleiben somit unbestritten, soweit ihre Kompetenz reicht.

f) Im allgemeinen ist es möglich, Mischsprachen von anderen Sprachen zu unterscheiden. Allerdings gibt es *Grenzfälle*, in denen die Unterscheidung unsicher wird.

Die Klärung des Begriffs der *Sprachverwandtschaft* beginnt damit, daß an die Stelle der geschilderten Rückzugspositionen in der Frage der Verwandtschaftskriterien eine Alternative tritt, die im Sinn der historisch-vergleichenden Sprachforschung als offensiver und zugleich adäquater gelten kann (a. a. O., 8): Nicht einzelne Subsysteme, wie etwa

die Flexionsmorphologie oder der Grundwortschatz, geben die Kriterien für Verwandtschaftsnachweise vor, sondern Sprachverwandtschaft
ist daran erkennbar, daß systematische Entsprechungen zwischen den
zusammengehörigen Sprachen in *allen* Subsystemen bestehen: im
Wortschatz, in der Phonologie, in Morphologie und Syntax. Äußere
Einflüsse, also Ergebnisse der Entlehnung im weiteren Sinn, zeigen sich
gerade am *Fehlen* solcher Entsprechungen: Wenn z. B. das Ma'a
(Mbugu) im Usambara-Bergland von Tansania eine Bantu-Morpho-
logie mit einem kuschitischen Lexikon verbindet, dann muß es sich
eben wegen der Diskrepanz zwischen Grammatik und Vokabular um
eine Mischsprache handeln. (Die kuschitischen Sprachen sind südlich
und westlich des Golfs von Aden und der äthiopischen Küste des Roten
Meeres von Somalia bis Tansania und von Äthiopien bis nach Kenia und
in den Sudan hinein verbreitet; sie bilden eine Sprachfamilie, die mit den
Bantusprachen nicht verwandt ist.)

Dieses Kriterium der systematischen Entsprechungen in *allen* Teilen
des Sprachbaues wird anhand einer Diskussion der *Annahmen* abgeleitet, die dem Begriff der *Sprachverwandtschaft* zugrunde liegen
(a. a. O., 9–12):

– Alle Sprachen verändern sich in der Zeitdimension, teils aufgrund
  systemimmanenter Tendenzen, teils durch gegenseitige Beeinflussung von Dialekten und schließlich auch durch Einflüsse, die von
  anderen Sprachen ausgehen. Ob es sich bei zwei Idiomen um Dialekte einer und derselben Sprache handelt oder um zwei verschiedene Sprachen, ist nicht immer klar zu entscheiden; das bedeutet,
  daß die Grenzziehung zwischen Dialektmischung und Einflüssen
  von außen vage sein kann. Da es bei räumlicher oder sozialer Trennung der Sprecher im Lauf der Zeit zur Spaltung von Sprachen zu
  kommen pflegt, können aus einer und derselben Sprache mehrere
  andere hervorgehen.

– Sprachveränderungen können auf allen Ebenen des Sprachsystems
  stattfinden. Der Wandel von phonologischen Einheiten (Lautwandel) ist im allgemeinen regelmäßig, d. h., ein und dasselbe phonologische Element verändert sich in allen Wörtern bzw. Morphemen, die es enthalten, gleichmäßig, sofern die phonologische
  Umgebung, in der es steht, gleichartig ist und keine Einwirkungen
  aus anderen sprachlichen Subsystemen (z. B. Systemausgleich in der
  Morphologie) in den Vorgang eingreifen und soweit es sich nicht um
  Einflüsse anderer Sprachen handelt. Auf den übrigen sprachlichen
  Ebenen sind Veränderungsvorgänge nicht in gleicher Weise regelmäßig wie auf der phonologischen Ebene, sie lassen sich aber, wenn

sie nicht auf andere Sprachen zurückgehen, oft als Resultate von
Wechselwirkungen zwischen den Subsystemen der sprachlichen
Struktur verstehen und demonstrieren damit deren inneren Zusam-
menhang.

– Eine Sprache wird von der Elterngeneration an die Generation der
  Kinder weitergegeben, wobei auch die Gruppen der in etwa Gleichaltrigen (Alterskohorten) eine Rolle spielen: Jüngere Sprecher
  lernen die Sprache von älteren oder gleichaltrigen. Dabei treten
  kurzfristig nur geringe Veränderungen auf, sofern der soziale Kontext einigermaßen stabil ist. Auch unter sich wandelnden sozialen
  Verhältnissen gibt es im allgemeinen nur die Alternative zwischen
  relativ ungestörter Weitergabe der Sprache einerseits und Sprachwechsel andererseits.

Zu diesen allgemein üblichen Annahmen kommt eine weitere hinzu,
die es erlaubt, die Gültigkeit des Begriffs der Sprachverwandtschaft zu
begrenzen:

– Beim Sprachwechsel einer ganzen Bevölkerungsgruppe in relativ
  kurzer Zeit, z. B. in der Zeitspanne einer Generation, kann die
  zuvor gesprochene Sprache der Gruppe stark auf die neu erlernte
  einwirken, denn in diesem Fall ist der oben beschriebene Weg der
  Weitergabe von den Eltern zu den Kindern und innerhalb der
  Alterskohorte von den Älteren zu den Jüngeren nicht gangbar; der
  ganze Vorgang läuft mit großer Beschleunigung in allen Alters-
  gruppen und daher mit Fehlerrisiko ab. Falls die Bevölkerungsgruppe von den anderen Sprechern der übernommenen Sprache
  räumlich oder sozial relativ isoliert lebt, verfestigt sich die neu ent-
  standene gemischte Sprechweise zu einer eigenen Sprache. In einem
  solchen Fall, und in anderen vergleichbaren Fällen, gilt die neu ent-
  stehende Sprache als *nicht verwandt* mit den Sprachen, aus denen sie
  hervorgegangen ist. Mit anderen Worten: Es ist nach Thomason/
  Kaufman nicht sinnvoll, von Sprachverwandtschaft zu reden, wenn
  die Weitergabe der Sprache(n) „unvollkommen" ist, d. h. nicht den
  oben beschriebenen Weg von den Eltern zu den Kindern einhält.
  Das bedeutet zugleich, daß bei normaler Weitergabe eine Sprache
  nicht mehr als einen unmittelbaren „Vorfahren" hat: Auch wenn in
  derselben Gruppe zwei oder mehr Sprachen zugleich auf dem normalen Wege tradiert werden, bleiben sie getrennt und zeigen – zumindest kurzfristig – keine Mischungssymptome; vgl. die in Kap.
  4.5 geschilderte Mehrsprachigkeit am Kap Keerweer im Westen der
  Kap-York-Halbinsel (Queensland, Australien) oder bei den Vaupés-
  Indianern in Kolumbien.

Es mag unbefriedigend erscheinen, eine Mischsprache als „nicht verwandt" mit den Sprachen, aus denen sie hervorgegangen ist, zu bezeichnen. Aber der Begriff der Sprachverwandtschaft ist ohnehin seiner Herkunft nach eine bloße Metapher, und jede Klärung eines derartigen Begriffs sollte als Fortschritt betrachtet werden. Die tatsächliche (und einzig wesentliche) Unterscheidung, die hier gemacht wird, betrifft den *Modus der Weitergabe einer Sprache*, und der Begriff der *Sprachverwandtschaft* wird auf den Fall der *normalen Weitergabe* eingeschränkt.

Thomason/Kaufman führen dann Beispiele dafür an, daß rein linguistische Bedingungen das Ausmaß der möglichen gegenseitigen Beeinflussung von Sprachen nicht wirksam eingrenzen, da sie von sozial bedingten Faktoren außer Kraft gesetzt werden können. Es ist nicht notwendig, hier auf diese Beispiele einzugehen (vgl. a. a. O., 13–34); bemerkenswerte Fälle von Entlehnungen werden uns bei der Diskussion der *Differenzierung und Skalierung des Entlehnungsbegriffes*, zu der wir jetzt übergehen, ohnehin begegnen.

Für die Unterscheidung von zweierlei „Entlehnung" sind zwei Begriffspaare maßgebend: Spracherhaltung gegenüber Sprachwechsel und normale gegenüber unvollkommener Weitergabe einer Sprache. Von Spracherhaltung kann nur bei normaler Weitergabe wirklich die Rede sein; Sprachwechsel ist jedoch bei normaler wie bei unvollkommener Weitergabe möglich: Sprachwechsel bei normaler Weitergabe beginnt mit normal tradierter Zwei- oder Mehrsprachigkeit und führt dazu, daß eine oder mehrere dieser Sprachen aufgegeben werden. (Sprachwechsel bei unvollkommener Weitergabe ist oben kurz skizziert worden.)

Die charakteristische Kontaktsituation für den *ersten Typus* von „Entlehnung", der im folgenden als *Entlehnung im engeren Sinne* bezeichnet wird, ist der Einfluß fremder Sprachen, z. B. aufgrund ihres kulturellen Prestiges, auf die Sprache einer Bevölkerungsgruppe, die als solche erhalten bleibt und normal tradiert wird. In dieser Situation werden zuerst einzelne Wörter entlehnt; bei länger anhaltendem und intensiverem Einfluß dann auch Elemente anderer sprachlicher Subsysteme: etwa fremde Phoneme, Akzentregeln und Wortbildungsmorpheme aufgrund ihres Vorkommens in Lehnwörtern (vgl. die in Kap. 3.2.1 und 3.2.2 besprochenen Beispiele zu den lateinischen und französischen Lehnwörtern im Deutschen). Dieser zweite Schritt setzt die phonetisch mehr oder weniger getreue Übernahme der Lehnwörter voraus, anstelle der Umsetzung fremder Phoneme und Akzentregeln in die des muttersprachlichen Systems, wie dies zunächst üblich ist; und er setzt die morphologische Analysierbarkeit dieser Wörter in Stämme und Affixe voraus, statt ihrer globalen Eingliederung ins eigene lexikalische System in der Funktion von Wortstämmen, wie dies zunächst geschieht. Hierzu ist eine in der Bevölkerungsgruppe verbreitete – aber nicht unbedingt durchgängige – *Zweisprachigkeit* notwendig (Latein als Sprache des Klerus, Französisch als Sprache des Adels in Deutschland zur Zeit der Übernahme der meisten lateinischen bzw. französischen Lehnwörter). Auch Strukturelemente, die nicht aus der Entlehnung einzelner Wörter ableitbar sind, können aufgrund dieser Zweisprachigkeit übernommen werden, z.B. Züge der Syntax und der Flexionsmorphologie. Einen Beleg dafür, wie weit solche Einflüsse gehen können, bieten die Daten einiger griechischer Dialekte aus Kleinasien, die in den Jahren 1909–1911 von R.M. Dawkins gesammelt und 1916 publiziert worden sind. Diese Dialekte sind aufs stärkste vom Türkischen beeinflußt. Wir geben zwei Beispiele aus Wortbildung und Flexion:

a) Der kappadokische Dialekt hat griechische Verben aus dem Grundwortschatz in großer Menge durch türkische ersetzt, zum Teil mittels eines griechischen Wortbildungssuffixes *-diz-*. So hat kappadok. *aradόzo* „ich suche“, von türk. *ara-mak* „suchen“, das griech. *zitό* „ich suche“ verdrängt; *-mak* oder *-mek*, je nach Vokal des Verbstammes, ist die türkische Infinitivendung, im Neugriechischen gibt es keinen Infinitiv. Es ist zu beachten, daß das griechische Wortbildungssuffix *-diz-* im Kappadokischen der türkischen Vokalharmonie unterliegt, d.h. je nach Vokal des Verbstammes den Vokal wechselt: *istedίzo* „ich wünsche“ (aus türk. *iste-mek* „wünschen“), *oturdύzo* „ich setze mich“ (aus türk. *otur-mak* „sich setzen“), *düšündύzo* „ich überlege“ (aus türk. *düšün-mek* „überlegen, beabsichtigen“). Das ist eine Erscheinung, die dem Griechischen normalerweise ganz fremd ist; auch die Vokale ə, ö, ü im phonologischen System dieser Dialekte sind aus dem Türkischen entlehnt. Die Personalendungen des Präsens Aktiv, die wie das Wortbildungssuffix *-diz-* griechischer Herkunft sind, zeigen bei diesen Verben keine Wirkung der Vokalharmonie; im kappadokischen Dorf Axό lautet das Paradigma z.B.:

Tab. 19

Singular	1. Person	*düšündύzo* „ich überlege“
	2. Person	*düšündύžis / düšündύs*
	3. Person	*düšündύš*
Plural	1. Person	*düšündύzum*
	2. Person	*düšündύzet*
	3. Person	*düšündύžne*

(Dawkins, 1916: 131)

Im Aorist, einem Vergangenheitstempus, zeigen die Endungen im kappadokischen Dorf Malakopí dagegen einen gewissen Einfluß der Vokalharmonie:

Tab. 20

Singular	1. Person	*düšǘnd-sa* „ich überlegte"
	2. Person	*düšǘnd-süs* (statt *-sis*)
	3. Person	*düšǘnd-sü* (statt *-si*)
Plural	1. Person	*düšǘnd-sami*
	2. Person	*düšǘnd-süti* (statt *-siti*)
	3. Person	*düšǘnd-san(i)*

(Dawkins, 1916: 67 f., 136)

b) Die Deklinationsendungen der Nomina lassen sich im Türkischen durchweg in Numerus- und Kasuszeichen zerlegen; das ist im Neugriechischen nicht möglich, wohl aber gelegentlich in kappadokischen Dialekten. Das Paradigma des Wortes für „Frau":

Tab. 21: Vergleich der Kasus- und Numerusendungen

Standard-Neugriechisch		Dialekt von Ferték (Kappadokien)	Türkisch
Singular			
Nominativ	*jinéka*	*néka*	*kadın*
Genitiv	*jinéka-s*	*néka-ju*	*kadın-ın*
Plural			
Nominativ	*jinék-es*	*nék-es*	*kadın-lar*
Genitiv	*jinek-ón*	*nék-ez-ju*	*kadın-lar-ın*

Die Endungen dieses Paradigmas sind im Dialekt von Ferték griechischer Herkunft, werden aber auf türkische Weise zusammengesetzt: Die Wortform des Genitiv Plural ist in Ferték, wie im Türkischen, klar zerlegbar in den Wortstamm, ein Pluralsuffix und ein Genitivsuffix (Dawkins, 1916: 114).

In den zitierten Beispielen bezeichnen *š* und *ş* denselben Laut wie deutsch *sch*, *ž* sein stimmhaftes Gegenstück wie *j* in *Journal*, *z* stimmhaftes *s*; *ə* und *ı* bezeichnen beide denselben Vokal, ein ungerundetes *u*: Zungenstellung wie beim *u*, Lippenstellung wie beim *i*.

Die charakteristische Kontaktsituation für den *zweiten Typus* von „Entlehnung", der im folgenden als *Beeinflussung durch Sprachwechsel* bezeichnet wird, ist der unvollkommene Erwerb einer neuen Sprache durch eine ganze Bevölkerungsgruppe. Wenn eine Gruppe von Menschen ihre Muttersprache zugunsten einer anderen Sprache aufgeben will, so ist der Wortschatz der neuen Sprache dasjenige, was sie am nötigsten braucht und infolgedessen zuerst lernen wird. Dagegen wird auf die Aussprache (Phonologie), die Anordnung der Wörter in der Äußerung (Syntax) und die Variabilität der Wortformen (Morphologie) erst in zweiter Linie geachtet werden; für den unmittelbaren Zweck der Verständigung ist das alles sekundär gegenüber dem Lexikon. Das bedeutet, daß – in Ermangelung von etwas „Besserem", nämlich der korrekten Erlernung der neuen Sprache – der Einfluß der Muttersprache von ehedem sich zuerst in denjenigen Bereichen durchsetzt, auf die die Sprecher am wenigsten achten. Beeinflussung durch Sprachwechsel beginnt also gerade nicht mit Wortentlehnungen, sondern mit allem anderen. Diese Art von „Entlehnung" wird in der wissenschaftlichen Literatur meist als *Substrateinfluß* bezeichnet. Die Termini Substrat, Superstrat und Adstrat benennen das Verhältnis der aufgegebenen zur neu erworbenen Sprache in Abhängigkeit vom sozialen und politischen Status der Sprechenden: Ein Substrat ist typischerweise die Sprache der Bevölkerung eines eroberten Landes, die zugunsten der Sprache der Eroberer aufgegeben wird; umgekehrt ist ein Superstrat beispielsweise die Sprache der siegreichen Eindringlinge, die dann von diesen zugunsten der Sprache der besiegten Bevölkerung aufgegeben wird. Ein Adstrat ist die Sprache einer Bevölkerungsgruppe, die in der Kontaktsituation weder als überlegen noch als unterlegen gelten kann, sondern derjenigen Gruppe, deren Sprache sie annimmt, in etwa gleichgestellt ist. Bei Superstrateinflüssen ist es wahrscheinlicher, daß das Lexikon mitbetroffen ist, als bei Substrateinflüssen; sonst gibt es in den sprachlichen Wirkungen zwischen Super-, Ad- und Substraten wenig Unterschiede (Thomason/Kaufman, 1988: 37–39, 116).

Unvollkommener Erwerb der neuen Sprache kann, aber muß nicht auf unvollkommener Weitergabe beruhen: Außer der bereits geschilderten Situation einer sehr kurzfristigen Übernahme der neuen Sprache durch eine ganze Bevölkerungsgruppe gibt es noch andere Möglichkeiten. Es ist z. B. denkbar, daß die Gruppe seit Generationen zweisprachig gewesen ist und schließlich ihre Erstsprache zugunsten der Zweitsprache aufgibt und daß trotzdem die Zweitsprache aufgrund von *Spracheinstellungen* unvollkommen erlernt und in dieser Form normal tradiert worden ist: Die Sprecher wollen sich von derjenigen Gruppe unterscheiden, von der sie die Zweitsprache übernommen haben.

Ein Beispiel für Substrateinfluß ist der weitgehende Verlust des gram-

matischen Genus in den tahmischen (livischen) Dialekten des Lettischen (Gāters, 1977: 18). Das Lettische, zum baltischen Zweig der
indoeuropäischen Sprachfamilie gehörig, hat gegenüber dem alten
Drei-Genus-System der indoeuropäischen Sprachen ein vereinfachtes
System aus Maskulinum und Femininum; das Neutrum ist weggefallen.
In den tahmischen Dialekten ist darüber hinaus das Femininum zugunsten des Maskulinums stark reduziert worden; die Vorfahren der
Sprecher dieser Mundarten haben Livisch gesprochen, eine Sprache, die
gemeinsam mit Finnisch, Estnisch, Karelisch und anderen Sprachen
zum ostseefinnischen Zweig des Finnisch-Ugrischen gehört. Die
finnisch-ugrischen Sprachen kennen kein grammatisches Genus. – Ein
zweites Beispiel: Der Akzent des Lettischen fällt immer auf die erste
Silbe des Wortes; das ist ebenfalls eine Neuerung, die auf finnisch-ugrischen Substrateinfluß zurückgeht (Endzelīns, 1971: 21). Das mit dem
Lettischen nah verwandte Litauische hat Reste des alten Neutrums bewahrt (bei Adjektiven und Partizipien), und es hat den indoeuropäischen „freien" Akzent, dessen Regeln äußerst kompliziert sind, in
seinem Typus weitgehend erhalten, wenn auch im einzelnen stark umgestaltet.

In diesen beiden Fällen hat der Substrateinfluß zur *Vereinfachung*
des Systems der neu erworbenen Sprache beigetragen; *Komplikationen*
sind ebenso möglich: Das Litauische des 16. und 17. Jahrhunderts (Alt-
litauisch) hatte zehn Kasus, von denen sieben aus der Grundsprache
ererbt und drei neugebildet waren. Der ererbte Lokativ wurde durch
Anhängen der Postposition *en „in" erweitert: *butè* „in der Wohnung",
zu *bùtas* „Wohnung"; parallel dazu wurden mit anderen Postpositionen
die neuen Kasus Illativ, Allativ und Adessiv gebildet. Beispiele:

Illativ (Richtungskasus, „in"): *daržañ* „in den Garten", vom Akkusativ abgeleitet, zu *dar̃žas* „Garten";

Allativ (Richtungskasus, „zu, an"): altlit. *Dievóp(i)* „zu Gott", vom Genitiv
abgeleitet, zu *Diẽvas* „Gott";

Adessiv (Kasus der Ortsruhe, „bei, an"): altlit. *Dievíep* „bei Gott", vom Lokativ
abgeleitet (Stang, 1966: 175 f.; Senn, 1966: 92 ff., 437 ff.).

Der Illativ kommt auch im ältesten bezeugten Lettischen vor, ist heute
noch im Ostlitauischen vorhanden und von dort in die litauische
Schriftsprache eingedrungen; der Allativ und der Adessiv sind nur in
wenigen litauischen Mundarten erhalten und fehlen in der heutigen
Schriftsprache. – Die benachbarten ostseefinnischen Sprachen zeichnen
sich durch sehr umfangreiche Kasussysteme aus; zu den Lokalkasus
dieser Systeme gehören Lokativ (Inessiv), Illativ, Allativ und Adessiv.

Da in allen anderen indoeuropäischen Sprachen das ererbte Kasus-
system nicht erweitert, sondern allenfalls bewahrt, meist aber stark reduziert oder ganz aufgegeben worden ist, kann Substrateinfluß hier als
die überzeugendste Erklärung der Entwicklung im Litauischen gelten.

Thomason/Kaufman skizzieren für beide Typen des Sprachkontakts,
Entlehnung bei Spracherhaltung und *Beeinflussung bei Sprachwechsel*,
jeweils eine *Skala* zunehmender Überfremdung (1988: 50, 74–76,
115 ff.). Auf der Skala für den *ersten Typus* erscheinen zuerst lexikalische
Entlehnungen außerhalb des Grundwortschatzes, die mit einer nur
schwach entwickelten Zweisprachigkeit bei den Sprechern der entlehnenden Sprache einhergehen. Bei stärker ausgeprägtem und länger an-
dauerndem Kontakt, also bei verbreiteter Zweisprachigkeit, tritt zu den
lexikalischen Entlehnungen, die dann auch in den Grundwortschatz
eingreifen, die Übernahme von immer mehr und immer wesentlicheren
Zügen der Sprachstruktur, besonders aus Phonologie und Syntax,
hinzu. Schließlich kann von normaler Weitergabe der Erstsprache nicht
mehr die Rede sein; die Grammatik der Zweitsprache, einschließlich
ihrer Morphologie, tritt weitgehend an die Stelle derjenigen der Erstsprache, die entweder ausstirbt und der Zweitsprache das Feld überläßt
oder nur noch anhand einer Minderheit von Elementen des Grundwortschatzes und struktureller Züge identifizierbar und von der Zweitsprache unterscheidbar ist.

Ein extremer Fall von Überfremdung durch Entlehnung, die von
Dawkins beschriebene Gruppe griechischer Dialekte aus Kleinasien um
1910, ist oben bereits mit zwei Beispielen veranschaulicht worden, und
ein zweiter Fall wurde kurz erwähnt: das Ma'a (Mbugu) in Tansania,
das einen kuschitischen Grundwortschatz, außerhalb dieses Bereiches
lexikalische Entlehnungen aus Bantusprachen und eine fast vollständig
bantuisierte Grammatik mit sehr wenigen kuschitischen Relikten auf-
weist. Daß es sich in beiden Fällen um Mischung auf der Basis der *Entlehnung* und nicht des *Sprachwechsels* handelt, zeigen die Daten der So-
zialgeschichte der jeweiligen Sprachgemeinschaft, die für die griechische Dialektgruppe von Dawkins (1916) ausführlich dargestellt worden
sind und die für das Ma'a bei Thomason/Kaufman (1988: 225 f., 356 f.)
mit Angabe weiterführender Literatur kurz zusammengefaßt werden.
Zum Ma'a erlauben die sprachlichen Tatsachen auch für sich genommen bereits die Diagnose, daß diese Mischsprache durch Entlehnung zustande gekommen ist; die Argumentation wird bei Thomason/Kauf-
man (1988: 227 f.) kurz skizziert. Eine entsprechende rein linguistische
Argumentation ist auch für die griechische Dialektgruppe möglich; sie
würde allerdings eine ausführliche Darstellung der Struktur der betei-

ligten Sprachen erfordern. Eine diagnostische Rolle spielt immer das Lexikon, das bei Entlehnung ganz anders aussieht als bei Sprachwechsel (s. o.). Hier soll noch auf Džangidze (1978) hingewiesen werden, die Beschreibung eines georgischen Dialekts, der lexikalisch und grammatisch sehr stark vom Aserbeidschanischen, einer Türksprache, beeinflußt worden ist. (Das Georgische gehört zur südkaukasischen Sprachfamilie und ist mit den Türksprachen nicht verwandt.) Eine Zusammenfassung und Kritik in deutscher Sprache findet man bei Boeder (1980: 338–342).

Die Skala für den *zweiten Typus*, Beeinflussung bei Sprachwechsel (Substratwirkung), beginnt mit dem Fall, daß keinerlei Veränderungen an der erworbenen Sprache festzustellen sind, sei es, daß sie vollkommen erlernt wurde oder daß die Bevölkerungsgruppe mit abweichender Sprechweise zu klein ist, um die Mehrheit der Sprecher zu beeinflussen; Beispiele finden sich etwa unter den Einwanderergruppen in den USA, in der Bundesrepublik und anderen Ländern, deren sprachliche Besonderheiten die Sprache(n) des Gastlandes als ganze nicht verändern. Je größer die Bevölkerungsgruppe, die eine neue Sprache erwirbt, im Verhältnis zu derjenigen Population ist, die diese Sprache bereits spricht, und je unvollkommener sie die Sprache erlernt, desto stärkere Beeinflussungen ergeben sich, vor allem in Phonologie und Syntax. Da der Wortschatz für die Verständigung der neuen Sprecher am notwendigsten ist, zeigt er die geringsten Einflüsse aus deren ehemaliger Muttersprache. Wenn die zu erlernende Sprache wenig zugänglich ist, weil die Gruppe, die sie neu erwirbt, von den anderen Sprechern relativ isoliert lebt, so liegt normale Weitergabe der neuen Sprache nicht mehr vor; ein typischer Fall ist der, daß nur der Wortschatz übernommen wird und eine Kreolsprache entsteht, deren Grammatik aus dem Substrat stammt oder *ad hoc* geschaffen wird wie bei Pidginisierung (s. u.).

Deutliche Substratwirkung war oben anhand finnisch-ugrischer und speziell ostseefinnischer Züge im Lettischen und Litauischen vorgeführt worden. Deeters (1926, 1927) hat gezeigt, daß das Armenische sich auf einem Substrat entwickelt hat, das zumindest Gemeinsamkeiten mit dem Südkaukasischen aufwies, und daß diese indoeuropäische Sprache demgemäß phonologische und grammatische Ähnlichkeiten mit südkaukasischen Sprachen ausgebildet hat. Braslavec (1968: 330–336) beschreibt die Einwirkung des Itelmenischen auf die russischen Mundarten Kamtschatkas, die durch massiven Sprachwechsel der Itelmenen Ende des 18. bis Anfang des 19. Jahrhunderts verursacht worden ist. Itelmenisch (= Kamtschadalisch) ist eine paläoasiatische Sprache, die mit einigen anderen Sprachen des Fernen Ostens der Sowjetunion, dem Aljutor, dem Tschuktschischen, Kerekischen und Korjakischen zusammen eine Sprachfamilie, die tschuktschisch-kamtschadalische Sprachgruppe, bildet. „Paläoasiatisch" ist ein Sammelbegriff für drei kleine Sprachfamilien und eine genetisch isolierte Sprache in Sibirien, vgl. Voegelin/Voegelin (1977: 276 unter "Paleosiberian").

Es gibt einen *dritten Typus* des Sprachkontaktes, bei dem weder von normaler noch von unvollkommener Weitergabe einer Sprache die Rede sein kann; das ist der Fall der *Pidginisierung* (vgl. Kap. 4.3 und 4.4 für eine ausführlichere Behandlung): Eine Sprache wird aus dem Bedürfnis nach Verständigung in einer Situation, in der keine gemeinsame Sprache zur Verfügung steht, neu geschaffen. Dieser Fall setzt im allgemeinen den Kontakt von mehr als zwei Sprachen voraus. Das Vokabular wird weitgehend einer sozial bzw. politisch dominierenden Sprache entnommen, und die Grammatik des entstehenden Pidgin kann Substrateinflüsse zeigen, sofern es gemeinsame grammatische Züge der verschiedenen Ausgangssprachen der beteiligten Sprecher gibt. Ansonsten werden Grammatik und Wortbedeutungen *ad hoc* aus den Ergebnissen des „erfolgreichen", d.h. zu gelingenden Interaktionen führenden Erratens dessen, was der Gesprächspartner gemeint haben bzw. verstehen könnte, zusammengestellt. Dabei ergeben sich unter Umständen neue Eigenschaften des entstehenden Systems, die in keiner der Ausgangssprachen vorhanden waren. Bei Entwicklung des Pidgins zur Muttersprache einer Gruppe, also bei Kreolisierung, findet eine starke Differenzierung und Entfaltung der sprachlichen Mittel statt, da die funktionalen Anforderungen an eine Muttersprache sehr viel höher sind als an eine Verkehrssprache. Dabei können Sprachkontakte erneut eine Rolle spielen, aber auch die innere Sprachentwicklung ist in dieser Hinsicht durchaus leistungsfähig.

Der Begriff der *Sprachverwandtschaft* ist auf die extremen Formen des Typus 1 und 2 sowie auf den Typus 3 kaum anwendbar. Hier ist also der Fall gegeben, daß Sprachverwandtschaft *verschwinden* kann, und zwar durch einfache Steigerung von Kontaktvorgängen auf einer kontinuierlichen Skala (Typus 1 und 2) bzw. durch Neuschöpfung einer Sprache (Typus 3). Auch das Umgekehrte ist möglich: Wenn Pidgin- und Kreolsprachen sich grammatisch an die Sprache annähern, aus der sie ihr Vokabular bezogen haben, so kann Sprachverwandtschaft *neu* entstehen. Durch *Depidginisierung* bzw. *Dekreolisierung*, komplexe Vorgänge aus Entlehnung und Sprachwechsel, werden diese Sprachen mit der Herkunftssprache ihres Lexikons verwandt: jamaikanisches Kreolisch mit dem Englischen, kapverdisches Kreolisch mit dem Portugiesischen, Louisiana-Kreolisch mit dem Französischen usw. Damit sind die Fragen beantwortet, die zu Beginn dieses Abschnittes gestellt wurden: Sprachverwandtschaft kann vergehen und neu entstehen, Sprachkontakte können zu Mischsprachen führen, die sich im genetischen Modell nicht darstellen lassen; trotzdem bleiben die Ergebnisse der historisch-vergleichenden Sprachforschung in ihren Grenzen gültig.

4. MODELLE ZUR BESCHREIBUNG UND ANSÄTZE ZUR ERKLÄRUNG DES SPRACHKONTAKTES

Im zweiten Kapitel hatten wir die Methoden der Beobachtung und Datenerhebung und exemplarisch die sich anhand der Methoden ergebenden Einsichten in das Phänomen 'Sprachkontakt' aufgezeigt. In Kapitel 3 wurden anhand konkreter Sprachdaten die synchronen und diachronen Wirkungen und Folgen des Sprachkontaktes und der Sprachmischung dargestellt. Die Integration der anhand verfügbarer Methoden erfaßten Daten und der induktiv gewonnenen Analysen in Modelle und Theorien ist das zentrale Thema dieses Kapitels.

Im Verlauf der letzten Jahrzehnte wurden verschiedene Versuche unternommen, die Vielfalt der Beobachtungen und Einzelergebnisse der Sprachkontaktforschung in Modellen und sogar in Entwürfen für eine Gesamttheorie zu integrieren. Wir können dabei grundlegend zwei Vorgehensweisen unterscheiden:

1) Die deskriptiven Modelle:
Sie dienen der systematischen Organisation (bzw. Reorganisation) von Erfahrungsdaten und haben einen taxonomisch-beschreibenden Charakter.

2) Die explanativen Modelle:
Diese Modelle gehen von allgemeineren, das Anwendungsgebiet überschreitenden Voraussetzungen und Modellbildungsgrundsätzen aus, die auf eine speziellere Problematik angewandt werden. Wir können zwei Grundtypen unterscheiden:
– Strukturale Modelle, die das Sprachsystem als statisch-stabiles Gebilde, als *Produkt* einer im Hintergrund bleibenden Entwicklung darstellen. Sie nehmen in der Mehrzahl Bezug auf formale Grammatiken, meistens vom Grundtypus der generativen Grammatik.
– Dynamische Modelle, bei denen die Entwicklung, die *Genese* des Sprachsystems im Vordergrund steht. Sie machen häufig von Modellkonzepten und Modellbildungstechniken Gebrauch, die in den Naturwissenschaften entwickelt wurden.

Die ersten beiden Abschnitte dieses Kapitels behandeln strukturale Modelle, die beiden folgenden beziehen sich spezieller auf Pidgin- und

Kreolsprachen, wobei die dynamische Perspektive überwiegt. In Kap. 4.5 wird als Ergänzung der vorwiegend sprachzentrierten Betrachtung das Verhältnis von Sprachkontakt und ethnischer Identität erörtert. Im Schlußabschnitt (4.6) schließlich wird eine integrative Gesamtsicht versucht.

4.1   Die Analyse von Differenzen
zwischen Sprachen und Sprechern im Kontakt

Jene Ansätze der Kontrastlinguistik, die primär auf eine Steuerung didaktischer Praktiken ausgerichtet sind und sich methodisch eng an die normative Linguistik und die aus ihr entwickelte Fehleranalyse anlehnen, sollen in diesem Buch nicht behandelt werden. Uns interessieren eher jene Ansätze, welche Fisiak (vgl. Zabrocki, 1976: 97) "specific theoretical contrastive studies" genannt hat. Ihre Funktion besteht darin, daß sie "an exhaustive account of the differences and similarities between a given pair of languages" (a. a. O.) geben. Als Beispiel wollen wir die Vorschläge von Mackey (1976, Kap. 9: «Différences des langues en contact») darstellen und bewerten. Diese Ansätze stehen allerdings noch ganz in jener Tradition, die den Sprachkontakt als eine Beziehung zwischen „Sprachen" interpretierte. Betrachtet man jedoch den Sprachkontakt primär als einen Prozeß zwischen Sprechern in einer Kontaktsituation, so rückt das individuelle Sprachverhalten in der Kontaktsituation ins Zentrum. Die Differenz zwischen Sprachen (der Sprachkontrast oder die Interferenz und als deren Komplement die Invarianz) wird ergänzt durch die funktionalen Differenzen im Sprachverhalten. Solche Studien fallen methodisch in den Bereich der differentiellen Linguistik (vgl. Wildgen, 1977 a). Zwischen Sprachkontrast und kommunikativem 'Kontakt' von Sprechern miteinander stehen Kontakte zwischen Sprachgruppen mittlerer Größe. Wir werden diese exemplarisch anhand des Problembereiches „Dialekte im Kontakt" darstellen.

4.1.1   Differenzen zwischen Sprachen im Kontakt

Innerhalb des Gesamtrahmens kontrastiver und konfrontativer Sprachanalysen und deren Anwendung zur Untersuchung von Interferenzen und Sprachübergängen nehmen die Arbeiten von Mackey wegen ihres systematischen und eher quantitativen Charakters eine Sonderstellung ein. Wir wollen diesen Ansatz, der außerdem explizit auf den Sprachkontakt bezogen ist, kurz darstellen.

Mackey geht aus vom Begriff der *intersprachlichen Distanz* ('distance interlinguistique'), der in jedem Fall auf Sprachen (meist internationale Sprachen) bezogen wird. In Mackey (1971: 29–44) schlägt er eine Reihe von Distanzmaßen vor, mit denen die Differenz zwischen Sprachen repräsentativ erfaßt werden kann:

1) Distanz zwischen Sprachsystemen einerseits und Distanz im Diskurs (bei Benutzung verschiedener Sprachen). Im Diskurs werden spezifische Unterschiede zwischen den Sprachsystemen mit unterschiedlicher Häufigkeit benützt.

2) Statische vs. dynamische Distanz. Die statische Distanz mißt Unterschiede im Inventar von Elementen und Konstruktionen der beiden Sprachen (sie ist also paradigmatisch orientiert); die dynamische Distanz wird im Prozeß des Sprechens/Schreibens linear aufgebaut. Insbesondere sind die jeweiligen sequentiellen Positionen im Prozeß der Produktion bzw. des Verstehens von unterschiedlichem Gewicht (vgl. etwa die Positionen Wortanfang und Wortende).

3) Distanz als Differenz zweier Sprachsysteme (Teilsysteme) vs. Distanz als Konversion von einer Sprache in die andere.

4) Taxonomische vs. integrale Distanz. Einzelne Distanzmessungen (taxonomische Distanz) können zu einem integralen Distanzindex zusammengefaßt werden.

5) Inhaltliche Distanz vs. formale Distanz. Gleiche äußere Formen (etwa Graphemfolgen in zwei Sprachen) können unterschiedliche Bedeutungen haben, und umgekehrt können gleiche Bedeutungen (oder Bedeutungsfelder) durch unterschiedliche Formen wiedergegeben werden. Schließlich können gleichzeitig inhaltliche und formale Unterschiede vorliegen.

6) Diversität, Intensität und Produktivität von Sprachdifferenzen. Manche Kategorien sind z. B. in einer Sprache stärker differenziert als in der anderen; daraus kann man eine Differenz der Diversität berechnen. Die verglichenen Elemente und Strukturen können von unterschiedlichem Gewicht (bezogen auf ihre Frequenz, ihre Bekanntheit und ihre Verfügbarkeit) sein. Diese Unterschiede sind als Differenzen der Intensität zu bestimmen. Die Produktivität eines Musters oder einer Regel ist ebenfalls wichtig, um die Relevanz von Sprachdifferenzen richtig einschätzen zu können.

Insgesamt erlauben die genannten Unterscheidungen und die durchgeführten Differenzmessungen ein Urteil über die kontrastive Beziehung von Sprachen im Kontakt und indirekt Prognosen über Schwierigkeiten und Distanzen in den kommunikativen Kontakten zwischen Sprechern der jeweiligen Sprachen.

Beispiel 1: Vergleich aus dem Verbalsystem des Englischen
und Französischen
(vereinfacht nach Angaben in Mackey, 1976: 230)

Tab. 22

Indik. – Konjunktiv /		Zwang – Verpflichtung /		Progressiv – Präsens	
E	F	E	F	E	F
goes	va	should go		goes	
		must go	doit		va
	aille	is to go	aller	is going	
		has to go			
1	2	4	1	2	1
D = 1		3		1	

(absolute) Differenzen

Summe der Differenzen: (Englisch, Französisch) = 5

Beispiel 2: Vergleich von engl. *cotton* und span. *algodón*
(vgl. a. a. O.: 256)

Tab. 23

a) orthographische Distanz	b) phonologische Distanz
| c | o | t | t | o | n | a | l | g | o | | d | o | n |	| k | o | t | ə | n | | a | l | g | o | d | o | n |
Diff.: 1 + 1 + 2 + 0 + 1 + 2 + 0 + 0	Diff.: 1 + 1 + 2 + 0 + 2 + 2 + 0
D_1 (engl./span.) = 0,54	D_2 (engl./span.) = 0,67

Die Werte von D_1 und D_2 ergeben sich aus der Summe der Differenzen geteilt durch die Anzahl der Einheiten: $D_1 = 7/13$; $D_2 = 8/12$.

Die Beispiele zeigen einerseits die Möglichkeit, durch die Berechnung quantitativer Indizes für Teilbereiche der Sprache ein Distanzmaß

zu definieren und damit über eine rein deskriptive Liste von Unterschieden hinauszukommen; allerdings wird auch die Schwierigkeit
einer aussagekräftigen quantitativen Darstellung der vielfältigen Kontraste deutlich. Weiterführend könnten dynamisch-interaktive Verfahren sein, welche die funktionalen Beziehungen zwischen der Vielfalt
möglicher quantitativer Maße berücksichtigen und somit zu kompak-
teren und natürlicheren Modellen führen (Köhler/Altmann [1986]
schlagen z. B. eine 'synergetische' quantitative Linguistik vor).

4.1.2 Differenzen zwischen Dialekten im Kontakt

Bevor wir die Ebene des individuellen Sprachverhaltens ansprechen,
gehen wir zunächst noch auf denjenigen Bereich des Sprachkontaktes
ein, in dem nicht Differenzen und Kontakte zwischen wohldefinierten
und scheinbar leicht voneinander abgrenzbaren Standardsprachen, sondern zwischen Varietäten, insbesondere Dialekten ein und derselben
Sprache untersucht werden.

Wir definieren dabei den Begriff des Dialekts als zusammengesetzt
aus zwei wesentlichen, komplementären Aspekten:
a) Dialekt ist eine regional bestimmbare Varietät einer Sprache,
b) Dialekt ist eine Substandard-Varietät, die von einer sprachsoziolo-
    gisch übergeordneten Standardsprache überdacht wird.

Die traditionell an deutschen Universitäten betriebene Dialektologie
ging von einem Dialektverständnis im Sinne von a) aus. Die Untersuchung sprachlicher Veränderungsprozesse im Spannungsfeld zwischen
Dialekt und Standardsprache ist hingegen erst mit der Soziolinguistik
und der Pragmatik gewachsen. Befruchtet von amerikanischen Arbeiten
(vgl. u. a. Labov, 1966, 1972 b, 1980) befaßt sich die Dialektologie auch verstärkt mit der Entstehung urbaner Dialekte als Gruppensprachen.

Nach Chambers/Trudgill (1980: 7 ff.) steht jeder Dialekt im Schnitt-
punkt zweier Kontinua: Im geographischen Kontinuum besteht eine
Wechselwirkung zwischen einem Dialekt und seinem Nachbardialekt;
im sozialen Kontinuum hat der Dialekt seinen Platz im sprachlichen Register der einzelnen Sprecher. Daraus abgeleitet läßt sich Dialektkontakt zum einen als Kontakt von Regio- und Soziolekten untereinander
und zum anderen als Kontakt von Substandardvarietäten mit der
Standardvarietät beschreiben. (Siehe auch Bellmann, 1983: 110, nach
dem der Dialekt in einer dreifachen diasystematischen Beziehung steht:
1. horizontal [gegenüber Nachbardialekt], 2. vertikal [gegenüber Stan-
dardsprache], 3. historisch [gegenüber Vorgängersystem].)

1) Dialektkontakt und geographisches Kontinuum

Dialekte sind innerhalb einer Sprachgruppe durch eine Kette wechselseitiger Verständlichkeit verbunden. Je weiter zwei Dialekte innerhalb des Dialektkontinuums voneinander entfernt sind, desto geringer ist die wechselseitige Verständlichkeit. Die Standardsprachen stehen als autonome, überlagernde Varietäten den heteronomen Dialekten gegenüber und bewirken eine Zuordnung der Dialektgruppen innerhalb des Kontinuums zu verschiedenen Sprachen (vgl. Chambers/Trudgill, 1980, vgl. auch Kap. 1.5.2). Menschen mit verschiedenen Dialekten eines Dialektkontinuums kommen langfristig miteinander in Kontakt, so daß über die spontane sprachliche Anpassung in einer mehr oder weniger zufälligen Sprechsituation hinaus eine Verbreitung sprachlicher Formen zustande kommt. (Zur Theorie der sprachlichen Anpassung siehe Giles/Smith, 1979. Trudgill [1986: 42] sieht den Sachverhalt wie folgt: "... the geographical diffusion of linguistic forms takes place, for the most part, when face-to-face interaction between speakers from different areas happens sufficiently frequently for accommodation to become permanent, and on a sufficiently large scale for considerable numbers of speakers to be involved.") Wir können nach dem spezifischen Ort derartiger Dialektkontakte fragen.

Dialektkontakt kommt häufig als sprachlicher Kontakt zwischen Stadt- und Landbewohnern besonders im Umkreis großer Städte vor. Siehe hierzu besonders Trudgills Untersuchungen zum Dialektkontakt in East Anglia (Großraum London; vgl. Trudgill, 1983: 88–101, 1986: 39–82, 1988). Interessant sind an Trudgills Ergebnissen vor allem die Sprachveränderungen bei Dialektkontakt. Besonders in Trudgill (1988), wo auf die Rolle von Dialektkontakt im Sprachwandel eingegangen wird, werden Parallelen zu Labovs Arbeiten über die sozialen Ursachen des Lautwandels in amerikanischen Städten deutlich (Labov, 1966, 1972b, 1980). Hoppenbrouwers weist jedoch darauf hin, daß Sprachveränderungsprozesse beim Dialektkontakt nicht mit Sprachveränderungen in Soziolekten gleichgesetzt werden dürfen, was die Beziehung zur Standardsprache angeht: "... sociolects in modern big cities are usually moving away from the standard language, whereas regiolects are developing towards this standard" (Hoppenbrouwers, 1982: 193). Hier wird gleichzeitig deutlich, daß es Kontakt von Dialekten miteinander ohne Interferenzwirkung durch eine Standardvarietät nur dort geben kann, wo entweder eine geringe sprachliche Differenz zwischen Dialekt und Standardvarietät besteht (a) oder wo aufgrund von Industrialisierungsprozessen, Siedlungsbewegungen oder Kolonisation völlig neue soziale Gemeinschaften entstehen (b) bzw. wo eine Sprachgemeinschaft durch nationalstaatliche Entwicklungen die überdachende Standardvarietät verliert (c).

Ein Beispiel für a) ist nach Trudgill (1986) Südostengland. Für b) lassen sich zum einen die bei Trudgill (1986: 95 ff.) genannten Fälle von Dialektmischung in Städten anführen, die in Industrialisierungsprozessen aus dem Boden gestampft wurden oder in denen die Bevölkerung innerhalb eines kurzen Zeitraums um ein Vielfaches anstieg. Ein Beispiel für Dialektmischung aufgrund von Siedlungsbewegungen ist die von Schirmunski (1930) untersuchte Mundartmischung in deutschsprachigen Siedlungen in der Sowjetunion (Schwarzmeer- und Wolgagebiet, Wolhynien), die im 18. und 19. Jahrhundert von Franken und Schwaben gegründet wurden. (Zur Dialektmischung in deutschstämmigen Siedlungsgebieten siehe u. a. auch Stielau [1980] sowie Untersuchungen zu den sprachlichen Entwicklungen bei religiösen deutschsprachigen Minderheiten in Nordamerika von Enninger [1984, 1987], Raith [1982], Rein [1977] und Wandt [1981]. Weitere Literatur zu deutschsprachigen Minderheiten hat Jakob [1987] zusammengestellt.) Ein weiteres Beispiel für Dialektkontakt im Sinne von b) ist die sprachliche Situation im brasilianisch-uruguayischen Grenzland, wo der Kontakt zwischen Spanisch und Portugiesisch – die Differenz zwischen den beiden Sprachen ist hier wesentlich größer als auf der Iberischen Halbinsel, wo sie durch das westromanische Kontinuum miteinander verbunden sind – zur Entstehung neuer Varietäten geführt hat (vgl. Hensey, 1982, und Trudgill, 1986: 83 ff.).

Zu c) gehört die Situation der „dachlosen Dialekte" (zum Begriff vgl. Cadiot/Lepicq, 1987) wie: die alemannischen Varietäten im Elsaß, die fränkischen Varietäten in Lothringen (siehe hierzu u. a. die klassische Arbeit von Verdoodt, 1968) oder die flämischen Varietäten in Nordfrankreich (vgl. Röhrig, 1987). Trudgill bezeichnet auch die von Bickerton (1975) dargestellten Entwicklungen im Post-Kreol-Kontinuum sowie die Interaktion von Pidginsprachen mit ihren Super- und Substratsprachen als Dialektkontakt. Demgegenüber unterscheidet Mühlhäusler (1985) unter anderem Kontakte zwischen: a) entwickelten Subsystemen (d. h. regionalen Varietäten einer Sprache), b) entwickelten Systemen (z. B. im Post-Kreol-Kontinuum), c) in Entwicklung begriffenen Systemen und entwickelten Systemen (d. h. Pidginsprachen im Kontakt mit Super- oder Substratsprachen) (siehe hierzu auch Kap. 4.4). Die jeweiligen Kontakttypen haben nach Mühlhäusler unterschiedliche sprachliche Konsequenzen. Während sich bei Typ b) nach anfänglichen sprachlichen Konflikten ein drittes System entwickelt und bei c) die Pidginsprache eine selektive Integration sprachlicher Muster aus der Super- und Substratsprache leistet, nennt Mühlhäusler die Entwicklung bei Kontakttyp a) (dem Dialektkontakt) ein "levelling of surface differences". Auch Schirmunski spricht von einer Nivellierung der sprachlichen Differenzen als Ergebnis von Dialektkontakt. Er unterscheidet dabei zwischen primären (auffälligen) und sekundären (weniger auffälligen) Dialektmerkmalen. (Zur Diskussion der Kriterien für „Auffälligkeit" siehe Munske [1983: 1006], Trudgill [1986: 37] und Schirmunski [1930: 119].) Beim Dialektausgleich werden zunächst die primären Merkmale beseitigt. Trudgill nennt den Ausgleich der primären Merkmale „Reduktion". Reduktion ist nach ihm die Endphase eines Kontaktprozesses, in dem das Zusammentreffen mehrerer Dialekte in einer neuen Stadt, Siedlung oder Kolonie zunächst eine Vielzahl von Varietäten hervorbringt. Durch Anpassung infolge langfristigen Kontaktes kommt es zur Reduzierung der Varietätenvielfalt und damit zur Fokussierung auf einen neuen Interdialekt, bei dem die sekundären Merkmale teilweise als soziale Varietäten erhalten bleiben. Die Übernahme des Interdialektes als Umgangssprache wird als „Koineisierung" bezeichnet (Trudgill, 1986: 127 ff.).

2) Dialektkontakt und soziales Kontinuum

Nach Munske (1983) sind ähnliche Kräfte wie jene, die Schirmunski, Trudgill u.a. für Dialektmischung ohne Interferenz einer Standardsprache verantwortlich machen, auch beim Kontakt zwischen Dialekt und Standardvarietät wirksam. Munske bezeichnet die deutsche Umgangssprache als das „Resultat eines strukturellen Ausgleichs zwischen Dialekt und Hochsprache, wobei komplexere dialektale Strukturen einfacheren hochsprachlichen angepaßt werden" (Munske, 1983: 1009). Die Umgangssprache ist in dieser Sicht eine Mischform zwischen Dialekt und Standardvarietät und hat mit anderen nicht normierten Sprachmischungen die scheinbar unbegrenzte Vielfalt gemeinsam. Voraussetzung für die Variationsbreite der Umgangssprache ist nach Munske das Vorhandensein einer binnensprachlichen Diglossie. (Zur binnensprachlichen Diglossie vgl. Kloss [1978: 320ff.].) Er sagt: „Wird sie durch Sprachwechsel zum Hochdeutschen beseitigt, so versiegt gleichsam der interferenzbedingte Zufluß in das Becken der Umgangssprache" (Munske, 1983: 1004). Entsprechend ist Dialektkontakt und Dialektwandel im deutschen Sprachraum im wesentlichen als eine durch diese Diglossie hervorgerufene Entwicklung zu verstehen. Die Diskussion um die binnensprachliche Diglossie im Deutschen läßt sich in drei Bereiche gliedern:

- Nach Besch muß die Diglossie „im historischen Kontext der jeweils zeitgenössisch wirksamen Existenzformen der deutschen Sprache beschrieben und beurteilt werden" (Besch, 1983a: 1399). Von binnensprachlicher Diglossie läßt sich erst seit der Entwicklung einer überregionalen Schriftsprache im 16.–18. Jahrhundert reden. Mit der Ausbreitung der Standardsprache wurde die Diglossiesituation zunehmend instabiler, da die Standardsprache immer mehr Verwendungsdomänen gegenüber dem Dialekt hinzugewann. Für die zukünftige Entwicklung der Dialekt-Standard-Diglossie sieht Besch zwei Alternativen: Entweder löst die Diglossiesituation sich zugunsten einer standardsprachlichen Einsprachigkeit auf, oder die soziale Markierung des Dialektes fällt weg und der Dialekt wird neben der Standardsprache zu einem zweiten Sprachinstrument, das offen für neue Funktionen ist.

- Mattheier (1980b) schlägt eine Typologie des Verhältnisses Dialekt – überdialektale Varietät im deutschsprachigen Raum vor. Die vier Haupttypen (I. Dialekt als Reliktsprache, II. Dialekt als Sozialsymbol mit IIa negativem Wert und IIb positivem Wert, III. Dialekt als Hauptvarietät) treffen auf verschiedene Regionen im deutschsprachigen Raum zu. Die Zuordnung ist nicht statisch; es ist zu vermuten, daß die vier Typen Phasen eines integrierten Auflösungsprozesses der Dialekte sind, der bei III ansetzt und über IIb und IIa zum Typ I fortschreitet: „Die heute in den verschiedenen deutschsprachigen Landschaften festzustellenden Dialekt-Standard-Konstellationen wären dann alle unterschiedliche Stationen auf demselben Weg. Für das ländliche Bayern könnten demnächst Prozesse erwartet werden, die man derzeit etwa im Rheinland beobachten kann" (Mattheier, 1980b: 171). Eine genaue Darstellung der heutigen Domänenverteilung zwischen Dialekt und Standard im deutschen Sprachgebiet liefern Schuppenhauer/Werlen (1983).

- Im Erp-Projekt (Mattheier, 1982 und Besch, 1981, 1983b) wird der Zusammenhang zwischen der Ausbreitung städtischer Lebenskulturen auf dem Land und der Verwendung des Dialektes untersucht. Es zeigt sich, daß die Sprache derjenigen Landbewohner, die in offenen sozialen Netzwerken leben (z.B. Pendler), sich in Richtung auf die Standardsprache entwickelt, während sich der Sprachgebrauch im Ort arbeitender Personen – meist Bauern und kleine Handwerker/Händler – nicht oder nur in geringem Maße ändert (vgl. Mattheier, 1982: 102). Die Diskussion um Sprachloyalität und Sprachvariation in ländlichen Gemeinschaften wird weitergeführt bei Besch/Mattheier (1985); siehe Grassi (1987) für eine aktuelle Zusammenfassung. Mattheier bezeichnet die Umstrukturierung in der Domänenverteilung zwischen Dialekt und Standard als „labile Diglossie". Das Phänomen der labilen Diglosssie ist

„ein Indiz für einen sprachlichen Wandlungsprozeß, der eingebettet ist in einen allgemeinen Wandlungsprozeß des soziokulturellen und des sozioökonomischen Systems" (Mattheier, 1975: 371. – Siehe auch Eckert [1980]: Der rapide gesellschaftliche Wandel in Frankreich nach der Revolution ließ die Diglossiesituation Französisch vs. okzitanische Dialekte zu einer Übergangsphase werden, an deren Ende die Aufgabe des Dialektes stand). Die Umgangssprache wird als der „mittlere Bereich" im sozialen Kontinuum zwischen Dialekt und Standardsprache erklärt, der „sprachlicherseits durch Interferenzwirkung ermöglicht worden" ist (Bellmann, 1983: 130). Zu den sprachlichen Konsequenzen dieses Ausgleichs zwischen Dialekt und Standardsprache siehe Munske (1983), Mattheier (1980a, 1982) und Trudgill (1983, 1986).

Nach Bellmann hat sich durch die Fokussierung auf den mittleren Bereich eine historische Veränderung ergeben: Am untersten Ende des Kontinuums steht in den Städten und industriellen Ballungszentren nicht mehr der Dialekt, sondern die regional geprägte Umgangssprache, „der neue Substandard" (Bellmann, 1983). Als Beispiel hierfür kann die Entwicklung des Niederdeutschen gelten. Die lokale Umgangssprache im niederdeutschen Sprachgebiet hatte vor dem 19. Jahrhundert den Charakter einer Übergangsvarietät zwischen Niederdeutsch und Hochdeutsch. „Als dann in der Zeit der industriellen Revolution die Bevölkerung in den Städten des rheinisch-westfälischen Industriegebietes in kurzer Zeit auf das 10–20fache anwuchs, wurde die Übergangsvarietät zur Lingua franca der zuziehenden Landbevölkerung und der Ethnien anderer Muttersprachen. Dabei verlor es endgültig seinen Charakter als Übergangsvarietät zum Hochdeutschen und wurde zur konventionalisierten Gebrauchsvarietät einer Millionenbevölkerung" (Mihm, 1985: 271).

4.1.3 Differenzen zwischen Sprechern im Kontakt

Die Messung von Differenzen im Verhalten und in den Verhaltensdispositionen von Individuen wurde zuerst in der differentiellen Psychologie entwickelt. Eine grobe Systematik differentieller Forschungsansätze können wir der Schrift von W. Stern (1921) entnehmen (die Quellen liegen natürlich viel früher, vgl. Hofstätter, 1971: 65ff.). Die vier wesentlichen differentiellen Betrachtungsweisen sind nach Stern:

a) Die Variationsforschung; sie vergleicht die Personen nach ihren Werten bezüglich eines Merkmales.

b) Die Korrelationsforschung; es werden (über Personen hinweg) zwei oder mehrere Merkmale verglichen.

c) Die Komparationsforschung; zwei oder mehrere Individuen werden bezüglich aller Merkmale verglichen.

d) Die Psychographie; die Charakteristik einer Person wird bezüglich einer Menge von Merkmalen bestimmt.

Das Schema von Stern war zeitlos und umgebungsneutral konzipiert. R.B. Cattell hat es um eine Dimension, die Situation, erweitert (vgl. Hofstätter, 1971: 116f.). Praktisch werden diese Situationen durch Messungen in verschiedenen Zeitintervallen operationalisiert; im Sinne der Arbeit von Moscovici/Plon (1966) könnte man die Situationen aber auch durch verschiedene experimentelle Konfigurationen operationalisieren, in denen die räumliche Beziehung, die soziale Rolle oder andere situativ relevante Faktoren variiert werden. Im Anschluß an Cattell können wir nun zwei weitere Betrachtungsweisen einführen:

e) Zwei Personen werden über eine Reihe von Situationen hinweg bezüglich eines Merkmales verglichen.

f) Zwei Merkmale einer Person werden über eine Reihe von Situationen hinweg verglichen (vgl. Hofstätter, 1971: 117).

Die sechs Betrachtungsweisen mögen für die differentielle Psychologie genügen, für eine differentielle Linguistik sind sie jedoch prinzipiell ungenügend, da sie den sozialen Charakter von Sprache ignorieren. Daß die Sprache in erster Linie ein «fait social» ist, kann man in grober Annäherung dadurch berücksichtigen, daß man jeweils von einem Kernbereich für eine Gruppe gültiger Konventionen ausgeht. Sprache ist also nicht eine über die Gesellschaft distribuierte Menge von Merkmalsausprägungen, jedem konkreten Sprachverhalten liegt vielmehr ein System von Konventionen zugrunde, und Differenzen zwischen Sprechern müssen im Rahmen dieser Konventionen beschrieben werden. Als die Hauptfragestellungen einer differentiellen Linguistik können wir deshalb ansetzen:

– die Einbettung von individuellen Differenzen in das System sozialer Konventionen, welches für das sprachliche Verhalten einer Gruppe Gültigkeit hat;

– die kommunikative Funktion individueller Differenzen in diesem Kontext;

– das Auftreten gruppenspezifischer (noch nicht das Sprachsystem betreffender) Differenzen und deren Auswirkungen auf die Kommunikation und die soziale Interaktion.

Die differentielle Linguistik geht damit über eine differentielle Psychologie hinaus. Die enge Verzahnung mit systemlinguistischen Fragestellungen ergibt sich aus der oben genannten Einbettung in Systeme sprachlicher Konventionen.

In Wildgen (1974) wurde im Rahmen einer axiomatisierten Explikation der Begriffe Sprachgemeinschaft, Familie von Verständigungsmitteln und Sprachsystem eine Gliederung von Sprachdifferenzen vorgeschlagen, wobei jeweils ein inhaltlich-funktionales Vergleichskriterium zur Abgrenzung benützt wurde. Es wurde damit eine Grundlage für die differentielle Linguistik entworfen. Sie untersucht zwei Haupttypen sprachlicher Differenzen:

1) Syntaktikalische (d. h. auf die Sprachform bezogene) Differenzen. Sie betreffen im wesentlichen die äußere Form der Sprache bei Invarianz der Inhalte. Bedeutungsäquivalente Lexeme, Wörter, Sätze, Texte können auf ihre morphologischen, syntaktischen und textbezogenen Differenzen hin untersucht werden. Um im empirischen Vorgehen diese Differenz messen zu können, müssen experimentelle Kontrollen der Situation eingeführt werden. Ein Beispiel ist der in Abschnitt 2.5 skizzierte Fragebogen von Labov (1966), der an einer Stelle Wortlisten vorsieht. Die Sprecher, welche diese Listen lesen, produzieren syntaktikalische Differenzen, da durch die Liste die Invarianz der Bedeutung gesichert ist. In Labov (1966) wurden diese Differenzen besonders im Bereich phonetischer Variation untersucht. In späteren Untersuchungen wurde das ganze Spektrum syntaktikalischer Differenzen erfaßt. Dies sind:

- die phonetisch-phonologischen Differenzen; sie wurden anhand der Variablen *(oh)*, *(eh)*, *(r)*, *(th/dh)* in Labov (1966) untersucht (vgl. Kap. 2.5),
- die morphologischen Differenzen; sie wurden z.B. anhand von Erscheinungen der Kontraktion und der Tilgung der Kopula „is" und des Temporalsuffixes „-ed" in Nonstandard Negro English (vgl. Labov, 1969 und Abschnitt 4.2.2) untersucht,
- die syntaktischen Differenzen; Labov (1972 a) untersuchte z.B. die syntaktische Realisierung von Satznegationen (negative attraction, negative concord).

2) Semantisch-pragmatische Differenzen (bei gleichem Sprachsystem). In Wildgen (1977 b) wurde für diesen Bereich der differentiellen Linguistik der Begriff „kommunikativer Stil" geprägt. Wir wollen diesen über die herkömmliche Variationslinguistik hinausgehenden Ansatz kurz skizzieren (vgl. Wildgen, 1977 a, 1977 b).

Der Begriff des „kommunikativen Stils" wurde so gefaßt, daß er in einer sprachtheoretisch breiteren Konzeption die Grundideen des Bernsteinschen Codebegriffes wiederaufnimmt. Im Gegensatz zu herkömmlichen Stilbegriffen handelt es sich um inhaltlich-funktionale Unterschiede in der Sprachverwendung und nicht um Unterschiede in den stilistischen Konnotationen funktional äquivalenter Ausdrücke; das Adjektiv „kommunikativ" soll auf diesen Unterschied hinweisen. Der Begriff „Code" wurde vermieden, da die festgestellte starke situationelle Variabilität einen direkten Zusammenhang mit kognitiven Fähigkeiten unplausibel erscheinen ließ (vgl. Wildgen, 1977b).

Zwei Grundideen von Bernstein gehen in die Konstruktion dieser Größe ein:

a) Die Codes (in der Terminologie Bernsteins der elaborierte und der restringierte Code) unterscheiden sich wesentlich im Grad der Explizitheit.

b) Die Sprecher der beiden Codes expandieren die Bedeutungen unterschiedlich stark (Bernstein, 1970: 3).

Diese beiden Kriterien, die ganz zentral für Bernsteins Konzeption sind (die jedoch nur ungenügend operationalisiert wurden), werden durch ein Informationsmaß über semantisch-pragmatischen Differenzen operationalisiert. Dem Verfahren liegt die folgende intuitive Vorstellung zugrunde: Jeder Sprecher hat, wenn er etwas sagen will, eine Reihe von Möglichkeiten, *wie* er es sagen kann. Diese Möglichkeiten betreffen auch inhaltliche Details, z. B. in der Wortwahl und in der Ausgestaltung seiner Ausgangsidee. Man kann nun versuchen, jene Äußerungen, welche von einer gemeinsamen Ausgangsidee, wir sprechen von gemeinsamer „kommunikativer Absicht", herzuleiten sind, in Klassen zusammenzufassen. Die Äußerungen in einer solchen Klasse sind dann alternative Realisierungen derselben Absicht („Idee"). In dieser Klasse können wir minimale Differenzen isolieren und bezüglich ihrer semantischen Information (Explizitheit) messen.

Der empirischen Arbeit (vgl. Wildgen, 1977b) lagen als Material drei Klassen von Nacherzählungen zugrunde. Auf diese Weise war die Chance, inhaltlich vergleichbare Klassen von Texten, Sätzen und Morphemgruppen zu erhalten, am größten.

Wir wollen diese Konzeption anhand einer vereinfachten Paraphrasenklasse veranschaulichen. Die folgende Menge alternativer Verbalisierungen kann bei Nacherzählungen einer vorgegebenen Geschichte vorkommen (vgl. Wildgen, 1977b und 1978b):

a) das Kind ging ins Wasser
b) der Bub sprang ins Wasser
c) der Junge lief in den See
d) das Mädchen hüpfte hinein
e) sein Sohn rannte schnell in den See

Die Segmentation und Klassifikation der Differenzen (Varianten) erbrachte die folgenden Listen (Variablen):

V_1: {das Kind, der Bub, der Junge, das Mädchen, der Sohn}*
V_2: {ging, sprang, lief, hüpfte, rannte}
V_3: {ins Wasser, in den See, hinein}

* [Es handelt sich jedesmal um den vom Sprecher eingeführten Haupthandelnden der Geschichte.]

Zusätzlich kommen fakultative Varianten vor, die eine Ø-Variante als Alternative haben, z. B.: {schnell, Ø}; vgl. Satz (e) oben, der auch den Satz (e'): „sein Sohn rannte in den See" als Paraphrase haben könnte.

In der zweiten Phase der Analyse werden die Varianten semantisch analysiert und dekomponiert. Die semantische Dekomposition der Varianten verfolgt das Ziel, Gemeinsamkeiten und Unterschiede unterhalb der Wort- und Morphemebene zu beschreiben.

Die Grundidee der semantischen Informationsmessung besagt, daß die Information einer Aussage um so höher ist, je stärker der Variationsraum eingeschränkt wird (die Operationalisierung dieser Idee benützt die Theorie semantischer Information von Carnap und Bar-Hillel; vgl. Wildgen, 1977 a: Kap. 3.5). In einem einfachen informationstheoretischen Kommunikationsmodell entspricht der Variationsraum der hörerseitigen Unsicherheit an einer bestimmten Stelle des Kommunikationsverlaufes und die semantische Information dem Ausmaß an Behebung dieser Unsicherheit durch die Wahl einer bestimmten Variante.

Die Ergebnisse der Messung des kommunikativen Stils auf den unterschiedlichen Ebenen: Teilsatz, Satzverknüpfung und Textorganisation erlauben die Untersuchung von kommunikationsrelevanten Differenzen unterhalb der Ebene dialektaler Variation und jenseits von offensichtlichen Barrieren in der fremdsprachlichen Kommunikation. Für die Sprachkontaktforschung ist es wichtig, diese Mikrostruktur zu erfassen, da hier Anpassungen, Lernprozesse, Strategien der Situationsbewältigung und Kontaktbarrieren sichtbar werden, welche für den weiteren Verlauf des Sprachkontaktes und die daraus resultierenden Sprachveränderungen entscheidend sein können.

4.2 Grammatikzentrierte Modelle des Sprachkontaktes

Bevor einzelne Modelle vorgestellt werden, wollen wir die allgemeineren Voraussetzungen für diese Familie von Modellen kurz darlegen.

4.2.1 Das sequentielle Entwicklungsschema

Die grammatikzentrierten Modelle sind wissenschaftstheoretisch eng mit einer Strömung verbunden, für die Chomsky ein zentraler Vertreter ist (auch wenn er selbst sich kaum mit dem Phänomen des Sprachkontaktes befaßt hat). Diese Position können wir zuerst in bezug auf den Spracherwerb umreißen, der als Reifungsprozeß mit selektiver Stabilisierung eines kleinen Ausschnittes des im Individuum der Gattung Mensch angelegten Potentials verstanden wird.

Chomsky charakterisiert den Spracherwerb durch eine lineare Abfolge von diskreten Zuständen eines Systems S (Sprachanlage, Sprachkompetenz) ausgehend von einem Anfangszustand S_0, der genetisch determiniert ist, über eine Serie von Übergangszuständen $S_1, S_2, \ldots$ bis zum stationären Zustand S_S, der nur noch geringfügig (z.B. durch Erweiterungen des Wortschatzes) verändert wird (vgl. Chomsky, 1979: 68). Ähnliche sequentielle Abfolgen sind bei Reifungsprozessen für Organe vorzufinden; innerhalb der kognitiven Fähigkeiten wird eine Zerlegung in Domänen, z.B. das Erkennen von Gesichtern, die Sprache u.a. (vgl. a.a.O.: 69) angenommen, so daß die Entwicklungsphasen innerhalb der Bereiche autonom ablaufen (modular sind).

Diese Konzeption hat direkt etwas mit dem Sprachkontakt zu tun, insofern eine Abfolge von Kontakten in der Zeit und das Lernen einer Zielvarietät bzw. einer stabilen Interimsprache wesentliche Erscheinungen des Sprachkontaktes sind. Wir wollen deshalb die Anwendung dieser Konzeption exemplarisch an einer Untersuchung zeigen, welche im Zwischenbereich von Lernersprachen und Kontaktsprachen angesiedelt ist.

In der Arbeit *Sprache und Kommunikation ausländischer Arbeiter* des Heidelberger Forschungsprojektes „Pidgin-Deutsch ausländischer Arbeiter in der BRD" (1975) wurden zwei Fragestellungen ins Zentrum gerückt:

Erstens: die sozialen Faktoren, welche den Erwerb der Zielsprache fördern bzw. hemmen (die soziolinguistische Fragestellung);

zweitens: die Abfolge der Erwerbsstadien.

Die Konzeption des zweiten Bereiches wird in folgendem Zitat deutlich:

Man kann sich den Prozeß des Zweitsprachenerwerbs als ein Durchlaufen verschiedener sprachlicher Varietäten (V_i) in Richtung auf eine Zielvarietät (V_z) vorstellen – von den meisten Deutschen wohl als „richtiges" Deutsch bewertet –. V_z wird allerdings in der Regel von den Sprachlernern nicht erreicht:

$$V_1 \rightarrow V_2 \rightarrow \ldots V_{n-1} \rightarrow V_n \rightarrow V_{n+1} \rightarrow \ldots V_{z-1} \rightarrow V_z$$

(Heidelberger Forschungsprojekt, 1975: 44)

Die empirische Betrachtung geht hier nicht von einem absoluten Nullpunkt der Sequenz, z. B. der genetischen Anlage aus, sondern vom Anfang des Kontaktes, praktisch von den ersten beobachteten Sprachfakten innerhalb jener Stichprobe von Sprechern, die sich in einer frühen Kontakt- und Lernphase befunden haben. Der stationäre Endzustand ist selbst eine Variable, da je nach Alter oder Beginn des Kontaktes und je nach Berufsmilieu, privaten Beziehungen zur Kontaktbevölkerung usw. der stationäre, d. h. für die restliche Dauer des Kontaktes gleichbleibende Zustand festgelegt wird. Strenggenommen sind natürlich je nach Muttersprache und Schulbildung auch die Anfangszustände verschieden. Die modifizierte Sequenz sähe also, falls es eine universale Sequenz $S_0 \ldots S_s$ überhaupt gibt, in etwa so aus:

$$S_0, \ldots S_i, S_{i+1} \ldots, \quad S_{k-1}, \quad S_k, \ldots, S_s$$

Je nach den Randbedingungen des Kontaktes kann der *relative* Anfangszustand S_i einen bestimmten Wert (relativ zur universalen Sequenz mit dem Anfangszustand S_0) und der Endzustand S_k einen bestimmten Wert (relativ zum allgemeinen stationären Zustand S_s) einnehmen. In diesem Sinne hat jemand einen leichten oder schweren Start und er gibt seine Lernbemühungen schnell auf oder nähert sich der Zielsprache optimal an. Da die Erwerbssequenz – in der Erstsprache – je nach Sprache, Dialekt, Soziolekt zwar den gleichen absoluten Startpunkt, aber unterschiedliche Endpunkte und damit auch (zumindest in der Nähe von S_s) unterschiedliche Zwischenzustände hat, ist von einer Vielfalt von Ablaufsequenzen in Abhängigkeit von der Vielfalt der beteiligten Ausgangs- und Zielsprachen auszugehen. Diese Abhängigkeit war in dem ESF-Projekt "Second language acquisition of adult immigrants" (vgl. Kapitel 2.5 Beispiel 3) ein zentraler Forschungsgegenstand.

Das sequentielle Ablaufschema als Modell des Sprachkontaktes erweist sich somit als ziemlich flexibel. Dennoch gibt es dramatische Beschränkungen:

a) Die mangelnde Berücksichtigung des Zusammenspiels von Muttersprache und Zielsprache des Erwerbs. In der Kontaktsituation sind viele Interaktionen und gegenseitige Beeinflussungen möglich.

b) Die angenommene Linearität des Erwerbsprozesses führt dazu, daß der Sprachkontakt nur die *Reichweite* des Lernprozesses, nicht aber seinen inneren Aufbau bestimmt.

Diese Mängel sind letztlich mit der Wahl des speziellen Systems, der generativen Grammatik (als eines linearen Automaten), vorgegeben. Die Variabilität, die empirisch vorgefunden wird, kann allerdings unter Bewahrung des linearen Modellkonzepts zumindest dadurch berücksichtigt werden, daß eine statistische Komponente mit einbezogen wird. Diesen Weg beschritt seit 1968 William Labov; die Konzeption von Wolfgang Klein (1974), welche auch dem Heidelberger Projekt zugrunde lag, ist eine Anpassung dieser Erweiterungen generativer Grammatiken aus den sechziger Jahren. Wir gehen in Abschnitt 4.2.2 (b) näher auf die Vor- und Nachteile dieser Modellkonzeption ein und diskutieren konkrete Anwendungsbeispiele.

Die Konzeption einer linearen Abfolge diskreter Zustände (Stadien) kann nicht nur auf Lernprozesse, sondern auch auf Prozesse der historischen Entwicklung angewandt werden. Dies ist naheliegend in der Analyse relativ schneller Prozesse des Sprachwandels, z. B. bei der Herausbildung eines Pidgins (mit den vorangehenden Pidginisierungsstufen) und bei der Weiterentwicklung des Pidgins zur Kreolsprache sowie bei der Fortsetzung dieser Entwicklung in einem postkreolen Anpassungskontinuum. In dieser Version der Hypothese einer linearen Abfolge von Zuständen geht allerdings der konkrete Bezug zu einem biologisch-genetisch determinierten Startzustand verloren, auch ist der stationäre Endzustand nicht mehr durch die individuelle Konstanz einer Sprachkompetenz festgelegt. Es handelt sich eindeutig um Zustände eines areal und sozial verteilten Vielpersonensystems, innerhalb dessen wiederum Spracherwerbs- und Kontaktprozesse thematisiert werden können, welche in der Weise ablaufen, wie sie oben beschrieben wurde. Die soziale und interaktive Komponente, die Chomsky und andere Spracherwerbstheoretiker (z. B. der frühe Lenneberg, 1967) noch glaubten von der Betrachtung ausschließen zu können, ist nun unübersehbar und beherrscht die Entwicklung. In diesem Sinne wird das lineare Entwicklungsschema, das bereits bei der Beschreibung des Erstsprachenerwerbs Mängel aufwies, in diesem erweiterten Kontext eindeutig inadäquat. In einer abgeschwächten, eher metaphorischen Anwendung bleibt das Schema jedoch zur Organisation zeitlicher Entwicklungsprozesse nützlich, insbesondere da die Alternative, nämlich parallele und hochinteraktive Prozesse, eine wesentlich schwierigere Konzeptualisierung und die Anwendung der Theorie nichtlinearer dynamischer Systeme erfordert. Die linearen Modelle können somit als praktikable Approximationen angesehen werden.

4.2.2 Variationsgrammatiken als Modelle des Sprachkontaktes

Wir wollen zwei Traditionen kritisch darstellen:
a) Die frühe Phase der Verwendung variabler Regeln, ausgehend von Labov (1969). Wir geben ein Beispiel für die Anwendung dieser Konzeption.
b) Die Erweiterung dieser Methode in Klein (1974) und deren Anwendung im Rahmen des Heidelberger Forschungsprojektes (ab 1975).

Ad a): Variable Regeln zur Integration soziolinguistischer Fakten in die Grammatik.
Für Labov stellte sich nach seinen eher induktiv-deskriptiven Arbeiten im Anschluß an die Dialektologie und die Soziologie der Stadtkultur in Labov (1966) die Frage, in welche der geltenden linguistischen Theorien er seine theoretischen Bemühungen integrieren sollte. Die Situation der amerikanischen Linguistik Mitte der 60er Jahre ließ wohl nur eine Wahl zu, die Labov dann auch unter mancherlei Vorbehalten akzeptierte: die Integration seiner soziolinguistischen Ergebnisse in das Format einer generativen Grammatik.

Während sein methodisches Vorgehen bei der Analyse von Variation nach wie vor funktional ist und systematisch auf morphologische und syntaktische Variation ausgedehnt wird, versucht er in der Modellbildung, die quantitativen Ergebnisse bei der Konstruktion einer Kompetenzgrammatik zu berücksichtigen. Dadurch sollen die soziolinguistischen Aussagen mehr sprachtheoretische Relevanz erhalten. Wir wollen zuerst kurz auf die Technik der variablen Regeln eingehen, um dann deren theoretischen Stellenwert zu diskutieren.

Gehen wir von der allgemeinen Form einer generativen Regel aus:

$A \rightarrow Z / X \_ Y$, d.h., ersetze im Kontext $X \_ Y$, A durch Z.

Nehmen wir eine Menge solcher Regeln an, so kommt die Regel R_i: $A \rightarrow Z / X \_ Y$ zwingend zur Anwendung, wenn XAY als Kette vorliegt. Die variable Regel steuert nun die Anwendung der Regel R_i durch einen Faktor $f_i : 0 \leq f_i \leq 1$. Dieser Faktor legt fest, in wieviel Prozent der potentiellen Regelanwendungen die Regel tatsächlich zur Anwendung kommen soll. Da nicht alle Regeln einen Faktor f_i erhalten, wird eine besondere Regelkonvention eingeführt. Wenn die Regel von der Form A $\rightarrow \langle Z \rangle / X \_ Y$ ist (d.h., wenn das Ergebnis der Regel in spitzen Klammern steht), wird zuerst der Faktor f_i zu dieser Regel festgelegt, der dann über die Regelanwendung (ob und wie häufig) entscheidet. Wir wollen dazu ein Beispiel aus Labov (1972b) geben. (Auf die unterschiedlichen Modelle der Gewichtung von Bedingungen, welche die Anwendung der Regel steuern, können wir hier nicht eingehen. Die drei diskutierten Modelle [additives, multiplikatives, logistisches Modell] sind monotone Modelle [vgl. Kay, 1978: 73 ff.].)

Die empirische Notwendigkeit solcher oder ähnlicher variabler Regeln ergab sich aus der Untersuchung des "Black English Vernacular" (BEV), einer Sprache schwarzer Amerikaner, die als ein Postkreol (vgl. Abschnitt 4.3.2) mit Tendenz zur Anpassung an das Englische weißer Amerikaner zu interpretieren ist (vgl. Labov, 1972 b: 65, der wiederum auf Stewart, 1968, 1970 und Dillard, 1971 verweist). Dies bedeutet, daß der Anwendungsbereich dieser Technik besonders variable, in einem Anpassungskontinuum befindliche und prestigeschwache Sprachen sind. Sie befinden sich aufgrund der Spezifik der Kontaktsituation und des historischen Prozesses in einer Phase hoher Instabilität, obwohl sie als voll funktionierendes Verständigungsmittel immerhin so systematisch sein müssen, daß eine problemlose Kommunikation in den jeweiligen sozialen Netzen möglich ist. Somit gibt es einen direkten, ursächlichen Zusammenhang zwischen der Sprachform im Kontakt und der Begrifflichkeit der entsprechenden Grammatik.

Labov fragt sich zuerst, ob das BEV überhaupt eine Kopula BE hat (wie etwa das Standardenglische) oder ob diese Kategorie gänzlich fehlt. Letzteres würden die benachbarten Kreols, z. B. die französischen Kreols der Karibik oder das englische Kreol von Trinidad nahelegen. Da die Kopula in der Vergangenheitsform (was), mit Negation (ain't), in Verschmelzung mit I (I'm) und manchmal auch in verdoppelten Formen (I'm am) auftritt, entscheidet sich Labov, kategorial eine Kopula anzusetzen, die dann in der phonologischen Komponente entweder gekürzt (contraction) oder getilgt wird (deletion). Im Falle der finiten Form der Kopula "is" fand Labov zumindest in den untersuchten Jugendgruppen (Alter 9–17 Jahre) ein recht konsistentes Bild. Die Häufigkeit der Kontraktion und Tilgung der Kopula ist stark abhängig vom Auftreten eines Pronomens (positiv) bzw. eines Nomens (negativ) vor der Kopula und von der Realisierung der nachfolgenden Satzteile (geordnet nach der Häufigkeit der Tilgung), siehe Tab. 24.

Im System der phonologischen Regeln des BEV erscheinen als Ergebnis der Modellierung zwei Regeln zur "auxiliary contraction" und "auxiliary deletion" (a. a. O., 112), von denen wir die erste wiedergeben. Die Tilgungsregel beseitigt schließlich den verbliebenen Konsonanten, z. B. das ⟨l⟩ bei ⟨will⟩, das ⟨v⟩ bei ⟨have⟩ und das ⟨z⟩ bei ⟨is⟩.

Tab. 24 (vgl. Labov, 1972 b: 67 f. und 86 f.)

– gon: He *gon'* try to get up (Futur)
– Ving: Boot always *comin'* over my house to eat, to ax for food (progressive Verbform)
– Neg: They *not* caught (Negation)
– Loc: You *out the game* (lokales Adverbiale)
– PA: He *fast* in everything he do (prädikatives Adjektiv)
– NP: She *the first one* started us off (Nominalphrase)

Kontraktion

$$\begin{bmatrix} +\text{vok} \\ -\text{schf} \\ +\text{zen} \end{bmatrix} \rightarrow \langle \emptyset \rangle \Big/ \Big\langle \begin{matrix} +\text{Pro} \\ -\text{kons} \end{matrix} \Big\rangle \# \# \begin{bmatrix} \\ +T \end{bmatrix} C_0^1 \begin{matrix} \\ \langle *\text{nasal} \rangle \end{matrix} \# \# \Big\langle \begin{matrix} +\text{Vb} \\ +\text{Fut} \\ -\text{NP} \end{matrix} \Big\rangle$$

Das betroffene Element ist phonologisch durch die Merkmale [+ vokalisch, – scharf, + zentral] charakterisiert. Dies trifft auf das Segment [ə] zu. Die Regel ersetzt dieses Segment durch das leere Segment (Ø), wobei diese Regel variabel ist, was die spitze Klammer anzeigt. Nach dem Schrägstrich kommen die Umgebungsbedingungen der Regel, wobei (+) bedeutet, daß diese Umgebung die Anwendung erleichtert, bei (–) wird die Anwendung erschwert, bei (*) wird die Regel immer angewandt. Wir haben zwischen den Morphemgrenzen (##) das Morphem selbst, das tempusmarkiert ist (+T) und das nach dem betroffenen Segment (dem Vokal) höchstens einen Konsonanten hat, wobei dessen Nasalität (*nasal) die Anwendung der Regel erzwingt. Die Umgebungen links vom betroffenen Morphem fördern die Anwendung der Regel, wenn dort ein Pronomen steht (+Pro), besonders wenn dessen Endung nicht konsonantisch ist (vgl. *I'm* für *I am*). Die nachfolgenden Umgebungen (rechts in der Regel) nehmen in kurzer Form die Fälle in der obigen Liste wieder auf: (+Vb) verweist auf die Ving-Formen, (+Fut) auf die *gon'*-Beispiele und (–NP) auf die restlichen Fälle außer NP.

Beim Vergleich der quantitativen Werte einzelner Jugendgruppen (a. a. O.: 92, 105) zeigt sich eine weitgehende Stabilität der Ordnung der Umgebungseinflüsse. Lediglich die jüngere Gruppe der "Thunderbirds" zeigt Abweichungen. Aus der Perspektive der Sprachkontaktforschung ist es wichtig festzustellen, daß die hohe Variabilität (und zwar in der gezeigten komplizierten innerstrukturellen Bedingtheit) eine zentrale Eigenschaft bestimmter Sprachsituationen in einem Entwicklungskontinuum ist. In diesen Situationen zeigt sich eine äußerst sensible Abbildung der Eigenschaften sozialer Kommunikationsnetze in die Strukturen von Sprache. In Labov (1972 b: Kap. 7) wird gezeigt, daß sogar die jeweilige Position des Sprechers in der Adoleszentengruppe (als zentrales oder als peripheres Mitglied) für sein Sprachverhalten Folgen hat und daß dieses Sprachverhalten mit der jeweils herrschenden Gruppenideologie in Verbindung steht. Ein adäquates Modell der Sprache im Kontakt muß also die komplexe Struktur und Geschichte der Stadtkultur, etwa die Infrastruktur von Nachbarschaftsgruppen, Gleichaltrigengruppen und die entsprechenden Sprachsituationen berücksichtigen. Solche Gruppen können sich außerdem durch Vereinigung mit anderen Gruppen und durch den Anschluß an überörtliche Bewegungen sehr schnell verändern. Die Sprachkontaktlinguistik muß in der Konsequenz Sprach- und Sprachverhaltensmodelle entwickeln, welche dieser schnellen Dynamik und den in ihr auftretenden Fluktuationen gerecht wird. An dieser Stelle zeigt sich besonders dramatisch der Kontrast zu den sprachtheoretischen Positionen innerhalb der theoretischen Grammatikforschung. Die Sprachtheoretiker beschreiben sehr häufig lediglich den eigenen Dialekt und den von Kollegen, die theoretisch mit ihnen übereinstimmen. In fast allen Fällen besteht eine große Distanz zur ursprünglichen Sprachkultur (z. B. der Kultur, in der ein Linguist als Jugendlicher eingebettet war), und der Linguist orientiert sich an sekundär vermittelten Normen. Labov schreibt (1972 b: 291):

(The great majority of linguists) were already detached from the main peer group activity in early adolescence as they pursued their own interests, and by the time they enter graduate studies in linguistics are at some distance from the majority of vernacular speakers in their community.

Die Erfahrungen mit den Grammatiken, welche variable Regeln enthalten, zeigen deutlich, daß die *Grammatik* (zumindest im interdisziplinären Kontext) doch eher als eine Heuristik mit klassifikatorischem Potential anzusehen ist, die dazu benützt werden kann, sprachliche Daten sehr unterschiedlicher Provenienz in einheitlicher Weise und in der Kompliziertheit ihrer strukturellen Abhängigkeit zu erfassen. Die Innovation der variablen Regeln ist in diesem Kontext nützlich, da sie eine realistischere, den Daten bessere gerecht werdende Klassifikation und statistische Erfassung erlaubt. Die operationalen Techniken, die von Sankoff (vgl. Rousseau/Sankoff, 1978) entwickelt wurden, weisen in diese Richtung. Dennoch wird mit einem solchen Instrumentarium das theoretische Ziel der Kontaktlinguistik nicht erreicht. Zu diesem Zweck muß ein Modell des Sprachkontaktes konstruiert werden, in dem die Sprecher (mit ihren Kompetenzen), die Kontaktsituationen, die Kommunikationsnetze, die kulturellen und politischen Randbedingungen der Wahl einer Variante und die Entwicklungskontinua der beteiligten Varietäten das Hauptthema sind und in der Struktur der Theorie ihre Entsprechung haben (für eine Kritik der Konzeption der variablen Regel bei Labov siehe Wildgen, 1975, Unsöld, 1977 und Kay, 1978).

Ad b): Die Variationsgrammatik als Instrument zur Beschreibung von Intersystemen.

In Klein (1974) wird eine Konzeption für die Anwendung wahrscheinlichkeitsbewerteter Grammatiken in der Linguistik und speziell in der Soziolinguistik vorgestellt. Das Heidelberger Forschungsprojekt setzte seit 1974 diese Konzeption in empirische Forschung zum Spracherwerb italienischer und spanischer Arbeiter im Raum Heidelberg um und wandte sie insbesondere an:

- um die verschiedenen Pidginisierungsstadien qualitativ und quantitativ bestimmen zu können,
- um die Abhängigkeit der erfaßten Sprachentwicklung von außersprachlichen Faktoren statistisch messen zu können.

Die Grammatik besteht aus einem Regelsystem, welches mindestens die Strukturen, die im Gesamtkorpus der 48 ausländischen Sprecher vorgefunden wurden, erzeugen kann. Klein (1974) nannte eine solche Grammatik „Bezugsgrammatik". Die in der Heidelberger Forschungsgruppe schließlich akzeptierte Bezugsgrammatik enthält 101 in Blöcken mit gleicher Ausgangskategorie organisierte Regeln. Jede der einzelnen Regeln erhält für jeden Sprecher eine probabilistische Bewertung, d. h. einen Wert zwischen 0 und 1; dieser gibt die relative Häufigkeit der Anwendung der Regel in bezug auf die anderen Regeln des Regelblocks an. Tabelle 25 zeigt einen Ausschnitt aus der Bezugsgrammatik und Tab. 26 einen Ausschnitt aus den insgesamt 48 Regelbewertungsfeldern.

Die Gesamtgrammatik sieht einer möglichen Grammatik des Deutschen recht ähnlich, an einigen Stellen weicht sie jedoch systematisch von einer solchen ab. Wir wollen uns diese Abweichungen, die hauptsächlich in den Regelblöcken 2 bis 4 enthalten sind, näher ansehen. In Regel 2 wird die dem Verbalkomplex vorangestellte Nominalphrase, also normalerweise das Subjekt, als fakultativ angesehen. Diese Regel gilt sicher nicht für normale deutsche Sätze. Regel 3 expandiert die Kategorie Verbalkomplex zu VG (Verbalgruppe) und PVL (prädikat- und verblose Konstituente). Damit wird die für frühe Pidginstadien typische Möglichkeit eines Ausfalls von Verb und Kopula eröffnet. Diese Möglichkeit besteht nicht für den deutschen Sprecher. In Regelblock 4 schließlich wird festgestellt, ob der Satz z. B. nur eine Kopula oder ein

Tab. 25

Regelblöcke	Teilregeln
(1) S → (SA) PROP	1.1 S → PROP
	1.2 S → SA PROP
(2) PROP → (NK) VK (NEG)	2.1 PROP → VK
	2.2 PROP → VK NEG
	2.3 PROP → NK VK
	2.4 PROP → NK VK NEG
(3) VK → { VG / PVL }	3.1 VK → VG
	3.2 VK → PVL
(4) VG → (AUX) (MV) { VP / PRK }	4.1 VG → VP
	4.2 VG → PRK
	4.3 VG → MV VP usw.

Erläuterungen:
SA = Satzadverb; PROP = Proposition; NK = Nominalkomplex; VK = Verbal-komplex; NEG = Negation; VG = Verbalgruppe (enthält ein Verb oder eine Kopula); PVL = prädikat- und verblose Konstituente (enthält weder ein Verb noch eine Kopula); AUX = Auxiliar; MV = Modalverb; PRK = Prädikats-(d. h. Kopula-)Konstruktion.

Tab. 26 (Heidelberger Forschungsprojekt, 1976: 201 f. und 224)

Sprecher	Regelblöcke bzw. Teilregeln			
(IT = Italiener; SP = Spanier)	1.1	1.2	3.1	3.2
Einzelbeispiele:				
SP – 35	0.96	0.04	0.16	0.84
IT – 09	0.89	0.11	0.43	0.57
Zusammenfassung nach Gruppen: Gruppe I (N = 12)	0.95	0.05	0.41	0.59
Gruppe II (N = 12)	0.97	0.03	0.70	0.30
Gruppe III (N = 12)	0.97	0.03	0.77	0.23
Gruppe IV (N = 12)	0.99	0.01	0.96	0.04

Hauptverb (4.1 bzw. 4.2) besitzt. Die späteren deskriptiven Aussagen zur Entwicklung der einzelnen Pidginstadien hängen sehr stark an den Bewertungen der Regeln 2.3, 2.4 sowie 3.1 und 3.2. Diese Regeln streuen die 48 Sprecher des Samples sehr kontinuierlich und können deshalb als Indikator der Sprachentwicklung dienen. Tab. 27 zeigt den zentralen Zusammenhang recht deutlich (vgl. Heidelberger Forschungsprojekt, 1976: 144, Fn. 40 und Klein/Dittmar, 1979: 122).

Tab. 27: Korrelation der verwendeten Regelgruppen mit der Regel 3.1
(Vorhandensein eines Verbs)

Regelgruppe	Korrelation	
2.3 + 2.4	0,79	(Vorhandensein eines Subjekts)
4.1	0,77	(Grad der Differenzierung der Verbgruppe durch Modal- oder Hilfsverb; in diesem Falle keine Differenzierung)
5.1 (VP → V)	0,56	(Komplexität der Verbergänzungen; in diesem Falle Fehlen einer Ergänzung)

Positiv am Heidelberger Vorschlag ist, daß die Gestalt der Bezugsgrammatik bereits die Ansätze zur Entfaltung der einzelnen Varietäten mitenthält. Wollte man diese Eigenschaft einer Bezugsgrammatik systematisch optimieren, müßte das Regelwerk jedoch vollständig umgestaltet werden, insbesondere ginge der Bezug zur Grammatik des Deutschen weitgehend verloren. Man müßte dazu eine Methode entwickeln, welche auf der Basis der statistischen Ergebnisse von Korpusanalysen die Grammatikschreibung nach vorgegebenen Optimalisierungsgesichtspunkten steuert. Ein solches Forschungsprogramm, das an die "discovery procedures" der amerikanischen Strukturalisten anknüpft, existiert noch nicht, die Methoden der differentiellen Analyse (vgl. Wildgen, 1977a) weisen aber den Weg zu einer solchen von Standardgrammatiken unabhängigen Methode.

Interessanterweise ist die bisherige Kritik am Heidelberger Vorgehen aus der entgegengesetzten Richtung gekommen. So hat die Gruppe ZISA (Zweitsprachenerwerb italienischer und spanischer Arbeiter) in Wuppertal vorgeschlagen, als Bezugsgrammatik eher eine Standardgrammatik zu wählen, wobei sie sich an Chomsky (1965) orientiert. (Vgl. Pienemann, 1981: 29f. und zur Methode Kap. 2.8.1. – In der Analysepraxis werden Strukturlisten benützt, die eine sehr spezifische Selektion aus den von der Basis erzeugten Satz- und Syntagmenmustern darstellen; vgl. Pienemann, 1981: 31–40.)

Wir wollen einige Modifikationen des Konzeptes der Variationsgrammatik vorschlagen, die besonders in bezug auf den Sprachkontakt deren Wert anheben könnten:

1) Eine Variationsgrammatik muß Raum für die kategoriale Differenzierung des Lexikons im Laufe des Spracherwerbs bieten. Das An-
fangslexikon ist naturgemäß kategorial sehr vage, d. h., sowohl die
lexikalischen als auch die syntaktischen Funktionen entwickeln sich
im Verlaufe des Sprachkontaktes und des Zweitsprachenerwerbs
(soweit sie nicht identisch mit denen der Erstsprache sind).

2) Auch die Operationen der Grammatik, ihre Regeln, müssen eine
Entfaltungsstruktur haben, so daß sich die späteren komplexen Stadien zwanglos und ohne totale Reorganisation aus den früheren und
ärmeren Stadien entwickeln können (die Grammatik muß gewisser-
maßen wachsen können).

3) Die strategische Komponente des Sprachverhaltens ist in der Situation der Spracharmut, also im Falle von Behelfssprachen besonders
wichtig. Der Pidginsprecher muß den Beitrag, den der verbale Kontext, z. B. die Äußerungen seines Partners und die Situation, leisten,
optimal für seine kommunikativen Zwecke aktivieren, um den syntaktischen und lexikalischen „Druck" auf seine Verbalisierung zu
verringern.

In seinem Buch *Zweitsprachenerwerb. Eine Einführung* (1984) zieht
W. Klein die Konsequenzen aus seinen Erfahrungen im Heidelberger
Projekt und gliedert den natürlichen Zweitsprachenerwerb problem-
bzw. prozeßorientiert in der folgenden Weise:

a) Das *Analyseproblem:* Zerlegung des wahrgenommenen Schallkom-
plexes in kleinere Einheiten und Verknüpfung mit Parallelinforma-
tion (a. a. O.: 70).

b) Das *Syntheseproblem* (für Laute, Wörter, Sätze).

c) Das *Einbettungsproblem:* „In der Regel ist die Äußerung in einen
Strom kontextueller Information eingebettet. Wenn immer ein Spre-
cher das Wort ergreift, muß er versuchen, seine Äußerung in diesen
Informationsfluß einzupassen" (a. a. O.: 72).

d) Das *Vergleichsproblem,* d. h. der Vergleich der erreichten Sprachkompetenz mit der Zielsprache. Wenn der Lerner die Unterschiede
nicht mehr deutlich wahrnehmen kann, kommt der Lernprozeß zum
Stillstand (a. a. O.: 73).

Letztlich erfordert eine Weiterentwicklung des Ansatzes im Heidelberger Projekt eine weniger lineare Progressionsanalyse und die Entwicklung von Sprachmodellen, die sich von der engen Schematisierung
in Standardgrammatiken lösen und die Dynamik und Kreativität des
Sprachkontaktes besser erfassen.

Die Unzulänglichkeit von Variationsgrammatiken aus soziolinguistischer Sicht sollte aber nicht darüber hinwegtäuschen, daß in jedem Falle

die Sprachkontaktforschung (und die Soziolinguistik) für die Analyse
sprachlicher Materialien einen geordneten kategorialen Rahmen benötigt und daß ein solcher nur in der Form von Grammatikmodellen systematisch verfügbar ist. Es gibt also nur die Alternative, eine solche Grammatik instrumentell zu benutzen (wobei man die Qual der Wahl hat)
oder eine Form von Grammatik zu entwickeln, die der eigenen Pro-
blemstellung angemessener ist, ohne aber mit der allgemeinen Grammatik oder den Grammatiken der im Kontakt verwendeten Sprachen
inkommensurabel zu sein. So gesehen waren die Initiativen von Labov
(1969) und Klein (1974) verdienstvoll. Wie die Weiterführung des Projektes von W. Klein im europäischen Maßstab (vgl. Kap. 2.5, Beispiel 3)
gezeigt hat, sind funktionale und semantisch-pragmatische Aspekte für
diesen Problemzusammenhang relevanter als rein syntaktische Erscheinungen. Entsprechend sind nicht mehr formale Syntaxen (mit oder
ohne Regelerweiterungen) der adäquate Hintergrund, sondern die Psy-
chosemantik und die Pragmatik der jeweiligen Kontaktsprachen. Für
diese Aspekte ergibt sich allerdings in Zukunft auch die Notwendigkeit
einer exakten Modellbildung, so daß das Problem der angemessenen
Modellierung der sprachlichen Variation und ihrer Integration in die
Grammatik nur aufgeschoben und nicht aufgehoben ist.

4.3 Pidgin- und Kreolsprachen als Ergebnisse
      eines historischen Entwicklungskontinuums

Einer der ersten, der auf die Bedeutung der Kreolsprachen und ihrer
frühen Entstehungsstufen für die Sprachforschung generell hingewiesen hat, war Hugo Schuchardt. In seinen *Kreolischen Studien IV* von
1883 sagt er:

Dieses español de cocina ... besitzt für den Sprachforscher ein großes Interesse.
Es ist kein fertiges Patois, wie das Portugiesische von Macao oder Malacca, es
existiert in den mannigfachsten Abstufungen, mit größerer oder geringerer Annäherung an die spanische Grammatik, mit größerer oder geringerer Verwendung malayischer Wörter, aber es ist doch kein immer wiederholtes individuelles
Radebrechen mehr, das zwischen vielen Indern, mit Hintansetzung der ange-
stammten Sprache, das regelmäßige Unterhaltungsmittel bildet; es besteht eine
Art Überlieferung, es macht sich ein breiter Durchschnitt bemerkbar; die Spa-
nier müssen sich an das „Küchenspanisch" gewöhnen und sich ihrerseits zu
einer vermittelnden Sprechweise bequemen. Auf einer solchen Stufe ist der Ent-
stehungsprozeß der kreolischen Idiome am durchsichtigsten; aber freilich
müßte man diesen Sprachorganismus mit seinen noch verschwimmenden Zügen
im Leben studieren.

Nachdem die Vielfalt von Pidgin- und Kreolsprachen, Lingue franche, Behelfssprachen, Handelssprachen in den sechziger und besonders den siebziger Jahren Gegenstand intensiver Forschung war, wurden gegen Ende der siebziger Jahre die sprachtheoretischen Folgerungen daraus gezogen, wobei sich grundlegende Tendenzen der Erklärung herauskristallisierten:

– Thesen der Monogenese, d. h. der Entstehung aus *einer* Wurzel.
– Universalistische Theorien, welche bei der Entstehung von Pidginsprachen und beim Übergang zu einer stabilen Kreolsprache universale Mechanismen am Werk sehen oder gar darin eine Wiederholung der ursprünglichen Sprachgenese erkennen wollen. Wir werden besonders auf die in Bickerton (1981) entwickelte Theorie näher eingehen.
– Stärker ethnisch und historisch ausgerichtete Theorien, welche die jeweiligen Entstehungsprozesse, die Vorformen und Parallelentwicklungen und die geographischen und ökonomisch-politischen Bedingungen der Entstehung von Pidgin- und Kreolsprachen in den Vordergrund rücken.

Die ersten beiden Ansätze entsprechen noch dem Schema der sequentiellen Entwicklung (vgl. 4.2.1), während letzterer ein neues Schema einführt (vgl. 4.4.1).

4.3.1   Theorien der Monogenese von Pidgin- und Kreolsprachen

Die Entstehung von Pidginsprachen und deren Entwicklung zu Kreolsprachen ist Gegenstand einer Reihe von Theorien und Forschungshypothesen, bei denen neben dem Schema der Stufenabfolge (vgl. Abschnitt 4.2.1) das Schema des Stammbaumes eine zentrale Rolle spielt. Die Stammbaummetapher (die der Biologie entlehnt ist) ist aus der historisch-vergleichenden Sprachforschung bekannt (vgl. 3.3.1). Im Falle der Pidgin- und Kreolforschung finden wir zwei Varianten. Die erste orientiert sich an der historischen Reihenfolge, in der die kolonialen Sprachen ab dem 15. Jahrhundert ihren Einfluß in den entfernteren Regionen entwickelt haben. Ausgehend von einer Lingua franca im Mittelmeerraum (die ins Mittelalter zurückreicht), dem Sabir, ist der eigentliche Startpunkt ein proto-portugiesisches Pidgin, das als eine Sprache für erste Kontakte bei der Erkundung unbekannter Länder von den Portugiesen sprachplanerisch entwickelt wurde. Die nachfolgenden Pidgins mit Spanisch, Englisch, Französisch, Holländisch, Deutsch und anderen Sprachen als Superstrat wären demnach sekundäre, tertiäre usw. Überformungen dieser Urform. Thompson (1961) begründet eine entsprechende Theorie mit Verweis auf die Versprachlichung von Tempus, Modus und Aspekt im Surinam-Kreolischen und in anderen Kreolsprachen (vgl. Romaine, 1988: 87). Die offensichtlich dominanten Unterschiede zwischen den Sprachen im Westatlantik und im Pazifik, die durch die Monogenese-These zusammengefaßt sind, werden durch das Prinzip der Relexikalisierung erklärt. Nach diesem Prinzip werden in eine bestehende Grundstruktur jeweils andere lexikalische Einheiten eingesetzt, welche zu einer oberflächlichen Ähnlichkeit dieser Sprache mit der „Herrensprache" führen. Wir wollen diese Stammbaumkonzeption durch ein vereinfachtes Schema illustrieren (vgl. auch Romaine, 1988: 89).

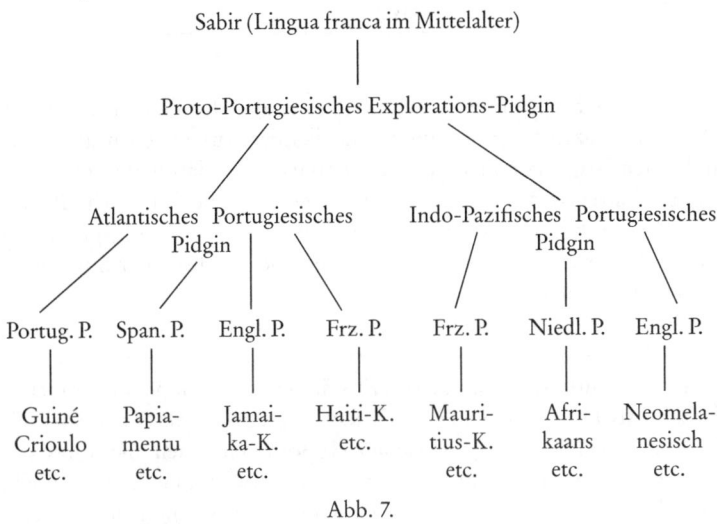

Abb. 7.

Eine wichtige Eigenschaft von Kreols wird anhand dieser Stammbaumhypothese deutlich. Im Gegensatz zu traditionellen Stammbaumtheorien, die auf einer „natürlichen" Differenzierung im Zusammenhang des Sprachwandels und der geographischen Migration beruhen, zeigt der obige Stammbaum eine Folge historischer Schichten an, wobei in der jeweiligen Schicht andere Superstratsprachen ihren Einfluß ausüben können. Das Ergebnis des historischen Prozesses ist somit eine Überlagerung aufeinanderfolgender Pidgins bzw. Kreols. Insofern ist das obige Schema eher ein Schichtungsdiagramm als ein Stammbaum. Auffällig an der Darstellung ist das Fehlen der Ursprungssprachen der Bevölkerungen, welche dem kolonialen Einfluß ausgesetzt waren.

Die zentrale Operation der Relexikalisierung wird von Mühlhäusler (1986: 108) anhand aktueller Sprachbeobachtungen in Neuguinea belegt, wobei er graduelle und abrupte Übergänge von der Dominanz der einen Superstratsprache zur anderen unterscheidet. Die beiden Kolonialsprachen in Konkurrenz sind Deutsch und Englisch (Teile Neuguineas waren deutsche Kolonie vor dem Ersten Weltkrieg):

Tab. 28

(a) gradueller Wechsel	(b) abrupter Wechsel
Stufe 1: beten (dt. 'beten')	Stufe 1: binen (dt. 'Biene')
Stufe 2: beten o prea	Stufe 2: bi (engl. 'bee')
Stufe 3: prea (engl. 'pray')	

Eine andere Hypothese der Monogenese, also der Genese aus einem „Stamm", bezieht sich auf die westafrikanisch-atlantischen und westindischen Pidgins und Kreols. Sie geht davon aus, daß charakteristische Eigenschaften westafrikanischer Sprachen, z. B. die dort vorfindlichen seriellen Verbkonstruktionen, einen gemeinsamen Bezugspunkt für die Vielfalt westlicher Kolonialsprachen (bei wechselnder Superstratsprache) abgeben.

Obwohl die monogenetischen Theorien *einen* Ausgangszustand und *einen* Endzustand annehmen, entsprechen sie doch nicht ganz dem Schema der linearen Abfolge von Zuständen, da die Superstratsprachen konstitutiv hinzutreten und somit den linearen Charakter der Entwicklung stören. Die monogenetischen Hypothesen gehen allerdings von einem strukturellen Kern aus, der in der Entwicklung erhalten bleibt und diese somit steuert. Wesentlich näher am ursprünglichen Schema sind jene Theorien, welche eine Parallelität zwischen der Entwicklung von Pidgin-Sprachen und dem Ablauf des Zweitsprachenerwerbs postulieren. Wir hatten im vorherigen Abschnitt bereits gesehen, daß die Spracherwerbsphasen im Deutschen ausländischer Arbeiter als Pidgin-Deutsch bezeichnet wurden (vgl. Heidelberger Forschungsprojekt, 1975: Kap. 2). Eine solche Zuordnung setzt voraus, daß es einen Zusammenhang zwischen dem (unvollkommenen) natürlichen Zweitsprachenerwerb und der Entstehung von Pidgins gibt und daß es ökonomisch-soziale Parallelen zwischen der Arbeitsimmigration in Europa und den kolonialen Situationen (z. B. Plantagenarbeit und Arbeitsmigration im Pazifik) gibt. Auf die typischen sozioökonomischen Situationen gehen wir in Kap. 4.4 näher ein.

4.3.2 Die Hypothese des Lebenszyklus von Pidgin- und Kreolsprachen

Die Herstellung einer Parallelität von natürlichen Wachstumsprozessen und soziokulturellen Entwicklungen hat eine alte, bis in die Antike zurückreichende Tradition: die Metapher des Lebenszyklus von Kulturen. Im Falle der Pidgin- und Kreolsprachen werden die folgenden Sequenzen als stabile Bestandteile eines solchen Zyklus angesehen:

a) Entstehung des Pidgins (Pidginisierung). Solche Prozesse finden z. B. heute in entlegenen Gegenden Neuguineas, welche dem westlichen Einfluß gerade erschlossen werden, statt.

b) Minimales Pidgin. Dies gilt besonders für isolierte Kontaktsituationen.

c) Pidgin. Beispiele sind: das China Coast Pidgin, das Police Motu in Neuguinea und der Chinook-Jargon an der Westküste Kanadas (von Südalaska bis Nordkalifornien). (Vgl. Reinecke et al. [1975: 712]: "the few persons who still speak Chinook Jargon are almost all British Columbians".)

d) Entwickeltes Pidgin; z. B. das Neuguinea-Pidgin (Tok Pisin).

e) Beginnendes Kreol (als Muttersprache der Sprecher); z. B. das Neuguinea-Pidgin (in einigen Populationen, für die diese Sprache die Muttersprache ist).

f) Das entwickelte Kreol; z. B. das Sranan in Surinam und das Papiamentu auf Curaçao, Aruba, Bonaire nördlich von Venezuela.

Neben dieser Grundsequenz, die vom rudimentären Pidgin nach ersten Sprachkontakten zum funktional voll ausgebauten Kreol führt, gibt es Nebenlinien, welche die Kreol- bzw. Pidginsprachen, die ja per definitionem in sozialer und kommunikativer Distanz zur jeweils beherrschenden Sprache stehen, dieser annähern bzw. in ihrem Endzustand mit dieser verschmelzen. Die Nebenlinien können, je nachdem ob sie in der Zweitsprache (dem Pidgin) oder in der Muttersprache (dem Kreol) realisiert werden, als Post-Pidgin- oder Post-Kreol-Kontinuum bezeichnet werden. Da der Übergang vom entwickelten Pidgin zum beginnenden Kreol fließend und je nach arealer und sozialer Konstellation unterschiedlich ist, ist es einfacher, generell von einem Prozeß der Anpassung an die Superstratsprache mit gleichzeitiger Umstrukturierung zu sprechen. Mühlhäusler (1986: 11) bezeichnet die Grundsequenz als Entwicklungskontinuum und den Anpassungsprozeß an die Superstratsprache als Restrukturierungskontinuum.

Das post-kreole Kontinuum wird in Bickerton (1975, 1980) am

Beispiel des Guayana-Kreol untersucht. Bickerton unterscheidet drei
Stufen:

Basilekt	〉〉	Mesolekt	〉〉	Akrolekt
(das Kreol)		(Übergangsformen)		(in diesem Fall
				das Englische)

Die Übergänge sind sprachlich jedoch wesentlich feiner abgestuft, wie
die Abfolge der Beispielsätze für „Ich gab ihm" in (1) bis (18) zeigen
(vgl. Romaine, 1988: 158 f. – Eine genauere Betrachtung der Sätze 1–18
zeigt, daß die sprachlichen Veränderungen nicht streng linear sind. Die
Übergänge von 'gii' zu 'gi' und von 'ii' zu 'hii' und zu 'im' schwanken):

Tab. 29

Guayana-Kreol

Basilekt ⟶ Mesolekt

(1) mi gii am	(8) a di gii ii	(9) a did gi ii
(2) mi bin gii am	(10) a did giv ii	(11) a did giv hii
(3) mi bin gii ii	(12) a giv ii	(13) a giv im
(4) mi bin gi ii	(14) a giv him	(15) a geev ii
(5) mi di gii ii	(16) a geev im	(17) a geev him
(6) mi di gi hii		
(7) a di gi ii		

Akrolekt
(18) I gave him

Kontinua, welche in eine Prestigesprache münden, sind auch außerhalb
der Kreolsprachen, insbesondere dort, wo Sprachen mit geringem Prestige verdrängt werden, anzutreffen; es handelt sich um Kontinua des
„Sprachtodes". Allerdings ist der lineare Charakter solcher Post-Kreol-
Kontinua (oder Post-Mischsprachen-Kontinua) umstritten, da die sub-
jektiv wahrgenommene Zielsprache je nach Standort eines Sprechers im
arealen und sozialen Kontinuum verschieden sein kann. Typischerweise
ist ja in der Pidgin- und Kreolsituation die Superstratsprache nicht direkt zugänglich (außer dort, wo sie über die Schule den Sprechern als
schriftsprachliche Norm aufgedrängt wird, was teilweise in Haiti und in
anderen karibischen Ländern und natürlich innerhalb Europas für Dialekte und Minderheitensprachen der Fall ist).

Für das Guayana-Kreol zeigt Bickerton außerdem den Einfluß der
sozialen Schichtung und den Unterschied zwischen Land- und Stadtbe-
völkerung als Einflußfaktoren auf. So kann er den Varianten des Satzes

"I told him" jeweils soziale Charakteristika zuordnen (vgl. Bickerton, 1975: 9):

Tab. 30

1. ai tɔuld	hɪm	⎫
2. ai to:ld	hɪm	⎬ Mittelschicht
3. ai to:l	ɪm	⎭
4. ai tɛl	ɪm	⎫
5. a tɛl	ɪm	⎪ Untere Mittelschicht und
6. ai tɛl	i	⎬ städtische Arbeiterschicht
7. a tɛl	i	⎭
8. mi tɛl	i	⎱ Landarbeiter
9. mi tɛl	am	⎰ ältere Landarbeiter

In diesem Beispiel sind die verschiedenen Dimensionen zugehörigen Faktoren linear angeordnet. Die grundlegenden, auch im Beispiel aufscheinenden Dimensionen sind jedoch:
a) die soziale Schichtung;
b) die areale Gliederung (hier Stadt – Land);
c) die Altersschichtung.

Im Prinzip ist also gerade bei der Dekreolisierung und genereller bei der Anpassung an eine Prestigesprache mit einem (außersprachlich motivierten) mehrdimensionalen Variationsraum zu rechnen.

4.3.3 Die Bioprogramm-Hypothese

Bezogen auf das Entwicklungskontinuum wird in Bickerton (1981, 1984 a, b) eine sehr weitreichende Hypothese aufgestellt. Sie erklärt die Entwicklung einer Kreolsprache als eine (kulturelle) Regression, bei der Wesenszüge eines der Sprache zugrundeliegenden *Bioprogramms* offenkundig werden, das durch die Sprachentwicklung, insbesondere durch die kulturelle Diversifikation verdeckt wurde. Nach Bickertons Ansicht kann somit die Pidgin- und Kreolforschung besser als die theoretisch-analytische Untersuchung einzelner, insbesondere fortgeschrittener Sprachen etwas über die zugrundeliegende Universalsprache (im Sinne eines Bioprogrammes) aussagen. Als Konzeption ist diese Theorie mit der in 4.2.1 erwähnten Position Chomskys vergleichbar, allerdings sind dabei wesentliche Modifikationen zu beachten. Die Startbedingung ist ein kognitiv-evolutionär etabliertes Ausgangsfeld S_0, das jedoch eher eine natürliche „Semantax", also ein Inventar grundlegender Kategorien und Skalen, die in der Syntax der einzelnen Sprachen zu organisieren sind, als eine Syntax im Sinne der herkömmlichen Grammatik ist. Während im Erstsprachenerwerb das Kind, sobald es verständliche Äußerungen produziert, durch den Zustand einer historisch entwickelten Sprache in der weiteren Entwicklung bestimmt wird, führt der Sprachverlust bzw. die Nichtzugänglichkeit einer gemeinsamen Sprache in der Pidginsituation zur teilweisen Neuschaffung einer Sprache, die Spuren des Bioprogramms erkennen läßt. Das Bioprogramm (vgl. die analoge Konzeption einer Biogrammatik in Tiger/Fox, 1976) legt den Rahmen einer kulturellen Ausbeutung der biologischen Anlagen fest. Die Regression verringert die sekundären (kulturellen) Umformungen und läßt somit den Kern des biologischen Programms besser erkennen. Abb. 8 illustriert diese Vorstellung (vgl. Abb. 5.1 in Bickerton, 1981: 298). Die äußere Hülle wird mit Chomskys formalen Universalien in Beziehung gesetzt (a. a. O.: 297f.).

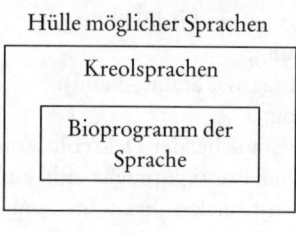

Hülle möglicher Sprachen

Kreolsprachen

Bioprogramm der
Sprache

Abb. 8.

Was beinhaltet aber nun dieses Bioprogramm und wie kann die Kreolistik dazu beitragen, Inhalt und Umfang der allgemeinen Sprachfähigkeit festzustellen? Bickerton (1981: 43–135) analysiert zwölf Typen sprachlicher Strukturen hauptsächlich anhand des Guayana-Kreol und des Hawaii-Kreol (allerdings unter Berücksichtigung einer großen Anzahl weiterer Kreols und Pidgins). Wir wollen einen Teil der von Bickerton diskutierten Bereiche kurz zusammenfassen.

a) Bewegungsregeln (Fokussierung von Konstituenten; a. a. O.: 51–56):
Die deutlichste Form der Fokussierung ist die Voranstellung der fokussierten Konstituente. Dies ist somit, bezogen auf das Bioprogramm, die „natürliche" Realisierung. Anhand des Guayana-Kreols zeigt Bickerton, daß sowohl die Nominalphrasen als auch das Verb (nicht die Verbalphrase) vorangestellt werden können, wobei das Verb verdoppelt wird, d.h., es bleibt eine Kopie des Verbs an der alten Stelle zurück. Beispiel (a. a. O.: 52):

1) Normale Abfolge
   Jan bin   sii   wan   uman
   John hatte gesehen (seen) eine (one) Frau (woman)

2) Fokussierung des Subjekts mit der Kopula 'a'
   a Jan bin sii wan uman

3) Fokussierung des Objekts
   a wan uman Jan bin sii

4) Fokussierung des Verbs
   a sii Jan bin sii wan uman

Das Verb, das Hilfsverben und Tempus/Aspekt/Modus-Angaben
bindet, kann nicht in der ursprünglichen Form getilgt werden; das
Fehlen des Verbs würde das Hilfsverb zum Vollverb machen. Das Verb
ist somit einerseits eine Hauptkategorie (neben der NP) und zweitens
von zentralem Gewicht. Die Kategorie VP als syntaktische Hauptkategorie entsteht im Kreol eher über einen Superstrat-Einfluß.

   b) Artikel (a. a. O.: 56–58):
Das Bild ist hier für fast alle Kreols ähnlich. Sie entwickeln eine Unter-
scheidung von:
– Präsupponierter spezifischer NP z. B. im
   Guayana-Kreol (GK): *di* buk (= Buch)
   Papiamentu (P):   *e* buki
   Seychellen-Kreol (SK): *sa* banan (*sa* von *ça, banan* = Banane)
– spezifisch (behauptet)
   GK: *wan* buk (ein bestimmtes Buch)
   P: *un* buki (ein Buch)
   SK: *ê*   banan (eine Banane)
– nicht-spezifisch
   GK: buk (ein Buch oder Bücher)
   P: buki dto.
   SK: let (ein Brief), zuti (Werkzeug, von *outil*)
Demnach ist zumindest die Unterscheidung spezifisch vs. nicht-
spezifisch für alle Kreols zentral und damit auch eine wahrscheinliche
Festlegung des Bioprogramms.

   c) Das Tempus-Modalität-Aspekt-(TMA-)System (a. a. O.: 58 f.):
Viele Kreols (Hawaii, Sranan, Saramaccan, Haiti u. a.) markieren diese
Kategorie durch Partikeln vor dem Verb, und zwar in der Reihenfolge
T 〉 M 〉 A.

Die Markierungen betreffen dabei:

Tempus: + Vorzeitig (Anterior); d.h. Plusquamperfekt bei Aktions-
verben, Präteritum bei Zustandsverben
Modus: + Irrealis; schließt Futur und Konditional mit ein
Aspekt: + Nichtpunktuell; progressiv-durativ, habituell-iterativ

d) Die Verbindung von Existentialkonstruktionen und Possessiva
(a. a. O.: 66 f.):
In sehr vielen Kreols wird dasselbe Lexem benutzt, um die Existenz
eines Sachverhalts und den Besitz anzugeben. Bickerton gibt Beispiele
aus dem Guayana-Kreol (i), dem Papiamentu (ii) und aus anderen
Kreols:

(i)   dem *get* wan uman we *get* gyal-pikni
      es gibt eine Frau, die *hat* eine Tochter
(ii) *tin* un muhe cu *tin* un yiu-muhe
      es gibt eine Frau, die *hat* eine Tochter (Kind-Frau)

Trotz unterschiedlicher Superstratsprachen (z. B. Englisch, Spanisch)
wird dieselbe Kategorienzuordnung vorgenommen.

e) Gleichbehandlung von Adjektiven und Verben (zumindest in
manchen Konstruktionen); vgl. a. a. O.: 68 f.

f) Fragewörter sind meist zweiteilig (a. a. O.: 70 f.); ein erster Teil abstrahiert den Fragecharakter (*we, wi, wa* aus englisch *which* oder *what*,
ki aus französisch *qui* oder *que, ke* aus portugiesisch *que*); der zweite
Teil gibt den Typ des Erfragten an:

Guayana: wi said (which side) „Wo?"
Haiti: ki koté (quel côté) „Wo?"
São Tomense: ke situ (von portug. *sito* „gelegen, befindlich") „Wo?"

g) Äquivalente des Passivs (a. a. O.: 71 f.):
Passiv-Konstruktionen sind sehr selten in Kreols. Meist werden
Sequenzen N V N als: Agens – Handlung – Patiens und Sequenzen
N V als Patiens-Handlung (bei gleichem transitiven Verb) interpre-
tiert.

Teile dieses Systems von Indikatoren, insbesondere das TMA-System
(c), werden in Muysken (1981) mit Gegenbeispielen aus verschiedenen
Kreolsprachen diskutiert. Bickerton setzt sich damit in dem genannten
Buch auseinander. Für eine detaillierte Diskussion der Bioprogramm-
Hypothese anhand von Daten aus unterschiedlichen Sprachen vgl.

Romaine (1988, Kap. 7: 256–310) und mehrere Beiträge im Kongreß-
band von Muysken/Smith (1986).

Romaine (1988: 296–309) verweist auf weitere empirische Bereiche,
die neben den Daten der Kreolforschung und des schon von Bickerton
selbst herangezogenen Erstspracherwerbs (Kindersprache) als Argu-
mente für oder gegen die Bioprogrammthese angeführt werden können:

- Der Vergleich mit Taubstummensprachen. Da diese eine starke
  Komponente der spontanen Reorganisation (mangels stabiler Ver-
  mittlungen) haben, zeigen sich ähnliche Emergenzstrukturen wie
  bei den Kreolsprachen (a. a. O.: 296–299).
- Abrupter Sprachwandel z. B. von einer SOV- zu einer SVO-Sprache
  (vgl. Bickerton, 1984 b).
- Genereller sind ähnliche Regressionsphänomene in vielen Kontaktsituationen auch außerhalb der Pidgin- und Kreolsprachen zu erwarten (vgl. Seuren, 1984 und Wildgen, 1985).

Die Bioprogramm-Hypothese und insbesondere die Vorstellung
einer *Emergenz* (d. h. eines Hervortretens latenter, nur unter besonderen Bedingungen realisierbarer Möglichkeiten) von natürlichen
Sprachstrukturen in Situationen, wo die kulturelle Tradierung der
Sprache abbricht bzw. die Tradierung sehr unvollkommen ist, ist eigentlich ein Randfall des in Abschnitt 4.2.1 skizzierten Schemas linearer
Entwicklungssequenzen. Im Prinzip sind damit bereits Systeme mit
Nichtlinearitäten, mit qualitativ verschiedenen Fortsetzungen eines
oder mehrerer Anfangszustände angesprochen. Bickerton geht in
neueren Arbeiten (z. B. in Bickerton, 1984 a) eher von einem System mit
Gleichgewichtsstufen und plötzlichen (sprunghaften) Übergängen aus,
d. h., er faßt Selbstorganisationsprozesse ins Auge (vgl. Kap. 4.6).

4.4 Pidgins und Kreols als Ergebnisse von Sprachmischung

Die Alternative zum sequentiellen Schema ist das Schema der Sprachmischung, bei dem man von mehreren, im Prinzip gleichwertigen Sprachen ausgeht, die aber unterschiedliche Rollen im Kontakt einnehmen.
Die Rolle und Wirkung dieser im Kontakt aufeinandertreffenden Sprachen muß historisch, geographisch und soziologisch genau rekonstruiert werden, damit das Endprodukt: eine Kontaktsprache, ein Pidgin,
ein Kreol, erklärt werden kann. In der klassischen Terminologie werden
die Wirkungen dieser Interaktion als Einwirkungen von Substrat-, Su-
perstrat- und Adstratsprachen bezeichnet. Da die exaktere Rekonstruk-

tion der historischen, geographischen und sozialen Bedingungen für weit zurückliegende Entstehungsprozesse (die Entwicklung von Kreolsprachen erstreckt sich vom 16. bis ins 20. Jahrhundert) wegen dürftiger Dokumentation schwierig ist, spielen jene Kontaktsprachen, die in den letzten hundert Jahren entstanden sind, für diese Modelle eine besondere Rolle (so z. B. das Tok Pisin).

4.4.1 Das interaktiv-diffusive Entwicklungsschema

Auch die Modelle einer Sprachmischung von Kontaktsprachen benützen einfache, in den Wissenschaften bewährte Vorstellungen und Metaphern, welche als Bilder eine Leitfunktion einnehmen. Die Begriffe Diffusion und Mischung verweisen auf die Chemie. In der Chemie stehen Diffusionsprozesse und (echte, nicht bloß mechanische) Mischungsvorgänge in engem Zusammenhang. In einer Situation des Ungleichgewichtes wird durch Diffusion der wahrscheinlichste Zustand, das Verteilungsgleichgewicht, erreicht. In der Physiologie haben Membranen mit spezifischen 'Trägern' (Carriers) eine regelnde Funktion, indem sie eine richtungsbegrenzte Durchlässigkeit und eine hochgradige Selektivität gegenüber den transportierten Substanzen bewirken. Mit einem solchen, naturwissenschaftlich präzisierten Konzept von Diffusion (man könnte natürlich auch von den Alltagserfahrungen mit der Ausbreitung von Gasen und der Durchmischung von Flüssigkeiten ausgehen) erhalten wir ein einfaches Grundschema auch für die Sprachmischung in der Kontaktsituation. Wir können dieses Schema illustrativ auf die Entstehung eines Plantagenpidgins anwenden.

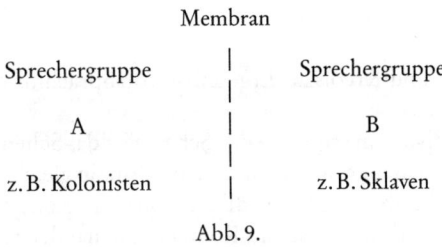

Abb. 9.

Da die Gruppe B meist sehr inhomogen war, konnte entweder B selbst der Ort einer Diffusion sein (es konnte eine Kontaktsprache innerhalb von B entstehen), oder aber die Diffusionsbewegung ging (vorwiegend) von A nach B und wurde durch die 'Membran' (die sozialen Bedin-

gungen der Kommunikation und der sozialen Interaktion) kanalisiert.
Der Begriff 'Membran' ist die am schwersten in das Anwendungsfeld
'Sprache' zu übertragende Konzeption, während etwa die Diffusion
über den Prozeß des Sprachlernens (und Sprachvergessens) ein nahelie-
gendes Korrelat in der Sprache besitzt. Die Membran kann erstens rich-
tungsspezifisch sein. In unserem Fall ist das soziale Gefälle, die soziale
Distanz ein Faktor, der:
- die Anpassung primär von A nach B kanalisiert, d. h., B lernt von A;
- diese Anpassung wegen der sozialen Distanz bremst (außer im postkreolen Stadium).
Linguistisch interessanter ist die Selektivität der Membran. Sie kann
universale Züge haben, z. B. im Sinne einer Regression auf Strukturen
eines gemeinsamen Bioprogramms, sie kann aber auch bezogen auf
grammatikalische Ebenen und Kategorien selektiv sein, so daß z. B. das
Lexikon von A nach B diffundiert, grundlegende syntaktische Muster
aber von B beibehalten werden. Das Diffusions- oder Mischungsmodell
schließt das Schema der linearen Entwicklung nicht aus, sondern erweitert es, so daß die im Laufe der historischen Entwicklung sich verän-
dernden Situationen und Bedingungen des Sprachkontaktes erfaßt
werden können. Die häufigsten Veränderungen im Falle der Pidgin- und
Kreolsprachen sind:
1. Die Kolonialherren können wechseln, z. B.: eine Kolonie kann zuerst spanisch, dann französisch und schließlich englisch werden.
2. Eine erste Vermischungsphase verwandelt etwa die Sprache A in A'
   und B in B' und kann unter gewissen Bedingungen sogar zu einer
   nur noch sozial abgestuften einheitlichen Sprache A/B führen. In
   diese Situation kann dann der in (1) genannte Veränderungsprozeß
   eingreifen.
3. Ebenso wie die Gruppe A durch andere dominante Gruppen ergänzt
   oder ersetzt werden kann, gilt dies auch für B. Falls B eine ursprüngliche Bevölkerung war, kann sie:
   - durch Sklavenimporte ergänzt oder gar ersetzt werden,
   - durch Immigranten aus anderen Kolonien ergänzt oder ersetzt
     werden.
4. Die Mischsprache A/B kann später
   - mit anderen Kolonialsprachen (vgl. 1),
   - mit anderen Sprachen unterlegener Bevölkerungen,
   - mit anderen Mischsprachen
   in Kontakt kommen; diese Prozesse können sich wiederholen.
5. Außerdem verändert sich die Kolonialsituation:
   - im quantitativen Verhältnis von Kolonialherren und Unterge-

benen (dies ist z.B. der Fall bei der Entwicklung einer Plantagen-
wirtschaft nach einem Stadium des Handels),
– in der politischen und ökonomischen Organisation (vgl. die Ab-
schaffung der Sklaverei und das Erreichen der Unabhängigkeit
von der europäischen Kolonialmacht).
6. Schließlich sind im Verlauf der historischen Zeit normale Prozesse
der Differenzierung und des Sprachwandels anzunehmen.

Wie diese noch recht schematischen Vorstrukturierungen zeigen,
sind viele und recht unterschiedliche Situationen im Verlaufe einer historischen Entwicklung anzutreffen. Um die auffälligen Ähnlichkeiten
zwischen allen oder Teilgruppen etwa der Pidgins oder der Kreols erklären zu können, kann man entweder eine generelle Regularität in der
'Neuschaffung' von Sprachen annehmen (vgl. die Bioprogramm-Hypothese und ähnliche) oder allgemeine soziale Prozesse in den Kolonial-
situationen dafür verantwortlich machen (vgl. die Substrat- und Super-
strathypothesen). Schließlich kann man beides integrieren, indem man
für gewisse Situationen, so z.B. für das beginnende Kreol, bei dem die
Kinder die Kontaktsprache als Muttersprache wählen und in ihrem natürlichen Entwicklungsprozeß ausbauen, die universalistische Hypothese zugrunde legt und für die Ausbauphase des Pidgins und des
Kreols Phänomene der Sprachmischung als Hauptfaktoren ansetzt.

Mühlhäusler (1985: 56–58) weist darauf hin, daß man bei Betrachtung
der spezifischen Interaktion und Mischung von Sprachen im Kontakt
zwischen sich entwickelnden und bereits entwickelten Sprachen unterscheiden muß. Demnach sind drei Konstellationen zu unterscheiden:
a) zwei entwickelte Sprachen im Kontakt,
b) zwei sich entwickelnde Sprachen im Kontakt,
c) entwickelte und sich entwickelnde Sprachen im Kontakt.

Die sich entwickelnden Sprachen haben mehr Variabilität, sind zeitlich instabiler und einfacher, so daß sie (bzw. ihre Sprecher) ganz anders
auf den Kontakt mit einer weiteren Sprache (einem Sprecher dieser
Sprache) reagieren. Unter sich entwickelnden Sprachen versteht Mühlhäusler (a.a.O.: 55):

systems which are moving from a less complex to a more complex stage. Ex-
amples include child first-language development, (natural) second-language
acquisition (interlanguages) and expanding pidgins.

In Mühlhäusler (1985: 81 f.) wird in Anlehnung an Vorschläge in
Markey (1981) zwischen:
– Diffusion (innerhalb einer Sprache),
– Fusion (im Wirkungsfeld zweier Sprachen),

– Pidginisierung/Kreolisierung (im Wirkungsfeld mehrerer Sprachen) unterschieden.

Der eingangs angeführte Begriff der Diffusion ist allerdings als theoretischer Begriff (der primär in der Physik, Chemie und Biologie präzisiert wurde) zu verstehen, wobei die Anzahl der beteiligten Systeme und die Art der Kanalisierung, Selektion und Interaktion in diesen Systemen und ihren Übergängen die grundlegende Dynamik nur modifiziert.

4.4.2 Das Beispiel einer komplexen Interaktion zwischen Sprachen (im Pazifik)

Die konkrete Interaktion von Sprachgemeinschaften ist immer gebunden an Orte und Ortsbewegungen (Migration, Zwangsumsiedlungen) und an historische Perioden. Wir wollen den geographisch-historischen Charakter des Prozesses anhand der Entwicklung und Interaktion der Kontaktsprachen im pazifischen Raum illustrieren.

Historisch können wir die verschiedenen Kontaktsprachen in einem Schema darstellen (Abb. 10) (vgl. Mühlhäusler, 1986: 18 und Romaine, 1988: 99).

Das Pitcairn-Kreol ist ein Sonderfall, da es auf einer früher unbewohnten Insel entstand, auf der sich neun Meuterer der Bounty, sechs polynesische Männer und zwölf polynesische Frauen 1790 angesiedelt hatten. Der Seemannsjargon ist ab 1830 als Kontaktsprache bzw. als "foreigner talk" zwischen europäischen Matrosen und Schiffshelfern von den pazifischen Inseln belegt. Der Südpazifik wurde im Rahmen des Sandelholz- und Seeschneckenhandels zu einem großen Netz von Sprachkontakten und Migrationen.

Am Beispiel des Tok Pisin (Neuguinea) zeigt Mühlhäusler (1985), wie komplex und außerdem in der Zeit variabel die Interaktionsnetze sind, in denen eine solche Kontaktsprache entsteht und sich entwickelt. In Abb. 11 geben wir in der oberen Hälfte das Netz um 1900 und in der unteren Hälfte das Netz um 1975 an (jeweils vereinfacht); die gestrichelten Linien bedeuten eine schwächere Beeinflussung als die durchgezogenen Linien.

Die Diagramme zeigen, daß neben den Superstratsprachen (Englisch und Deutsch) und den Substratsprachen (Tolai und die Hochlandsprachen in Neuguinea) besonders andere Kontaktsprachen und natürlich die historischen Vorstufen des Pidgins eine Rolle spielen. In jüngster Zeit sind es außerdem Sprachplanungsagenturen, welche Überlegungen

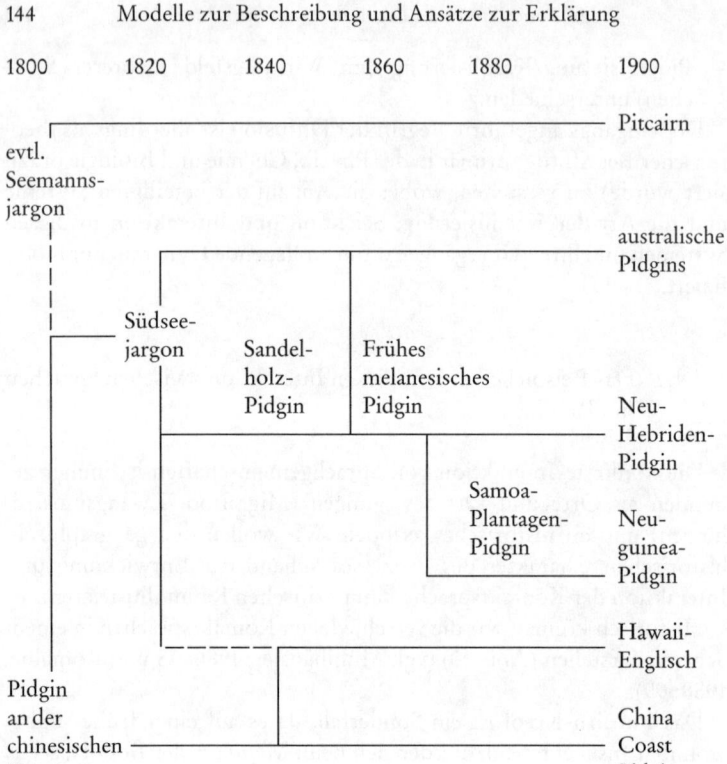

Abb. 10: Historische Entwicklung einiger pazifischer Pidgins und Kreols mit
Englisch als Superstratsprache.

zum Ausbau überregionaler Kontaktsprachen anstellen. Eine sprach-
politische Komponente spielt bereits seit den Erkundungssprachen der
Portugiesen eine gewisse Rolle und gewinnt mit der Unabhängigkeit
der Länder, für die ein Pidgin oder Kreol sich überregional etabliert hat,
an Bedeutung.

4.5 Sprachkontakt und ethnische Identität

Die Beziehung zwischen Sprache und ethnischer Identität ist bei
weitem nicht so einfach und allgemein, wie man sich dies auf dem Hintergrund der kulturellen Erfahrungen in westlichen Zivilisationen vor-
stellt. Im Gegenteil, beide Elemente der Korrelation – der Begriff einer
Sprache, einer Sprachgemeinschaft wie der Begriff einer ethnischen

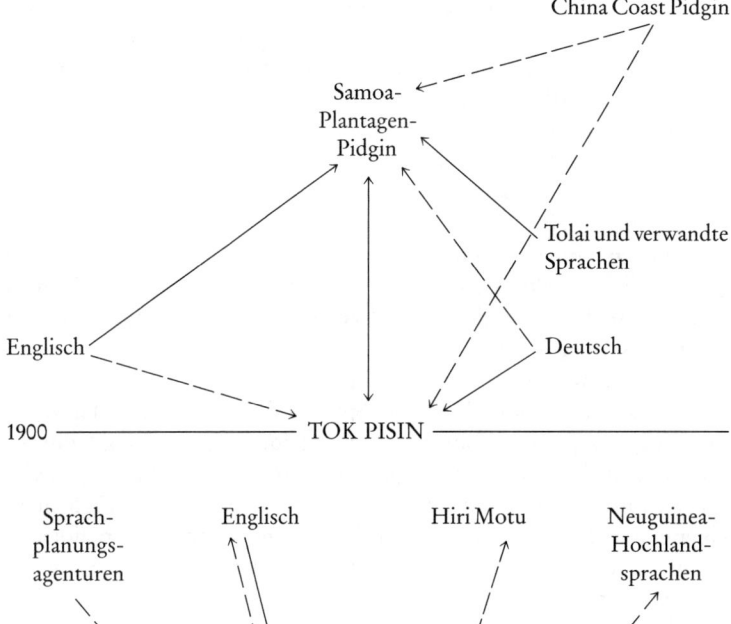

Abb. 11: Zwei historische Interaktionsnetze: 1900, 1975 (vgl. Mühlhäusler, 1985: 80 und Romaine, 1988: 101).

oder sonstigen sozialen Identität – unterliegen selbst starken Schwankungen in den verschiedenen menschlichen Populationen und sind eher Gegenstand einer kulturellen Festlegung, einer Symbolisierung, als deren Substrat oder Bezugspunkt. Außerdem treten zu dieser Korrelation weitere Größen, die wiederum einer sozialen Konventionalisierung und Symbolisierung unterliegen, hinzu. Wir wollen diese Größen in ihrem Zusammenhang und ihrer Wirkung auf den Sprachkontakt aufzählen:

a) *Der Körper*, körperliche Merkmale und reale oder konstruierte genetische Zusammenhänge zwischen Körpern. Da die genetische Abstammung in keinem Fall über längere Zeit 'rein' ist, also immer Mischungen stattfinden, ist diese Größe nur in wenigen Fällen für deutliche Unterscheidungen gut, in vielen Fällen werden nur einzelne Merkmale hervorgehoben und mit positiven oder negativen Einschätzungen und Abgrenzungen belegt (auch diese Interpretation kann wiederum sozial variabel sein).

b) *Geographische Zuordnungen.* Die geographische Zuordnung kann in die Charakterisierung einer Sprache oder gar in deren Namen eingehen, so daß zumindest in der Namengebung die Sprache mit einem Herkunfts- oder Aufenthaltsort verbunden wird. Dies trifft z. B. für Bezeichnungen wie: angelsächsisch *englisc gereord* (die Art, wie die Angeln sprachen), *Bahasa Malaysia* (Sprache des Landes der Malaysier) zu. Die geographische Zuordnung ist aber äußerst grob und gilt nur für die Zeit, in der der Name eingeführt wurde. Einige Sprachgemeinschaften in Australien oder in Südamerika bezeugen die Möglichkeit einer extrem losen Verbindung von Region und Sprache; die regionalen Kommunikationsnetze sind multilingual, und die einzelnen Sprachen werden dennoch aufgrund anderer Kriterien stabil ihren Sprechern zugeordnet. Im Falle der australischen Sprachen am Kap Keerweer (vgl. Le Page/Tabouret-Keller, 1985: 240ff.) werden die Sprachen gemeinsam mit einem verstreuten Landbesitz und mit Totems *vererbt*. Die Kommunikationsgemeinschaften sind prinzipiell multilingual. Die Sprache ist ein Emblem wie das Totem; die Mehrsprachigkeit ist bereits für das Kleinkind Normalität.

Ein ähnlicher Fall liegt bei den Vaupés-Indianern im Zentral-Nordwest-Amazonas-Gebiet vor. Es werden auf relativ kleinem Raum trotz der geringen Bevölkerungsdichte etwa 20 verschiedene Sprachen gesprochen. Der Schlüssel zu dieser Diversität, welche vom einzelnen Sprecher die Kenntnis (passiv oder aktiv) von mindestens drei, häufig zehn Sprachen verlangt, liegt in der Exogamie, also der Regel, daß die Männer Frauen aus einer *anderen* Gruppe heiraten. Die sprachliche Diversität stützt die Diversität der Gruppen und damit den Bezug auf eine *andere* Gruppe in der Wahl des Ehepartners (vgl. Le Page/Tabouret-Keller, 1985: 242f.).

In manchen Fällen ist die geographische Zuordnung fiktiv und nur symbolisch. Dies wird besonders deutlich im Falle der Renaissance von Afrikakulturen in Nordamerika und in der Karibik. Eine solche Bewegung kann z.B. die Adoleszentengruppe aus der Generationenfolge herauslösen und ihr fiktive Ideale setzen, so daß sie sich in ihrer Identität auf eine Herkunftsregion, zu der keinerlei realer Bezug besteht, orientiert. So führte die Rastafarian-Bewegung ("Rastafarian" bezieht sich auf den Kaiser von Äthiopien, Ras Tafari Haile Selassie), die aus Jamaika kam und sich in London gegen die Integrationstendenz der Eltern richtete, zu einer Jugendkultur der „Londoner Jamaikaner", die vermeintlich „schwarze" Kultur- und Sprachformen zu restaurieren versuchte.

c) *Religiöse oder rituelle Zuordnung von Sprache.* Da Religionen und Riten selbst sprachlich vermittelt werden und in ihrer Ausübung Sprache nutzen, ist hier die Beziehung besonders naheliegend, aber eben auch variabel und kompliziert. In extremen Fällen können fast identische Sprachen durch religiöse Zuordnung als verschieden interpretiert werden. Ein Beispiel dazu ist die Entwicklung der Pandschabi-Sprachgemeinschaft nach der Emigration vieler Sikhs und Hindus aus Pakistan nach Indien (1951). Die beiden Religionsgemeinschaften der Sikhs und Hindus gaben ein und derselben Sprache verschiedene Namen. Die Sikhs nannten sie weiter Pandschabi; die Hindus nannten sie Hindi, wobei es ihnen trotz der großen Sprachunterschiede zum Hindi gelang, ihre Sprache als eine Variante des Hindi (in der Region Neu-Delhi) annehmen zu lassen. Hier werden quasi nicht existierende Sprachdifferenzen (im Moment der Trennung), motiviert durch starke religiöse Differenzen, als ethnische, religiöse Differenzen konstruiert (vgl. Le Page, 1980 c). In anderen Gesellschaften kann eine multilinguale Gesellschaft über Religion und religiöse Symbole und Riten definiert werden, ohne daß eine sprachliche Gleichheit dafür in Anspruch genommen wird.

d) *Komplexe und instabile Zuordnungen von Sprache und ethnischer Identität.* Da die Zuordnung von Sprache und Ethnie, wie die vorherigen Beispiele gezeigt haben, keine natürliche ist, sondern selbst in einer Gesellschaft hergestellt wird oder gar der Wahl von Gruppen und Individuen anheimgestellt ist, sind sehr komplexe und unter Umständen auch sehr instabile Zuordnungen zu erwarten, die kaum durch 'reale' Zusammenhänge motiviert sind. Wenn wir eine Skala von rigiden zu losen Zuordnungen als Hintergrund aufstellen, ergibt sich etwa folgendes Bild konventioneller (schwach motivierter) Zuordnungen:
– *Totemisierung der Sprache.* Die Sprache wird zum Emblem der Identität und kann dazu dienen, eine Identität, die verlorenging, künstlich wiederherzustellen. Dies kommt besonders in Situationen der Identitätsbedrohung vor. Die identitätsbildende Sprache wird häufig wiedererweckt oder sogar neu geschaffen, um als künstliches Identifikationssymbol zu fungieren.

– *Reifizierung der Sprache.* Eine gemäßigtere Form der Konstruktion von Sprache als Identifikationsfigur besteht darin, daß eine Variante normiert, verschriftlicht, in Grammatiken kodifiziert, in Institutionen gelehrt und in einem Kulturkanon, etwa einer Literatur, objektiviert wird. Die normative Linguistik gehört in ihrer Entstehung zu einem solchen Prozeß der Identitätskonstruktion.

– *Benennung von Sprache und Sprechern.* Im Zusammenhang der Normierung einer Variante, z. B. durch einen Missionar, der ein einheitliches Medium für die Bibelübersetzung sucht, wird die gewählte Variante oft recht willkürlich als zentraler Typ bezeichnet und benannt, während die Sprecher eigentlich ein multilinguales oder multidialektales Kontinuum wahrnehmen. Dies gilt z. B. für die südafrikanischen Bantu-Sprachen, aus denen um 1900 ein Missionar eine Varietät, das Shona, herausgelöst hatte (vgl. Le Page, 1980 c). Solche Benennungen können sich aber auch innerhalb der Selbstbezeichnungen der Sprecher unter veränderten sozialen Bedingungen herauskristallisieren. So haben Le Page und Tabouret-Keller (1985: 210–221) im Abstand von acht Jahren (1970 und 1978) Interviews in Belize (vorher Britisch-Honduras) gemacht und festgestellt, daß die Sprache 'Creole' und die Bezeichnung 'Belizean' für die neue politische Einheit als Attraktoren einer Identitätsbildung fungierten. Die anderen ethnischen Identitäten (Spanisch, Maya) gingen zwar zurück (vgl. Tabelle 25 in Le Page/Tabouret-Keller, 1985: 220), blieben jedoch wichtig.

– *Diffuse Solidargemeinschaften.* Bei der Emigration in die USA wurde von vielen Gruppierungen die eigene Sprache innerhalb von drei Generationen (bis auf Randkompetenzen) aufgegeben. Dennoch blieb eine Art ethnischer Identität erhalten, die allerdings ethnisch 'leer' ist, d. h. nur noch eine Fassade darstellt, hinter der ein radikaler Assimilationsprozeß die ursprünglichen Inhalte der ethnischen Identität zerstört hat. Diese Entleerung (Anomie in Parsons' Terminologie) geht häufig mit einer fast fanatischen Anhänglichkeit an äußerliche Merkmale dieser Pseudo-Identität einher. Gleichzeitig erhält diese so entleerte Identität neue Funktionen etwa für Interessengruppierungen im größeren gesellschaftlichen Zusammenhang der 'ethnisch desorganisierten' und entdifferenzierten neuen Gesellschaft. Die Embleme ethnischer Solidarität werden im neuen System refunktionalisiert.

– Schließlich können die eher symbolischen (leeren) ethnischen Identitäten als eine Auswahl von Identifikationsalternativen angesehen werden. Einzelne Personen können sich kurzfristig die Leerform „anziehen" und individuell funktionalisieren, ja wenn die Bindung an Lebenszusammenhänge noch loser wird, kann der einzelne seine ethni-

sche Identität häufiger wechseln oder sogar mehrere Identitäten gleichzeitig ausfüllen.

Insgesamt können ethnische Solidaritäten den Sprachkontakt behin-
dern bzw. begrenzen, sie können aber auch im Sprachkontakt modifiziert werden und dann wegen der veränderten Sprachsolidaritäten die
Sprachmischung oder gar den Sprachwechsel (und den Sprachtod) be-
schleunigen. Eine vollständige Theorie des Sprachkontaktes sollte in
der Lage sein, diese semiotischen und psychosozialen Prozesse zu
integrieren. Erfolgreiche Vorbilder für eine solche Integration fehlen
jedoch.

4.6 Dynamische Modelle des Sprachkontaktes – ein Ausblick

Im Laufe dieses Kapitels trafen wir im wesentlichen drei Schemata
für die Beschreibung und Erklärung des Sprachkontaktes und der im
Kontakt entstandenen Sprachen an:

a) das Schema des Kontrastes und der Differenz zwischen Sprachen
   bzw. Sprachverwendungen,
b) das Schema der Entwicklungssequenz von Sprechern (Lernern) und
   Sprachen (Sprachgemeinschaften),
c) das Schema der Diffusion, Mischung, Verästelung, Überlagerung,
   Readaptation von Sprachen im Kontakt.

Außerdem zeigte sich, daß die Prozesse und Ergebnisse des Sprachkontaktes unterschiedlich sind in verschiedenen Bereichen einer Raum-
und Zeitskala:

– Auf der *Makroebene* treten ganze Sprachgemeinschaften als Entitäten auf (in einem bestimmten Sprachstadium, auf einem Gebiet),
  diese kommen in Interaktion, entwickeln sich und es sind Kontraste
  zwischen den Sprachen feststellbar.
– Auf einer *Mesoebene* (d.h. in einer größeren Zwischenzone) können wir Gruppen von Sprechern (je nach gemeinsamer Charakteristik: räumlich, sozial oder über Einstellungen definiert) betrachten,
  die im Sprachkontakt eine Rolle spielen, Träger von Bewertungen
  sind, in Konflikt stehen usw. Die vermittelnde, unter Gesichtspunkten der Sozialpsychologie zu beschreibende, phänomenale Ebene
  kommt nur in wenigen Studien deutlich zum Vorschein (vgl. die Methoden in Kap. 2.6 und 2.7 sowie die Studien Labovs zu Jugendgruppen in New York City in Labov, 1972b: 255–292).
– Auf der *Mikroebene* werden das Verhalten des Individuums im
  Sprachkontakt, sein "foreigner talk" (also seine Sprache mit Frem-

den), seine Zweisprachigkeit, sein Codeswitching, seine Sprachpräferenzen, sein kommunikativer Stil usw. thematisiert.

Implizit in all diesen Unterscheidungen bleibt immer die grundlegende Trennung von *Sprache* (als Sprachsystem mit sozialer Geltung)
und individuellem *Sprechen* (an einem Ort, in einer Situation, zu einer
Zeit) erhalten. Dabei genügt eine Trennung nach de Saussure zwischen
'langue' und 'parole', nach Chomsky zwischen 'Kompetenz' und 'Per-
formanz' nicht, denn jede momentane Sprachverwendung setzt beim
Sprecher eine Fähigkeit voraus, die sich im Verhalten zeigt. Auf jeder Be-
trachtungsebene (vom Makro- zum Mikrobereich) können wir also
auch relevante Daten erheben und ein Konstrukt der verursachenden
Fähigkeit, der zugrundeliegenden Kompetenz herstellen und benennen. Im Falle des Individuums ergibt sich dabei am ehesten die Illusion
eines Existierens dieses Konstruktes, insbesondere wenn man sich auf
das Gehirn des Sprechers als Ort einer solchen Existenz bezieht. Da
diesbezüglich bisher aber keine vom Konstrukt unabhängigen Beobachtungen vorliegen, ist diese individuelle Kompetenz auch nur eine
theoretische Größe. Auf der Makroebene 'existieren' allerdings Objekte, nämlich die Grammatiken von Standardsprachen, welche als
Stellvertreter für die unbekannten Entitäten 'Sprachsysteme' fungieren.
Da der Sprachkontakt ebenso wie die Sprachverwendung innerhalb
einer Sprachgemeinschaft empirische Fakten sind, ist es naheliegend,
auch 'Grammatiken' für den Sprachkontakt zu schreiben. In Verbindung mit dem Schema der sequentiellen Entwicklung erhalten wir dann
die Konzeption von Interimsprachen mit ihren jeweiligen Grammatiken. Die Tatsache, daß niemand ernsthaft daran denkt, für solche Interimsprachen Grammatiken im traditionellen Sinn zu schreiben, zeigt
deutlich den sekundären und lediglich analogen Charakter von 'Kon-
takt-Grammatiken'. (Im übrigen haben auch Grammatiken einen merk-
würdigen ethnischen Bezug. So mag es kein Zufall sein, daß seit der Antike jeweils die Sprache des Grammatikers als ideale Sprache gilt. Dies
ist in ähnlicher Weise heute für das Englische gültig, da die theoretischen Konzepte meistens in bezug auf das Englische entwickelt und
dann von Linguisten anderer Nationen auf ihre Sprachen übertragen
werden – wenn sie es sich nicht gleich leichter machen und beim Englischen bleiben.)

Anstelle immer wieder scheiternder Reifizierungen von Sprache ist es
gerade im Zusammenhang der Sprachkontaktforschung erfolgverspre-
chender, eine Modellbildung zu wählen, welche dem dynamischen,
selbstorganisierenden Charakter von Sprachen und Sprachgemeinschaften gerecht wird und die statt von künstlich eingeführten, dis-

kreten Entitäten, Ebenen, Sprachganzen von Kontinua ausgeht. Wir wollen einige Anregungen für eine solche Weiterentwicklung geben; für exemplarische und die notwendige dynamikfähige Modellbildungssprache betreffende Ausführungen siehe Wildgen (1986) und Wildgen/Mottron (1987).

Die Anwendung der dynamischen Methoden und Instrumentarien bietet sich insbesondere für die folgenden Bereiche an:

a) Bevölkerungsmigrationen und die historische Veränderung kulturell-politischer Konstellationen lassen weiträumige Strukturen und Felder entstehen, deren Erfassung wir bereits in Kap. 2.2 diskutiert haben.

b) In einem mittleren Raum-Zeit-Bereich finden wir häufig das Phänomen des Sprachwechsels; d. h., es entsteht eine Konkurrenz zweier Gebrauchssprachen (als Schrift- oder als Umgangssprachen), die nach einer metastabilen Phase der Koexistenz zu einem Dominanzwechsel führt, bei dem eine Sprache entweder große Teile ihrer sozialen Domänen verliert oder ganz verdrängt wird.

c) Als Resultat vielfältiger politisch-kultureller und sprachinterner Entwicklungen erhalten wir auf engem Raum und für kleine Zeitbereiche eine komplexe areale Verteilung einzelner Sprachmerkmale, wie sie z. B. als Gewirr von sich überschneidenden Isoglossen (mit vielen Sonderformen und Inseln) in den Sprachatlanten sichtbar wird. Diese Strukturen sind häufig sehr irregulär, d. h., es verbinden sich eine große Anzahl kleiner, räumlicher und sozial begrenzter Differenzen zu einem fast chaotischen Überlagerungsbild. (Die Einteilung in [a], [b] und [c] bedeutet, daß die Modellbildung von dem thematisierten Raum- und Zeitausschnitt des Modells abhängig ist. Dies trifft auf fast alle Wissenschaftsbereiche zu und wurde in der modernen Physik besonders deutlich; vgl. z. B. Berry, 1988. Diese generelle Eigenschaft von Modellen hat zur Folge, daß für einen größeren Modellbildungsbereich verschiedene Typen von Modellen, d. h. auch verschiedene mathematische Systeme berücksichtigt werden müssen. Wenn der Schwerpunkt auf der Dynamik liegt, sind für den Bereich [a] z. B. morphogenetische Modelle, wie sie René Thom vorgeschlagen hat, und für den Bereich [b] synergetische Modelle angemessen [vgl. Wildgen, 1986]; für [c] schließlich sind fraktale und chaotische Systeme passend. Vgl. auch Wildgen/Mottron, 1987, Kap. 2 und 3.)

Die bisherigen Darstellungen haben gezeigt, daß es globale Ordnungsstrukturen gibt, Stabilitätszustände, Übergänge usw., und es liegt eine Theoriebildung im Rahmen einer dynamischen Sprachtheorie nahe. Bei der Dynamik sind folgende Träger und Typen von Prozessen des Sprachkontaktes und Sprachwandels im Kontakt zu unterscheiden:

a) Die Personen, als Träger von Sprache und Kultur, bewegen sich in Raum und Zeit und bilden damit Raummuster aus. Diese Quelle der Dynamik gilt z. B. für die Erstbesiedlung eines Territoriums. In Abhängigkeit vom Gelände (Wasser, Sumpf, Wald, Steppe u. a.) und vom Geburtenüberschuß verbreitet sich eine menschliche Gesellschaft. Das Diffusionsmuster ist fast naturwissenschaftlich beschreibbar.

In dem Maße, wie durch die Migration andere klimatische Zonen und Umweltbedingungen angetroffen werden, stellt sich das Problem der Anpassung der Gesellschaft an die veränderten Bedingungen. Das trifft auf der nördlichen Halbkugel besonders für die Besiedlung der nördlichen bis arktischen Regionen zu. Die räumliche Veränderung verlangt somit eine Adaptation bzw. sie kann, solange diese Adaptation nicht vollzogen wird, nicht weitergeführt werden oder wird zumindest gebremst. Wenn durch eine kulturelle Innovation (Art des Wohnens, der Kleidung, der Vorratshaltung, der Nahrungsgewinnung usw.) diese Adaptation geleistet wird, geht die Migration weiter.

Für die Sprache bedeutet die Migration ein langsames Auseinanderfallen von Kommunikationsgemeinschaften; die Häufigkeit eines kommunikativen Kontaktes und damit der Kontrolle und Stabilisierung des benützten Sprachsystems wird mit der räumlichen Distanz geringer. Da nur in der Kommunikation für etwa zwei bis drei Generationen das Sprachsystem stabilisiert werden kann, spaltet es sich auf und es entstehen entlang den natürlichen Linien des kommunikativen Verkehrs und des internen Sprachwandels Sprachvarietäten, Dialekte und Sprachen. Der Prozeß der Kulturevolution bzw. -modifikation verändert aber auch die Referenzstruktur der Sprache (Tätigkeiten, Gegenstände, Umwelt) und kann sogar die Funktionalität von Sprache in der Gemeinschaft modifizieren. Deshalb wird diese Entwicklung die Sprachstruktur mehr als nur an der Oberfläche verändern. Sie wird sich besonders auf die semantische und pragmatische Komponente auswirken.

b) Wenn der Raum einmal grob besiedelt ist, kommt es bei den nachfolgenden Besiedelungen zu einem neuen Typ von Dynamik. Die Gesellschaften überlagern, vermischen sich, Teile der bodenständigen Gesellschaften werden in Randgebiete verdrängt. Dieser Typ von Bewegungen ist mindestens seit den keltischen und germanischen Wanderungen nach Westeuropa anzunehmen. Es kommt dabei häufig zur Konkurrenz von Kulturtechniken und Sozialorganisationen, so daß z. B. auch größere Populationen von kleineren Populationen beherrscht werden können. Teilweise unabhängig von der biologischen Verdrängung bzw. Vermischung kann es zu einer Bewegung innerhalb der „kollektiven Güter": der Kulturtechniken und der Sprache kommen; d. h., eine Kulturtechnik kann dominant bleiben und sich sogar ausbreiten, obwohl deren Träger besiegt wurden und in einer dominierten Position leben. So haben z. B. die Franken im eroberten Gallien schließlich die romanische Sprache angenommen; trotz der germanischen Eroberung des Römerreiches trat das Christentum einen Siegeszug nach Norden an. Es kann bei einem schnellen und chaotischen Wechsel, wie etwa der Völkerwanderung im Europa des ersten Jahrtausends, auch so kommen, daß jene „kollektiven Güter", welche später dringend benötigt werden, voreilig zerstört werden und erst über einzelne Nischen und Randzonen mit großer zeitlicher Verzögerung neu eingeführt werden müssen. Dies trifft für große Teile der antiken Traditionen zu, die entweder über Byzanz oder über die arabische Kultur indirekt in Westeuropa wirksam wurden. Wichtig ist, daß ab der Stufe (b) die kollektiven, meist symbolischen Güter, zu denen die Sprache gehört, eine teilweise autonome Dynamik erhalten, die an die biologischen, raumzeitlichen Veränderungen nur lose gekoppelt ist. Dennoch sind weiterhin Bevölkerungsverschiebungen ein wesentlicher Hintergrund kollektiver Veränderungen. Mit dem Ausklingen der Völkerwanderung kommt es jedoch nur noch zu schwächeren Bewegungen, etwa der deutschen Ostkolonisation, der normannischen Eroberung Englands, dem Zurückdrängen der Türken auf dem Balkan, der Vertreibung der Deutschen aus dem östlichen Mitteleuropa nach dem Zweiten Weltkrieg. Die Ergebnisse sind entweder die Verdrängung der ursprünglichen Sprache und Kultur in Teilzonen (bei der Ostkolonisation und ihrem modernen Gegenstück), die Amalgamierung des neuen Sprachgutes, besonders im Lexikon (siehe den Einfluß der Normannen in England), oder die Herausbildung von Sprachinseln mit relativ schwacher Mischung (besonders in Südosteuropa).

c) Eine andere Form der Migration ist seit der Antike zur Rekrutierung von menschlicher Arbeitskraft benützt worden: die Sklaverei. Sie lebte im europäischen Kolonialismus wieder auf und führte zur Bildung von Kulturen und Sprachen in fast allen Küstenzonen der Welt (vgl. zu den Pidgin- und Kreolsprachen die Kapitel 4.3 und 4.4). Bei den kolonialen Pidgins kommt ein neues Prinzip zum Tragen: eine durch Sklavendeportationen geschaffene Gemeinschaft (z. B. eine Plantagengesellschaft) oder eine aus einem kulturell und sprachlich stark differenzierten Hinterland in einer Küstenstadt zusammengeströmte Population (vgl. die Situation in Neuguinea) muß sich an einer dominanten Sprache (dem Portugiesischen, dem Englischen, dem Französischen usw.) orientieren. Es kann zu einer vorübergehenden Sprachlosigkeit oder Sprachdürftigkeit in der Kommunikation der multilingualen Gemeinschaft kommen, die in der zweiten Generation allerdings durch die Entwicklung einer funktionalen und vollwertigen Kreolsprache kompensiert wird. Dabei kommt es zur Neuschaffung sprachlicher Strukturen auf dem Hintergrund der Herkunftssprachen und häufig zu einer Relexikalisierung in Anlehnung an die Herrensprache (falls die Ausgangssprachen durch die Kontaktsprache sozial verdrängt werden bzw. keine sich durchsetzen kann). Obwohl Deportationen und die Zwangsrekrutierung von Fremdarbeitern auch im 20. Jahrhundert stattfanden, ist dieser Typus von Kultur- und Sprachdynamik zumindest in Europa weitgehend verschwunden.

d) Mit der Industrialisierung wurde der Bedarf an menschlicher Arbeitskraft insgesamt geringer, bzw. es kam zu starken Ungleichgewichten. In den industriellen Zentren und besonders in den expandierenden Ländern Amerikas und Australiens gab es gute Arbeits- und Verdienstmöglichkeiten, in anderen Gebieten einen Bevölkerungsüberschuß und weniger lohnende Arbeitsmöglichkeiten. Es entstand eine Art Pumpendynamik, die sich in Emigrationswellen nach Übersee und innerhalb Zentraleuropas in der massiven Arbeitsmigration nach dem Zweiten Weltkrieg auswirkte. Durch diesen neuen Motor der Bevölkerungsumwälzung kam es allerdings nur zu schwachen kulturellen und sprachlichen Verschiebungen, da die Immigranten entweder kulturell und sprachlich sehr schnell absorbiert wurden oder eine unterprivilegierte Subgesellschaft bildeten mit minimalen Einflußmöglichkeiten (vgl. Kap. 4.2).

Während die Bevölkerungsbewegungen des Typs (c) und (d) für die Kulturen und Sprachen Westeuropas nur von geringer Bedeutung waren, gewinnt die Dynamik auf der Ebene 'kultureller Güter' (Kulturtechniken, Organisationsformen, Sprachen und Wissenschaften) immer mehr an Bedeutung. Die Dynamik der symbolischen Formen wird damit zum eigentlichen Moment der Entwicklung.

Um zu einem Modell der raumzeitlichen Selbstorganisation von Sprachgemeinschaften zu gelangen, müßten zuerst die Grundgesetze der arealen und sozialen Selbstorganisation von Sprachgemeinschaften und sprachlichen Varietäten gefunden werden. Moderne Theorien der Selbstorganisation von Populationen im geographischen und wirtschaftspolitischen Raum bieten sich bei dieser Fragestellung an. Allen und Sanglier (1981) z.B. können die Bildung von Zentren und Subzentren ausgehend von „logistischen" Gleichungen des Marktes im Modell rekonstruieren. Sekundär zu diesen ökonomisch-geographi-

schen Strukturen entstehen auch Kommunikationsnetze, wobei je
nach wirtschaftlichem Zusammenhang diese Netze unterschiedliche
Kommunikationsformen tragen. Man könnte somit eine Genese räum-
lich differenzierter Sprachvarianten erklären, indem man bestimmte
Sprachfunktionen ökonomischen Funktionen zuordnet und die
Sprachkonventionalisierung an einer Entwicklung ökonomischer
Netze, welche die Sprache als Medium benützen, anbindet. Die Konse-
quenz dieser soziolinguistischen Erweiterung des geographischen
Modells von Allen/Sanglier (1981) wäre:

1) Die Herausbildung einer ökonomischen Raumstruktur zieht eine
   sprachliche Raumstruktur nach sich, vorausgesetzt, die zeitliche Stabilität der ökonomischen Struktur reicht aus, um die Sprachstruktur genügend zu „infizieren" bzw. diese an die ökonomische Struktur anzupassen, da die Sprachstruktur nur mittelbar an die ökonomische Struktur angebunden ist.

2) Eine bestehende längerfristige Sprachdistribution kann selbst ein
   Faktor bei der Bildung ökonomischer Netze sein. Wir nehmen an,
   daß dazu aber die Sprachbarrieren relativ stark sein müssen. In dem
   Maße, wie ökonomische Strukturen (seit der Industriellen Revolution) eine weiträumige Ausdehnung haben und von der Lebenswelt
   im wesentlichen abgelöst sind (vgl. Habermas 1981/82), schwindet
   dieser direkte Einfluß. Die Ökonomie führt eher eine ihrer Erstrek-
   kung angemessene Sprache, z. B. im Westen das Englische, als Han-
   delssprache ein und macht sich damit von der räumlichen Sprachdistribution unabhängig. In der Umdrehung der Einflußrichtung
   erhält die Sprache über das ökonomische Netz für den einzelnen
   Sprachteilnehmer „Tauschwert", z. B. als Bestandteil seiner Arbeitskraft, und wird damit ökonomisiert. Dies ist wiederum ein entschei-
   dender Faktor des Sprachwechsels.

3) Unterhalb der Wirkungsebene der globalen Ökonomie, also im
   Basissektor und teilweise im Privat- und im Freizeitbereich der Sprecher, kann die Sprache sich aber dem ökonomischen Druck ent-
   ziehen. Hier kommen andere Sprachfunktionen, emotionale, auf soziale Gruppen bezogene, das kulturelle Selbstbewußtsein tragende
   und formende Funktionen der Sprache zur Wirkung (vgl. Kap. 4.5);
   es entstehen Inseln, Nischen, Basisbereiche, welche sich eigengesetz-
   lich, allerdings unter dem Einfluß der Randbedingungen, welche die
   globalen Prozesse setzen, entfalten. Eine Zwischenebene wird durch
   generelle, den einzelnen aber betreffende Symbolsysteme wie Religionen, Weltanschauungen und Ideologien konstituiert. Teilweise
   werden diese Zwischensysteme für ökonomisch-politische Zielset-

zungen instrumentalisiert, teilweise sind sie aber auch an Bedürfnissen in der Lebenswelt der Individuen orientiert bzw. müssen
diesen zumindest minimal gerecht werden.

Eine theoretische Aufarbeitung dieser komplexen Zusammenhänge
ist sicher für die Weiterentwicklung der Theorie des Sprachkontaktes
und der Sprachentwicklung von großer Bedeutung.

BIBLIOGRAPHIE

Alinei, Mario, u. a. (Hrsg.) (1983 a): *Atlas linguarum Europae (ALE). Band I – Cartes, premier fascicule.* Assen: Van Gorcum.

Alinei, Mario, u. a. (Hrsg.) (1983 b): *Atlas linguarum Europae (ALE). Band I – Commentaires, premier fascicule.* Assen: Van Gorcum.

Allen, Peter, Michèle Sanglier (1981): Order by Fluctuation and the Urban System. In: Milan Zeleny (Hrsg.): *Autopoiesis, Dissipative Structures and Spontaneous Social Orders.* Boulder: Westview Press, 109–131.

Ammon, Ulrich, Norbert Dittmar, Klaus J. Mattheier (Hrsg.) (1987): *Soziolinguistik. Ein internationales Handbuch. Erster Halbband.* Berlin: De Gruyter.

Appel, René (1984): *Immigrant Children Learning Dutch: Sociolinguistic and Psycholinguistic Aspects of Second Language Acquisition.* Dordrecht: Foris.

Appel, René, Pieter Muysken (1987): *Language Contact and Bilingualism.* London: Arnold.

Baetens Beardsmore, Hugo (1982): *Bilingualism: Basic Principles.* Clevedon, Avon: Tieto. (2. Auflage 1986.)

Bausch, Karl-Heinz (Hrsg.) (1982): *Mehrsprachigkeit in der Stadtregion.* Düsseldorf: Schwann.

Bechert, Johannes (1982 a): Abduktiver Wandel und Sprachkontakt. In: Werner Welte (Hrsg.): *Sprachtheorie und angewandte Linguistik. Festschrift Alfred Wollmann.* Tübingen: Narr, 203–210.

Bechert, Johannes (1982 b): Grammatical Gender in Europe: An Areal Study of a Linguistic Category. *Papiere zur Linguistik* 26, 23–34. (Corrigenda: *Papiere zur Linguistik* 28, 1983, 83.)

Bechert, Johannes (1988): Konvergenz und Individualität von Sprachen. In: Wagner/Wildgen, 25–41.

Bechert, Johannes (1990): The Structure of the Noun in European Languages. In: Johannes Bechert, Giuliano Bernini, Claude Buridant (Hrsg.): *Toward a Typology of European Languages.* Berlin: Mouton de Gruyter, 115–140.

Becker, Angelika, u. a. (1988): *Reference to Space (= Second Language Acquisition by Adult Immigrants. Final Report. Vol. 4).* Straßburg: European Science Foundation.

Bellmann, Günter (1983): Probleme des Substandards im Deutschen. In: Klaus Mattheier (Hrsg.): *Aspekte der Dialekttheorie.* Tübingen: Niemeyer, 105–130.

Berlin, Brent, Paul Kay (1969): *Basic Color Terms. Their Universality and Evolution.* Berkeley: University of California Press.

158 Bibliographie

Bernstein, Basil (1970): A Sociolinguistic Approach to Socialization: With Some Reference to Educability. *The Human Context* 2 (1), 1–9.

Berry, Michael (1988): Breaking the Paradigms of Classical Physics from Within. In: Jean Petitot (Hrsg.): *Logos et théorie des catastrophes. A partir de l'œuvre de René Thom.* Genf: Patiño, 105–117.

Besch, Werner (Hrsg.) (1981): *Sprachverhalten in ländlichen Gemeinden. Band I: Aufsätze zur Theorie und Methode.* Berlin: Erich Schmidt Verlag.

Besch, Werner (1983a): Entstehung und Ausprägung der binnensprachlichen Diglossie im Deutschen. In: Besch u. a., 1399–1411.

Besch, Werner (Hrsg.) (1983b): *Sprachverhalten in ländlichen Gemeinden. Band II: Dialekt und Standardsprache im Sprecherurteil.* Berlin: Erich Schmidt Verlag.

Besch, Werner, Ulrich Knoop, Wolfgang Putschke, Herbert Ernst Wiegand (Hrsg.) (1982): *Dialektologie. Ein Handbuch zur deutschen und allgemeinen Dialektforschung. Erster Halbband.* Berlin: De Gruyter.

Besch, Werner, Ulrich Knoop, Wolfgang Putschke, Herbert Ernst Wiegand (Hrsg.) (1983): *Dialektologie. Ein Handbuch zur deutschen und allgemeinen Dialektforschung. Zweiter Halbband.* Berlin: De Gruyter.

Besch, Werner, Klaus J. Mattheier (Hrsg.) (1985): *Ortssprachenforschung: Beiträge zu einem Bonner Kolloquium.* Berlin: Erich Schmidt Verlag.

Bickerton, Derek (1975): *Dynamics of a Creole System.* Cambridge: Cambridge University Press.

Bickerton, Derek (1980): Decreolisation and the Creole Continuum. In: Valdman/Highfield, 109–127.

Bickerton, Derek (1981): *Roots of Language.* Ann Arbor: Karoma.

Bickerton, Derek (1984a): The Language Bioprogram Hypothesis. *The Behavioral and Brain Sciences* 7, 173–221.

Bickerton, Derek (1984b): The Language Bioprogram Hypothesis and Second Language Acquisition. In: W. E. Rutherford (Hrsg.): *Language Universals and Second Language Acquisition.* Amsterdam: Benjamins, 141–161.

Boeder, Winfried (1980): Rezension von: Džangidze (1978). *Bedi Kartlisa/ Revue de kartvélologie* 38, 338–342.

Bollée, Annegret (1977): Pidgins und kreolische Sprachen. *Studium Linguistik* 3, 48–76.

Braslavec, K. M. (1968): *Dialektologičeskij očerk Kamčatki.* [Dialektologische Skizze Kamtschatkas.] Južno-Saxalinsk. (Ministerstvo Prosveščenija RSFSR, Xabarovskij Gosudarstvennyj Pedagogičeskij Institut.) [Bildungsministerium der Russischen Föderativen Sozialistischen Sowjetrepublik, Chabarowsker Staatliches Pädagogisches Institut.]

Brekle, Herbert Ernst, Utz Maas (Hrsg.) (1986): *Sprachwissenschaft und Volkskunde. Perspektiven einer kulturanalytischen Sprachbetrachtung.* Opladen: Westdeutscher Verlag.

Bühler, Karl (1934): *Sprachtheorie.* Jena: Gustav Fischer. (2., unveränderte Auflage: Stuttgart: Gustav Fischer 1965.)

Cadiot, Pierre (1980): Situation linguistique de la Moselle germanophone: un triangle glossique. In: Nelde, 325–334.

Cadiot, Pierre, Dominique Lepicq (1987): Roofless Dialects. In: Ammon u. a., 755–761.

Calvet, Louis-Jean (1974): *Linguistique et colonialisme*. Paris: Payot. (Deutsch: 1978. *Die Sprachenfresser.* Berlin: Arsenal.)

Chambers, J. K., Peter Trudgill (1980): *Dialectology.* Cambridge: Cambridge University Press.

Chaudenson, Robert (1979): *Les créoles français.* Paris: Fernand Nathan.

Chomsky, Noam (1965): *Aspects of the Theory of Syntax.* Cambridge: The M.I.T. Press. (Deutsch: 1969. *Aspekte der Syntax-Theorie.* Frankfurt a. M.: Suhrkamp.)

Chomsky, Noam (1979): A propos des structures cognitives et de leur développement: une réponse à Piaget. In: M. Piattelli-Palmarini (Hrsg.): *Théories du langage, théories de l'apprentissage. Le débat entre Jean Piaget et Noam Chomsky.* Paris: Editions du Seuil, 65–87.

Christaller, Walter (1933): *Die zentralen Orte in Süddeutschland. Eine ökonomisch-geographische Untersuchung über die Gesetzmäßigkeit der Verbreitung und Entwicklung der Siedlungen mit städtischen Funktionen.* Darmstadt: Wiss. Buchgesellschaft (2. Auflage 1968).

Churchill, William (1911): *Beach-la-Mar.* Washington, D. C.: Carnegie Institution.

Clyne, Michael (1975): *Forschungsbericht Sprachkontakt.* Kronberg/Ts.: Scriptor.

Crama, R., H. Van Gelderen (1984): *Structural Constraints on Code-Mixing.* University of Amsterdam, Institute for General Linguistics.

Dawkins, R. M. (1916): *Modern Greek in Asia Minor. A Study of the Dialects of Sílli, Cappadocia and Phárasa with Grammar, Texts, Translations and Glossary.* Cambridge: University Press.

Deeters, Gerhard (1926/1927): Armenisch und Südkaukasisch. Ein Beitrag zur Frage der Sprachmischung. *Caucasica* 3, 37–82; 4, 1–64.

Delbrück, Berthold (1919): *Einleitung in das Studium der indogermanischen Sprachen. Ein Beitrag zur Geschichte und Methodik der vergleichenden Sprachforschung.* 6. Aufl. Leipzig: Breitkopf & Härtel.

Deutscher Sprachatlas (1927–1956). Auf Grund des von Georg Wenker begründeten Sprachatlas des Deutschen Reiches in vereinfachter Form begonnen von Ferdinand Wrede, fortgesetzt von Walther Mitzka und Bernhard Martin (DSA). Marburg: Elwert (23 Lieferungen).

Dillard, J. L. (1971): The Creolist and the Study of Negro Non-Standard Dialects in the Continental United States. In: Hymes 393–408.

Di Sciullo, Anne-Marie, Pieter Muysken, Rajendra Singh (1986): Government and Code-Mixing. *Journal of Linguistics* 22, 1–24.

Džangidze, Venera Tarasovna (1978): *Ingilojskij dialekt v Azerbajdžane (voprosy grammatičeskoj i leksičeskoj interferencii).* [Der ingiloische Dialekt in Aserbeidschan (Fragen der grammatischen und lexikalischen Interferenz).]

Tbilisi: „Mecniereba". (Akademija Nauk Gruzinskoj SSR, Institut Vostoko-vedenija im. akad. G. Cereteli.) [Akademie der Wissenschaften der Georgi-schen SSR, Tsereteli-Institut für Orientalistik.]

Eckert, Penelope (1980): Diglossia: Separate and Unequal. *Linguistics* 18, 1053–1064.

Endzelīns, Jānis (1971): *Comparative Phonology and Morphology of the Baltic Languages.* Translated by William R. Schmalstieg and Benjamiņš Jēgers. Den Haag: Mouton.

Enninger, Werner (1984): Funktion, Struktur und Erwerb der Varietäten Penn-sylvania Deutsch, Amish Hochdeutsch und amerikanisches Englisch bei den Altamischen. In: Oksaar, 220–242.

Enninger, Werner (1987): Amish English: Dutchified? In: Wolfgang Lörscher, Rainer Schulze (Hrsg.): *Perspectives on Language in Performance. Festschrift Werner Hüllen.* Band 1.2. Tübingen: Narr, 547–578.

ESF-Projekt: Second Language Acquisition by Adult Immigrants (1983). *Arbeitsbericht der Heidelberger Gruppe.* Heidelberg.

ESF-Projekt: Second Language Acquisition by Adult Immigrants (1985). *Reference to Space by Italian Learners of German.* Report of the Heidelberg Team. Heidelberg.

Felix, Sascha W. (1978): *Linguistische Untersuchungen zum natürlichen Zweit-sprachenerwerb.* München: Fink.

Ferguson, Charles A. (1959): Diglossia. *Word* 15, 325–340.

Ferguson, Charles A. (1971): Absence of Copula and the Notion of Simplicity: A Study of Normal Speech, Baby Talk, Foreigner Talk, and Pidgins. In: Hymes, 141–150.

Fishman, Joshua A. (1965): Who Speaks What Language to Whom and When? *La linguistique* 2, 67–88.

Fishman, Joshua A. (1966): *Language Loyalty in the United States.* Den Haag: Mouton.

Friedrichs, Jürgen (1982): *Methoden empirischer Sozialforschung.* 10. Auflage. Opladen: Westdeutscher Verlag.

Frings, Theodor (1932): *Germania Romana.* Halle/Saale: Niemeyer. – Neuauf-lage: Theodor Frings, Gertraud Müller: *Germania Romana. I.* Halle/Saale: Niemeyer 1966; *II.* Halle/Saale: Niemeyer 1968.

Gāters, Alfrēds (1977): *Die lettische Sprache und ihre Dialekte.* Den Haag: Mouton.

Geerts, G., J. Nootens, J. van den Broeck (1978): Attitudes Towards Dialects and Standard Language in Belgium. *International Journal of the Sociology of Language* 15, 33–46.

Giles, Howard, P. Smith (1979): Accommodation Theory: Optimal Levels of Convergence. In: H. Giles, R. St. Clair (Hrsg.): *Language and Social Psychology.* Oxford: Blackwell, 44–65.

Giles, Howard, Donald M. Taylor, Richard Bourhis (1973): Towards a Theory of Interpersonal Accommodation Through Language: Some Canadian Data. *Language in Society* 2, 177–192.

Goebl, Hans (1980): Dialektographie + Numerische Taxonomie = Dialektometrie. *Ladina* 4, 31–95.

Grassi, Corrado (1977): Deculturization and Social Degradation of the Linguistic Minorities in Italy. *Linguistics* 191, 45–54.

Grassi, Corrado (1987): Dialektsoziologie. In: Ammon u. a., 679–690.

Grönbech, Kaare (1936): *Der türkische Sprachbau I.* Kopenhagen: Levin &
Munksgaard.

Grosjean, François (1982): *Life With Two Languages. An Introduction to Bilingualism.* Cambridge, Mass.: Harvard University Press.

Gumperz, John J. (1976): The Sociolinguistic Significance of Conversational
Code-Switching. In: Jenny Cook-Gumperz, John J. Gumperz (Hrsg.): *Pa-
pers on Language and Context.* Working Papers of the Language Behavior
Research Laboratory, No. 46, University of California, Berkeley.

Habermas, Jürgen (1981/82): *Theorie des kommunikativen Handelns.* Bd. 1/2.
Frankfurt a. M.: Suhrkamp.

Haken, Hermann (1983): *Synergetik. Eine Einführung.* 2. Auflage. Berlin:
Springer.

Hawkins, John A. (1983): *Word Order Universals.* New York: Academic Press.

Heidelberger Forschungsprojekt (1975): *Sprache und Kommunikation ausländischer Arbeiter: Analysen, Berichte, Materialien.* Kronberg/Ts.: Scriptor.

Heidelberger Forschungsprojekt (1976): *Untersuchungen zur Erlernung des
Deutschen durch ausländische Arbeiter. Arbeitsbericht 3.* Heidelberg.

Heidelberger Forschungsprojekt (1979): *Studien zum Spracherwerb ausländischer Arbeiter. Arbeitsbericht 5.* Heidelberg.

Heller, Monica (Hrsg.) (1988): *Codeswitching. Anthropological and Sociolinguistic Perspectives.* Berlin: Mouton de Gruyter.

Hensey, Fritz (1982): Spanish, Portuguese, and Fronteiriço; Languages in Contact in Northern Uruguay. *International Journal of the Sociology of Language*
34, 7–24.

Hofstätter, Peter R. (1971): *Differentielle Psychologie.* Stuttgart: Kröner.

Hoppenbrouwers, Cornelis A. J. (1982): *Language Change. A Study of Pho-
nemic and Analogical Change with Particular Reference to S. E. Dutch Dialects.* Diss. Groningen.

Hymes, Dell (Hrsg.) (1971): *Pidginization and Creolization of Languages.*
London–New York: Cambridge University Press.

Jaberg, Karl, Jakob Jud (1928): *Der Sprachatlas als Forschungsinstrument. Kritische Grundlegung und Einführung in den Sprach- und Sachatlas Italiens und
der Südschweiz.* Halle/Saale: Niemeyer.

Jaberg, Karl, Jakob Jud (1928–1940): *Sprach- und Sachatlas Italiens und der Südschweiz.* 8 Bände. Zofingen: Ringier.

Jacobovits, Leon A. (1970): *Foreign Language Learning.* Rowley, Mass.: Newbury House.

Jakob, Gerhard (1987): *Deutschsprachige Gruppen am Rande und außerhalb
des geschlossenen deutschen Sprachgebietes. Eine Bibliographie.* Mannheim:
Institut für deutsche Sprache.

Jakobson, Roman (1960): Closing Statement: Linguistics and Poetics. In: Thomas A. Sebeok (Hrsg.): *Style in Language*. Cambridge, Mass.: The M.I.T. Press, 350–377.

Jakobson, Roman (1971): Linguistik und Poetik. In: Jens Ihwe (Hrsg.): *Literaturwissenschaft und Linguistik. Ergebnisse und Perspektiven. BandII/1: Zur linguistischen Basis der Literaturwissenschaft, I.* Frankfurt a.M.: Athenäum, 142–178.

Kay, Paul (1978): Variable Rules, Community Grammar, and Linguistic Change. In: Sankoff, 71–83.

Kay, Paul, Chad K. McDaniel (1978): The Linguistic Significance of the Meanings of Basic Color Terms. *Language* 54, 610–646.

Kibrik, A.E. (1977): *The Methodology of Field Investigations in Linguistics. (Setting up the Problem.)* Den Haag: Mouton.

Kjolseth, Rolf (1973): Zweisprachige Erziehungsprogramme in den Vereinigten Staaten: Assimilation oder Pluralismus? In: Kjolseth/Sack, 251–275.

Kjolseth, Rolf, Fritz Sack (Hrsg.) (1973): *Zur Soziologie der Sprache. Ausgewählte Beiträge vom 7. Weltkongreß der Soziologie.* Opladen: Westdeutscher Verlag.

Klein, Wolfgang (1974): *Variation in der Sprache.* Kronberg/Ts.: Scriptor.

Klein, Wolfgang (1984): *Zweitsprachenerwerb. Eine Einführung.* Königstein/Ts.: Athenäum.

Klein, Wolfgang, Norbert Dittmar (1979): *Developing Grammar: The Acquisition of German Syntax by Foreign Workers.* Berlin: Springer.

Klein, Wolfgang, Clive Perdue (1988): *Utterance Structure. (= Second Language Acquisition by Adult Immigrants. Final Report. Band 6.)* Straßburg: European Science Foundation.

Klein, Wolfgang, Dieter Wunderlich (Hrsg.) (1972): *Aspekte der Soziolinguistik.* Frankfurt a.M.: Athenäum.

Kloss, Heinz (1978): *Die Entwicklung neuer germanischer Kultursprachen seit 1800.* 2. Auflage. Düsseldorf: Schwann.

Kluge, Friedrich (1960): *Etymologisches Wörterbuch der deutschen Sprache.* 18. Auflage bearbeitet von Walther Mitzka. Berlin: De Gruyter. (19. Auflage 1963, 20. Auflage 1967.)

Köhler, Reinhard, Gabriel Altmann (1986): Synergetische Aspekte der Soziolinguistik. *Zeitschrift für Sprachwissenschaft* 5 (2), 253–265.

Labov, William (1963): The Social Motivation of a Sound Change. *Word* 19, 273–309.

Labov, William (1966): *The Social Stratification of English in New York City.* Washington, D.C.: Center for Applied Linguistics.

Labov, William (1969): Contraction, Deletion and Inherent Variability of the English Copula. *Language* 45, 715–762. (In revidierter Fassung abgedruckt in Labov 1972b, 65–129.)

Labov, William (1972a): Das Studium der Sprache im sozialen Kontext. In: Klein/Wunderlich, 1972, 111–194. (= Übersetzung der Erstfassung: The

Study of Language in its Social Context, *Studium Generale* 23. 1 [1970] 30–87.
– In revidierter Neufassung abgedruckt in Labov 1972c, 183–259.)

Labov, William (1972b): *Language in the Inner City. Studies in the Black English Vernacular.* Philadelphia: University of Pennsylvania Press.

Labov, William (1972c): *Sociolinguistic Patterns.* Philadelphia: University of Pennsylvania Press.

Labov, William (1973): The Boundaries of Words and Their Meanings. In: Charles-James N. Bailey, Roger W. Shuy (Hrsg.): *New Ways of Analyzing Variation in English.* Washington: Georgetown University Press, 340–373. (Deutsch in Labov 1976, 223–254.)

Labov, William (1976/1978): *Sprache im sozialen Kontext. Beschreibung und Erklärung struktureller und sozialer Bedeutung von Sprachvariation.* (Hrsg. von Norbert Dittmar und B.-O. Rieck.) Kronberg/Ts. (Bd. 1) – Königstein/Ts. (Bd. 2): Scriptor.

Labov, William (Hrsg.) (1980): *Locating Language in Time and Space.* New York: Academic Press.

Lakoff, George, Mark Johnson (1980): *Metaphors we Live by.* Chicago: The University of Chicago Press.

Lambert, Wallace E. (1967): A Social Psychology of Bilingualism. *Journal of Social Issues* 23 (2), 91–102.

Lambert, Wallace E., S. Fillenbaum (1959): A Pilot Study of Aphasia Among Bilinguals. In: Anwar S. Dil (Hrsg.): *Language, Psychology and Culture. Essays by Wallace E. Lambert.* Stanford: Stanford University Press.

Lambert, Wallace E., J. Havelka, R. Gardner (1959): Linguistic Manifestations of Bilingualism. *American Journal of Psychology* 72, 77–82.

Lambert, Wallace E., R. Hodgson, R. Gardner, S. Fillenbaum (1960): Evaluational Reactions to Spoken Language. *Journal of Abnormal and Social Psychology* 66 (1), 44–51.

Lausberg, Heinrich (1969): *Romanische Sprachwissenschaft I: Einleitung und Vokalismus.* 3. Auflage. Berlin: De Gruyter.

Leischner, Anton (1987): *Aphasien und Sprachentwicklungsstörungen.* 2. Auflage. Stuttgart: Thieme.

Lenneberg, Eric H. (1967): *Biological Foundations of Language.* New York: John Wiley.

Le Page, Robert Brock (1961): *Creole Language Studies II. Proceedings of the Conference on Creole Language Studies (University of the West Indies, Mona, 1959).* London: Macmillan.

Le Page, Robert Brock (1980a): Hugo Schuchardt's Creole Studies and the Problem of Linguistic Continua. In: Lichem/Simon, 113–145.

Le Page, Robert Brock (1980b): Theoretical Aspects of Sociolinguistic Studies in Pidgin and Creole Languages. In: Valdman/Highfield, 331–367.

Le Page, Robert Brock (1980c): The Concept of 'a Language'. In: K. Sornig (Hrsg.): *Festgabe für Norman Denison. Grazer Linguistische Studien* 11/12, 174–192.

Le Page, Robert Brock, Andrée Tabouret-Keller (1985): *Acts of Identity: Creole-*

Based Approaches to Language and Ethnicity. Cambridge: Cambridge University Press.

Lichem, Klaus, Hans Joachim Simon (1980): *Hugo Schuchardt. Schuchardt-Symposium 1977 in Graz. Vorträge und Aufsätze.* Österreichische Akademie der Wissenschaften, philosophisch-historische Klasse, Sitzungsberichte, 373. Band. Wien: Verlag der Österreichischen Akademie der Wissenschaften.

Lipski, J. M. (1978): Code-Switching and the Problem of Bilingual Competence. In: Michel Paradis (Hrsg.): *Aspects of Bilingualism.* Columbia, S. C.: Hornbeam Press, 250–264.

Mackey, William F. (1971): *La distance interlinguistique.* Quebec: Les Presses de l'Université Laval.

Mackey, William F. (1976): *Bilinguisme et contact des langues.* Paris: Klincksieck.

Markey, Thomas L. (1981): Diffusion, Fusion and Creolization: A Field Guide to Developmental Linguistics. *Papiere zur Linguistik* 24, 3–37.

Mattheier, Klaus J. (1975): Diglossie und Sprachwandel. *Rheinische Vierteljahresblätter* 39, 358–371.

Mattheier, Klaus J. (1980a): Phasen sprachlicher Veränderungsprozesse in Diglossie-Gebieten. In: Nelde, 407–412.

Mattheier, Klaus J. (1980b): *Pragmatik und Soziologie der Dialekte.* Heidelberg: Quelle & Meyer.

Mattheier, Klaus J. (1982): Sprachgebrauch und Urbanisierung: Sprachveränderungen in kleinen Gemeinden im Umfeld großer Städte. In: Bausch, 87–107.

Matthes, Joachim, Arno Pfeifenberger, Manfred Stosberg (Hrsg.) (1981): *Biographie in handlungswissenschaftlicher Perspektive.* Nürnberg: Verlag der Nürnberger Forschungsvereinigung e. V.

Mihm, Arend (Hrsg.) (1985): *Sprache an Rhein und Ruhr. Dialektologische und soziolinguistische Studien zur sprachlichen Situation im Rhein-Ruhr-Gebiet und ihrer Geschichte.* Wiesbaden: Steiner.

Moscovici, S., M. Plon (1966): Les situations colloques. Observations théoriques et expérimentales. *Bulletin de Psychologie* 247, 702–722.

Mühlhäusler, Peter (1979): *Growth and Structure of the Lexicon of New Guinea Pidgin.* Canberra: Dept. of Linguistics, Research School of Pacific Studies, The Australian National University.

Mühlhäusler, Peter (1985): Patterns of Contact, Mixture, Creation and Nativization: Their Contribution to a General Theory of Language. In: Charles-James N. Bailey, Roy Harris (Hrsg.): *Developmental Mechanisms of Language.* Oxford: Pergamon Press, 51–87.

Mühlhäusler, Peter (1986): *Pidgin and Creole Linguistics.* Oxford: Blackwell.

Munske, Horst Haider (1983): Umgangssprache als Sprachkontakterscheinung. In: Besch et al., 1002–1018.

Muysken, Pieter (1981): Creole Tense/Mood/Aspect Systems: The Unmarked Case? In: Muysken (Hrsg.), 181–199.

Muysken, Pieter (Hrsg.) (1981): *Generative Studies on Creole Languages.* Dordrecht: Foris.

Muysken, Pieter, Norval Smith (Hrsg.) (1986): *Substrata Versus Universals in Creole Genesis.* Amsterdam: Benjamins.

Naro, Anthony J. (1978): A Study on the Origins of Pidginization. *Language* 54, 314–347.

Nelde, Peter H. (Hrsg.) (1980): *Sprachkontakt und Sprachkonflikt.* Wiesbaden: Steiner.

Oksaar, Els (Hrsg.) (1984): *Spracherwerb, Sprachkontakt, Sprachkonflikt.* Berlin: De Gruyter.

Paradis, Michel, Yvan Lebrun (Hrsg.) (1983): *La neurolinguistique du bilingualisme.* (= *Langages* 78.)

Perdue, Clive (Hrsg.) (1984): *Second Language Acquisition by Adult Immigrants: A Field Manual.* Rowley, Mass.: Newbury House.

Pfaff, Carol W. (1979): Constraints on Language Mixing: Intrasentential Code-Switching and Borrowing in Spanish/English. *Language* 55, 291–318.

Pienemann, Manfred (1981): *Der Zweitsprachenerwerb ausländischer Arbeiterkinder.* Bonn: Bouvier.

Pieper, Ursula (1984): Biologische Aspekte der Mehrsprachigkeit. In: Oksaar, 23–75.

Polenz, Peter von (1978): *Geschichte der deutschen Sprache.* 9. Auflage. Berlin: De Gruyter.

Poplack, Shana (1980): Sometimes I'll Start a Sentence in Spanish Y TERMINO EN ESPAÑOL: Toward a Typology of Code-Switching. *Linguistics* 18, 581–618.

Raith, Joachim (1982): *Sprachgemeinschaftstyp, Sprachkontakt, Sprachgebrauch: Eine Untersuchung des Bilingualismus der anabaptistischen Gruppen deutscher Abstammung in Lancaster Country, Pennsylvania.* Wiesbaden: Steiner.

Rein, Kurt (1977): *Religiöse Minderheiten als Sprachgemeinschaftsmodelle. Deutsche Sprachinseln täuferischen Ursprungs in den Vereinigten Staaten von Amerika.* Wiesbaden: Steiner.

Reinecke, John Ernest, u.a. (1975): *A Bibliography of Pidgin and Creole Languages.* Honolulu: The University Press of Hawaii.

Röhrig, Johannes W. (1987): *Die Sprachkontaktsituation in Westhoek. Studien zum Bilingualismus und zur Diglossie im französisch-belgischen Grenzraum.* Gerbrunn b. Würzburg: Lehmann.

Romaine, Suzanne (1988): *Pidgin and Creole Languages.* London: Longman.

Rosch, Eleanor (1978): Principles of Categorization. In: Eleanor Rosch, Barbara B. Lloyd (Hrsg.): *Cognition and Categorization.* Hillsdale, N. J.: Erlbaum, 27–48.

Rousseau, Pascale, David Sankoff (1978): A Solution to the Problem of Grouping Speakers. In: Sankoff, 97–117.

Sankoff, David (Hrsg.) (1978): *Linguistic Variation. Models and Methods.* New York: Academic Press.

Sankoff, David, Shana Poplack (1980): A Formal Grammar for Code-Switching. *Centro de Estudios Puertorriqueños, Working Papers* 8, 1–55.

Scheer, Herfried (1980): Bilingualism in Quebec. In: Nelde, 209–216.

Schirmunski, Viktor (1930): Sprachgeschichte und Siedlungsmundarten. *Germanisch-Romanische Monatsschrift. Neue Folge* 18, 113–122, 171–188.

Schuchardt, Hugo (1883): Kreolische Studien IV. Über das Malaiospanische der Philippinen. *Sitzungsberichte der philosophisch-historischen Klasse der kaiserlichen Akademie der Wissenschaften in Wien* 105, 111–150.

Schuppenhauer, Claus (Hrsg.) (1976): *Niederdeutsch heute. Kenntnisse – Erfahrungen – Meinungen.* Leer: Schuster.

Schuppenhauer, Claus, Iwar Werlen (1983): Stand und Tendenzen in der Domänenverteilung zwischen Dialekt und deutscher Standardsprache. In: Besch u. a., 1411–1427.

Senn, Alfred (1966): *Handbuch der litauischen Sprache. Band I: Grammatik.* Heidelberg: Carl Winter.

Seuren, Pieter A. M. (1984): The Bioprogram Hypothesis: Facts and Fancy. *The Behavioral and Brain Sciences* 7, 208–209.

Seuren, Pieter A. M., Herman Wekker (1986): Semantic Transparency as a Factor in Creole Genesis. In: Muysken/Smith, 57–70.

Sonderegger, Stefan (1987): *Althochdeutsche Sprache und Literatur. Eine Einführung in das älteste Deutsch. Darstellung und Grammatik.* 2. Auflage. Berlin: De Gruyter.

Stang, Chr. S. (1966): *Vergleichende Grammatik der Baltischen Sprachen.* Oslo: Universitetsforlaget.

Stern, William (1921): *Die differentielle Psychologie.* 3. Auflage. Leipzig: Barth.

Stewart, William A. (1968): Continuity and Change in American Negro Dialects. *The Florida FL Reporter* 6 (1), 3–14.

Stewart, William A. (1970): Toward a History of Negro Dialect. In: Frederick Williams (Hrsg.): *Language and Poverty. Perspectives on a Theme.* Chicago: Markham, 351–379.

Stielau, Hildegard I. (1980): *Nataler Deutsch.* Wiesbaden: Steiner.

Stolze, Alfred Otto (ca. 1949): *Gezeiten Europas.* Manuskript, 3 + 157 Seiten, Lindau. Deutsches Literaturarchiv, Marbach am Neckar.

Stroh, Conny (1987): *Sprachwahl in Petite-Rosselle (Ost-Lothringen).* Schriftliche Hausarbeit, Erste Staatsprüfung für das Lehramt an öffentlichen Schulen, Bremen. Ausgezeichnet mit dem Bremer Studienpreis 1988.

Szczepanski, Jan (1974): Die biographische Methode. In: René König: *Handbuch der empirischen Sozialforschung. Bd. 4. Komplexe Forschungsansätze.* 3. Auflage. Stuttgart: Enke, 226–252.

Thomason, Sarah Grey, Terrence Kaufman (1987): *Language Contact, Creolization, and Genetic Linguistics.* Berkeley: University of California Press.

Thompson, Robert W. (1961): A Note on Some Possible Affinities Between the Creole Dialects of the Old World and Those of the New. In: Le Page, 107–113.

Tiger, Lionel, Robin Fox (1976): *Das Herrentier. Steinzeitjäger im Spätkapitalismus.* München: dtv.

Timm, Leonora A. (1975): Spanish-English Code-Switching: El porqué y hownot-to. *Romance Philology* 28, 473–482.

Tirolischer Sprachatlas (1965–1971). Hrsg. v. Karl Kurt Klein und Ludwig Erich Schmitt. Unter Berücksichtigung der Vorarbeiten Bruno Schweizers bearb. v. Egon Kühebacher. 3 Bände. Marburg: Elwert/Innsbruck: Tyrolia Verlag. (= *Deutscher Sprachatlas. Regionale Sprachatlanten. Nr. 3.)*

Trudgill, Peter (1983): *On Dialect. Social and Geographical Perspectives.* Oxford: Blackwell.

Trudgill, Peter (1986): *Dialects in Contact.* Oxford: Blackwell.

Trudgill, Peter (1988): On the Role of Dialect Contact and Interdialect in Linguistic Change. In: Jacek Fisiak (Hrsg.): *Historical dialectology.* Berlin: Mouton de Gruyter, 547–563.

Unsöld, Robert F. (1977): Ist das Konzept der Variablenregel haltbar? Konsequenzen und Einwände. *Papiere zur Linguistik* 13/14, 6–81.

Vaid, Jyotsna (1983): Bilingualism and Brain Lateralization. In: Sidney J. Segalowitz (Hrsg.): *Language Functions and Brain Organization.* New York: Academic Press, 315–339.

Valdman, Albert, Arnold Highfield (Hrsg.) (1980): *Theoretical Orientations in Creole Studies.* New York: Academic Press.

Verdoodt, Albert (1968): *Zweisprachige Nachbarn. Die deutschen Hochsprach- und Mundartgruppen in Ost-Belgien, dem Elsaß, Ost-Lothringen und Luxemburg.* Wien.

Voegelin, C. F., F. M. Voegelin (1977): *Classification and Index of the World's Languages.* New York: Elsevier.

Wagner, Karl Heinz, Wolfgang Wildgen (Hrsg.) (1988): *Studien zum Sprachkontakt.* Universität Bremen: Wissenschaftliche Einheit Sprach- und Kommunikationswissenschaftliche Grundlagenforschung. (Reihe BLIcK, Band 1.)

Wandt, Karl-Heinz (1981): *Konzepte der soziolinguistischen Sprachkontaktforschung. Eine Regelkreisanalyse.* Diss. Essen.

Weidlich, Wolfgang, Günter Haag (1983): *Concepts and Models of a Quantitative Sociology. The Dynamics of Interacting Populations.* Berlin: Springer.

Weijnen, A., u. a. (1975): *Atlas linguarum Europae (ALE). Introduction.* Assen: Van Gorcum.

Weijnen, A., u. a. (1976): *Atlas linguarum Europae (ALE). Premier questionnaire (préparé par Joep Kruijsen).* Assen: Van Gorcum.

Weijnen, A., u. a. (1979): *Atlas linguarum Europae (ALE). Second questionnaire (texte établi par A. Weijnen et J. Kruijsen).* Assen: Van Gorcum.

Weinreich, Uriel (1953): *Languages in Contact. Findings and Problems.* New York: Publications of the Linguistic Circle of New York, 1. (Deutsche Ausgabe: 1977. *Sprachen in Kontakt. Ergebnisse und Probleme der Zweisprachigkeitsforschung.* Herausgegeben und mit einem Nachwort versehen von A. de Vincenz. München: Beck.)

Wiesenhann, Tjabe (1977): *Einführung in das ostfriesische Niederdeutsch.* Leer: Schuster. (Neudruck von: Wiesenhann, Tjabe. 1936. *Hochdeutsch und Ostfriesisch.* Weener: Risius.)

Wildgen, Wolfgang (1974): Versuch einer sprachtheoretischen Fundierung des Variationsbegriffes. *Zeitschrift für Dialektologie und Linguistik* 41, 129–144.

Wildgen, Wolfgang (1975): Eine soziolinguistische Felduntersuchung in Eupen. *Zeitschrift für Dialektologie und Linguistik* 42 (3), 291–300.

Wildgen, Wolfgang (1977 a): *Differentielle Linguistik. Entwurf eines Modells zur Beschreibung und Messung semantischer und pragmatischer Variation.* Tübingen: Niemeyer.

Wildgen, Wolfgang (1977 b): *Kommunikativer Stil und Sozialisation. Ergebnisse einer empirischen Untersuchung.* Tübingen: Niemeyer.

Wildgen, Wolfgang (1978 a): Zum Zusammenhang von Erzählstrategie und Sprachbeherrschung bei ausländischen Arbeitern. In: Wolfgang Haubrichs (Hrsg.) (1978): *Erzählforschung. Band 3.* Göttingen: Vandenhoeck & Ruprecht, 380–411.

Wildgen, Wolfgang (1978 b): Rekonstruktion der Sprachbarrierenproblematik im Rahmen einer Sprachverwendungstheorie. *Linguistische Berichte* 53, 1–20.

Wildgen, Wolfgang (1985): Reduktionsprozesse im Sprachsystem und in der Sprachverwendung. Versuch einer dynamischen Modellbildung. In: R. Meyer-Herrmann, H. Rieser (Hrsg.): *Ellipsen und fragmentarische Ausdrücke. Band 2.* Tübingen: Niemeyer, 26–75.

Wildgen, Wolfgang (1986): Synergetische Modelle in der Soziolinguistik. Zur Dynamik des Sprachwandels Niederdeutsch-Hochdeutsch in Bremen um die Jahrhundertwende. *Zeitschrift für Sprachwissenschaft* 5 (1), 105–137.

Wildgen, Wolfgang (1988): Bremer Sprachbiographien und die Verdrängung des Niederdeutschen als städtische Umgangssprache in Bremen. In: *Niederdeutsch und Zweisprachigkeit. Befunde – Vergleiche – Ausblicke.* Leer: Schuster, 115–135.

Wildgen, Wolfgang, Laurent Mottron (1987): *Dynamische Sprachtheorie. Sprachbeschreibung und Spracherklärung nach den Prinzipien der Selbstorganisation und der Morphogenese.* Bochum: Brockmeyer.

Wittgenstein, Ludwig (1960): *Schriften [1].* Frankfurt a. M.: Suhrkamp.

Wode, Henning (1981): *Learning a Second Language. I. An Integrated View of Language Acquisition.* Tübingen: Narr.

Wolf, Lothar (1983): *Le français régional d'Alsace.* Paris: Klincksieck.

Zabrocki, Tadeusz (1976): On the So-Called 'Theoretical Contrastive Studies'. *Contrastive Linguistics* 4, 97–109.

REGISTER

1. Autoren

2. Sprachen

3. Sachen

178 Register